为行动而思考

——梁漱溟

思考大学

Sikao Daxue

贺祖斌 著

图书在版编目(CIP)数据

思考大学/贺祖斌著. —北京:北京大学出版社,2015.8
ISBN 978-7-301-26055-5

Ⅰ.①思⋯　Ⅱ.①贺⋯　Ⅲ.①高等教育—文集　Ⅳ.①G64-53

中国版本图书馆 CIP 数据核字(2015)第 160142 号

书　　　名	思考大学
著作责任者	贺祖斌　著
责任编辑	韩文君　于　娜
标准书号	ISBN 978-7-301-26055-5
出版发行	北京大学出版社
地　　　址	北京市海淀区成府路 205 号　100871
网　　　址	http://www.pup.cn
电子信箱	zyl@pup.pku.edu.cn
新浪微博	@北京大学出版社
电　　　话	邮购部 62752015　发行部 62750672　编辑部 62765126
印 刷 者	北京大学印刷厂
经 销 者	新华书店
	720 毫米×1020 毫米　16 开本　20.25 印张　330 千字
	2015 年 8 月第 1 版　2018 年 8 月第 2 次印刷
定　　　价	49.00 元

未经许可,不得以任何方式复制或抄袭本书之部分或全部内容。
版权所有,侵权必究
举报电话:010-62752024　电子信箱:fd@pup.pku.edu.cn
图书如有印装质量问题,请与出版部联系,电话:010-62756370

序

  大学,高居于社会文化的顶层,纵览万象,视野宽阔;大学,又是藏龙卧虎之地,杰出人才辈出。因而"大学何为",是大学内外学者常常追问的问题。大学精神、大学理念、大学功能、大学使命、大学文化、大学人文……更是人们津津乐道、各抒己见、信马由缰、随意发挥的话题。有的是怀古讽今,如对于古代书院制度的怀念;有的是西学东移,如对于洪堡大学理念的向往。观今宜鉴古;他山之石,可以攻玉;历史与比较,可以发人深省,对思考大学,有重要意义。但中国今日的大学,其内部治理、外部关系,远比古代书院或欧洲中世纪大学复杂得多,变化得快。对于"大学何为"的追问,也须因应时代,与时俱进。人们常常称颂著名的哈佛大学校训:"与柏拉图为友,与亚里士多德为友",其实说的是"与真理为友"。同时,要求"课程要适应社会发展的需要",而不是只从希腊典籍中寻求社会发展的答案。"通识教育"之所以首先在哈佛大学提出,就是因应现代大学培养人才的需要。也就是说,思考大学何为,既要从多角度,又要有前瞻性。

  贺祖斌教授的新书《思考大学》,就是从多角度与前瞻性来思考大学何为的佳作之一。

《思考大学》一书，汇集贺祖斌教授的数十篇近作，分为八个视角。多数文章从实践出发，追踪大学历史、考察大学文化、思考大学问题、沉思大学理念、比较中外大学、评论大学改革、发扬大学精神。既从大学校长的角色研究大学，又从旁观者的角度观察大学。鉴古而不泥古，前瞻而不脱离现实。将古与今、理论与现实，较好地结合起来。正如作者《书院文化与大学精神》一文的结束语所说："借鉴精华和获得启示，不断改革与发展，建立起具有现代理念和传统文化相结合的现代大学制度。"又如作者在思考之后的结论："大学高雅的文化品位和卓尔不凡的内涵，以及孜孜不倦追求自身的理想，注定其是社会道德与理性的凝聚之地。大学不仅以自身纯洁的德性潜移默化地影响着社会，更以积极的力量改造着社会、重塑着道性，势必成为社会道德的捍卫者和引领者。"相信这本书的出版，将会引领更多学者思考今日的"大学何为"。

潘懋元
2014 年深秋于厦门大学

目 录

一、大学精神

守护中国大学精神家园
　　——寻访西南联大足迹　/3
大学精神的核心价值　/7
书院文化与大学精神　/9
大学校训与大学精神　/12
传统文化与大学生态理念　/15
中国大学"十大"演变　/20
大学治理与现代大学制度　/37
信息技术与大学教育变革　/42
大学的制度环境与创新　/48
大学生就业与大学的责任　/54
服务北部湾与大学的使命　/57
师范大学在转型中的困惑　/60
论独立学院的办学定位　/69

二、观察思考

走进厦大　/77
大学的性格　/80
大学的多校区管理　/83

管理大学与经营大学　　/86
高层次人才的引进与培养　　/89
大学的社会服务　　/92
科学研究与协同创新　　/95
大众化与高等教育质量　　/98
专业结构调整与建设　　/101

三、大学文化

大学的人文教育
　　——与研究生谈"学问之道"　　/107
大学建筑与大学文化　　/115
大学的咖啡文化　　/118
校庆与大学文化记忆　　/121
"厦大时光"读书的日子　　/124
校园戏剧与大学校园文化　　/129
在北大看京剧　　/132
八十年代的那一代　　/135
理科生读点人文　　/139

四、大学校长

校长与大学　　/143
校长与学生　　/148
大学校长与大学的发展　　/150
被历史淹没的大学校长
　　——林文庆的大学情怀　　/153

五、学术对话

清气若兰　厚德泽人
　　——访著名教育家潘懋元先生　　/159

基础学科人才培养与创新
　　——从厦门大学三位科学家谈起　　/162
高等教育生态系统及其管理　　/167
大学教师发展与评价　　/176
"后评估"与大学质量保障　　/183
地方大学与区域经济发展
　　——答《广西日报》记者问　　/190
大学生就业的困惑与选择
　　——答《大学》记者问　　/196
追寻大学理想　守护精神家园
　　——访国务院特殊津贴专家贺祖斌教授　　/205

六、大学评论

高考改革与创新人才培养　　/215
从高考看大学未来的发展　　/218
高考与教育公平　　/221
大学质量保障呼唤评估中介　　/224
自我评估与本科教学质量　　/228
大学评估与应用型大学发展　　/231
大学何为
　　——写在《中国大学这五年》出版之际　　/236

七、历史印迹

感悟北京国子监　　/241
家族教育曾经的辉煌
　　——桂林古镇文化考察　　/245
状元村与状元　　/249
曾国藩的读书与藏书　　/253
大学墙外的人生思考　　/257

八、大学之旅

没有围墙的大学
——卡普兰大学（Kaplan University） /263
人的伟大在于思想
——乔治·华盛顿大学（The George Washington University） /266
勇于创新　善于开拓
——宾夕法尼亚大学（University of Pennsylvania） /269
"荣誉规章"造就学术诚信
——普林斯顿大学（Princeton University） /272
学术自由的大学精神
——哥伦比亚大学（Columbia University） /275
教授治校的大学理念
——耶鲁大学（Yale University） /278
没有必修课的大学
——布朗大学（Brown University） /281
严谨务实的理工圣殿
——麻省理工学院（Massachusetts Institute of Technology, MIT） /283
大学的荣誉在于质量
——哈佛大学（Harvard University） /286
大学的全人教育
——通识教育在台湾 /290
大学的继续教育
——香港大学的SPACE /294

附

今日之大学
——《中国大学这五年》点评精选 /301

后记　/309

一、大学精神

国立西南联合大学

　　大学高雅的文化品位和卓尔不凡的内涵,以及孜孜不倦追求自身的理想,注定其是社会道德与理性的凝聚之地。大学不仅以自身纯洁的德性潜移默化地影响着社会,更以积极的力量改造着社会、重塑着道性,势必成为社会道德的捍卫者和引领者。

守护中国大学精神家园

——寻访西南联大足迹

到昆明已经有好多次了。

这次是应邀到云南大学、云南警官学院等高校进行学术访问,在完成计划中的学术报告后,主办方热情地安排我到昆明的著名景点看看,于是,我选择了西南联大旧址(即云南师范大学老校区)。

其实,早在1995年,我在云南师范大学开会时就已经来过这里,当时旧址十分简陋。十多年过去了,听说有些变化。重访旧地,固然还有其他原因,跟研究生上课时,每次讲到中国大学的发展或者谈到中国大学精神时,一个绕不开的话题就是西南联大!她就像中国大学的精神殿堂,你能避而不谈吗?但是,她的博大精深,她的伟岸恢弘,能随便谈吗?因此,这次到访,我一直怀着特殊的崇敬,对她几乎是顶礼膜拜,有一种朝圣的心态。

五月的昆明,一早有些清凉,我们来到旧址。在国立西南联合大学暨云南师范大学成立70周年的时候,校方对旧址进行了修复,还设立了展览馆。在那里,一眼看到的是三尊塑像,分别是西南联大时期担任校务委员的三位校长:清华校长梅贻琦、北大校长蒋梦麟和南开校长张伯苓。这是中国任何一位文化人到这里都不由得对他们肃然起敬的三位大师,他们应当站在这里,没有他们,中国大学的历史将黯然失色。

西南联合大学与中国抗战共始终,1937年抗日战争爆发,北平、天津失陷后,根据国民政府教育部的决定,平津地区三所大学——国立北京大学、国立清华大学和私立南开大学,搬迁至湖南长沙,联合成立长沙临时大学,同年10月25日开学。1938年4月,经过艰辛的长途跋涉,又西迁到昆明,改称国立西南联合大学。国立西南联合大学在滇办学经过了整整8年时间(1938

年5月4日开学至1946年5月4日举行结业典礼,7月31日宣布结束)。

有人说过,如果说中国有过一所世界一流大学,那她就是西南联大!她不仅仅在极其艰苦的条件下,坚持"刚毅坚卓"的校训精神,而且培养了大批对中国建设、高等教育发展和世界学术研究,作出巨大贡献的杰出人才,他们中的许多人已然成为蜚声中外的一流科学家。同时,更值得敬佩的是西南联大一直保持并引领着"大学自治,学术自由"的大学核心精神。

根据展览馆的资料介绍,我们看到这所中国大学的殿堂是如何的辉煌。在各学院的教师名录中我们可以看到各学科的泰斗级人物和如雷贯耳的大师:文学院——朱自清、陈寅恪、罗庸、刘文典、闻一多、王力、吴宓、钱钟书、朱光潜、傅斯年、钱穆、吴晗、汤用彤、冯友兰、金岳霖、沈有鼎、贺麟、熊十力等;法商学院——张奚若、潘光旦、费孝通等;另外,还有其他学科的吴有训、叶企孙、吴大猷、华罗庚、陈省身等。如此精良和雄厚的师资,恐怕在中国大学历史里算是空前绝后了。

从西南联大毕业的学生中亦有很多是响当当的人物:诺贝尔奖获得者李政道、杨振宁;"两弹一星"功勋奖获得者邓稼先、赵九章、朱光亚等8人;著名哲学家任继愈、思想家殷海光、翻译家王佐良;国家最高科学技术奖获得者黄昆、刘东生、叶笃正;国家领导人宋平、王汉斌、彭珮云……据统计,后来西南联大师生中,有171人(其中学生92人)成了中国科学院和中国工程院院士。这些成果无须赘述了,其所培养的杰出人才及其所获得的世界公认的成就足以证明这是一所世界一流大学。

除了西南联大所培养的杰出人才被世人敬仰之外,其维护大学权益、坚守大学风骨也常被津津乐道。

虽然西南联大三位校长担任校务委员会主席,但蒋梦麟、张伯苓力推年轻的梅贻琦校长主持校务。梅贻琦非常重视西南联大的学术传统,他说:"对于校局则以为应追随蔡孑民先生兼容并包之态度,以恪尽学术自由之使命。昔日之所谓新旧,今日之所谓左右,其在学校应均予以自由探讨之机会,情况正同。"正是他的这种信念和精神,使西南联大优秀的学术传统传承下来,并成为中国知识分子最珍贵的精神遗产。

著名哲学家任继愈在《我心中的西南联大》之序中回忆:在1942年6月,教育部部长陈立夫三次下命令给西南联大,要求全国大学的教材内容、考试方式、课程设施都要统一。这一决定却遭到了联大教务会议的拒绝,教授们公推冯友兰教授起草《抗辩书》致函教育部:夫大学为最高学府,包罗万象,要当同归而殊途,一致而百虑,岂可刻板文章,勒令从同;大学为最高教育学术机构,如何研究教学,则宜予大学以回旋之自由;教育部为政府机关,当局时有进退,大学百年树人,政策设施宜常不宜变;今教授所授之课程,必经教育部指定,使教授在学生心目中为教育部一科员之不若;盖本校承北大、清华、南开三校之旧,自有其传统,似不必轻易更张。于是,教育部不再干涉西南联大的课程设置和教学了。如此抗辩书,真是令人拍案叫绝!这堪称是中国大学历史上维护学术权力、拒绝行政干预的经典范例,也体现了知识分子的独立人格、气节和风骨。

在联大期间,尽管战乱不断,生活清苦,但传颂着许多文人轶事、风雅趣闻。

展览馆里有一处特别的人物雕塑,讲的是西南联大的茶馆文化。西南联大的茶馆文化影响着一大批学子,翻译家巫宁坤回忆到:学校附近两条街上的十来家大小茶馆,从早到晚坐满了联大的学生,看书、写作、聊天、玩桥牌,各得其所。对于茶馆文化对联大学生有些什么影响?在汪曾祺的散文中可以窥见一二。汪曾祺在《泡茶馆》中有精彩的回答:一是可以养其浩然之气,学生生活穷困潦倒,却能自许清高,鄙视庸俗;二是茶馆出人才,不少人的论文、读书报告,都是在茶馆写的;三是泡茶馆可以接触社会。他还说:"如果我现在还算一个写小说的人,那么我这个小说家是在昆明的茶馆里泡出来的。"其实,中国的茶文化博大精深,有其深刻的文化和精神内涵,茶可以健身、养心,茶也是一门禅学,需要用心去体悟。当今社会功利浮华,更需要从茶中体悟:高洁远俗、悠闲恬静、静穆芳香。我们今天有的是各种奢华的茶庄,可惜,缺的是喝茶的心态。今天的大学和在大学里讨生活的人更应该从茶中感悟一些我们所缺乏的东西。

我们来到后山,那里立着被称为"三绝碑"的纪念碑。抗日战争胜利后,1946年4月,北大、清华、南开三校准备复员北返,并决定在原址留碑纪念。5月4日,西南联大师生在图书馆举行结业典礼后,举行"国立西南联合大学纪念碑"揭幕式。这块碑由西南联大文学院院长冯友兰教授撰文,闻一多教授篆刻,罗庸教授书丹。纪念碑碑文一千一百余字,简明地叙述了抗战及三校离合的经过,阐述了联大纪念的内容,碑文中言:"联合大学以其兼容并包之精神,转移一时之风气,内树学术自由之规模,外来民主堡垒之称号,违千人之诺诺,作一士之谔谔……"壮志豪情,气势宏伟。今天,它仍然屹立在那里,这正是这所大学的精神气质,也是留给我们的宝贵的精神遗产。

西南联大已经成为我们的精神堡垒,一本厚厚的书,她的精神、她的故事不是用一天时间可以读完的。

下午,我们回到云南大学,来到我的同门师兄董云川教授、刘康宁博士等一批学界精英共创的高等教育研究院。也许无形中受联大精神在这块西南大地上的浸染,这些年研究院的成果在高等教育领域崭露头角。在云川兄的办公室,我们瞭望着美丽的翠湖,品味着醇香的普洱,畅谈着深奥的禅宗文化,讨论着联大的前世今生。引起我特别注意的是他办公室挂着一幅著名哲学家涂又光先生所题"自然而然"的书法条幅,其含义不言而喻。涂先生是冯友兰教授的弟子,早年编纂冯友兰《三松堂全集》14卷,翻译冯氏英文著作《中国哲学简史》,其影响颇大。言语间,共同回想起当年涂先生在母校华中科技大学给我们上《中国高等教育史》时,那长衫马褂、鸿儒博学以及那老派旧式的讲授方式,让我们着实感受了一把哲学家的睿智和风采。

时代发展到今日,站在时间的这头,回望历史的长河,在岁月的沧桑中找寻着我们曾经拥有的辉煌,感慨着"独立之精神,自由之思想"的精神传承,她仍然是那样的耀眼和光芒四射,以至于我们今天仍感叹并感激着这份永不过时的精神遗产!

(该文载《广西日报》,2011-08-05)

大学精神的核心价值

最近,温家宝总理与科教文卫体各界代表召开座谈会时,说过一段关于大学的话耐人寻味:"一所好的大学,在于有自己独特的灵魂,这就是独立的思考、自由的表达。千人一面、千篇一律,不可能出世界一流大学。""大学必须有办学自主权。"这话实际上就说到大学的本质,"独特的灵魂"就是大学的精神。

关于大学精神的问题,我们已经谈论得很多了。大学的魅力正在于她的精神。何谓大学精神?大学精神的核心价值是什么?实际上,温家宝总理的话已经表达得十分明白了,那就是:"独立的思考"——学术精神、"自由的表达"——时代精神、"办学自主权"——创新精神,另外加上道德精神。

大学的学术精神。学术精神很大程度上体现在它的人文精神,《大学》之开篇云:"大学之道,在明明德,在亲民,在止于至善。"这是我国古代的大学理念,意即大学的精神在于发扬人性之善,培养健全人格,改良社会风气。这句话也反映了我国古代为人、为教、为学的"大学"理念和人文精神。中国现代意义上的大学不过百年时间,蔡元培提出的"兼容并包,思想自由"的北大精神,是中国人文精神积淀成一种传统的大学精神,也是对中国古代"大学"思想的现代解说。大学是研究高深学问的地方,爱因斯坦认为"学校的目标应该是培养有独立行动和独立思考的个人"。清华大学校长梅贻琦也曾说:"大学者,非谓有大楼之谓也,有大师之谓也。"故而,大学之高深、大学之大气源于有探究学术之"独立的思考"精神。

大学的时代精神。无论从欧洲中世纪大学的兴起到现代大学的发展轨迹,还是从我国现代大学百年的历史演变都可以看出:大学是时代的产物,它代表着最进步的时代精神,同时促使着社会向前发展。大学的时代精神无疑赋予它一种批判精神,首先表现为大学教师在教学和科研过程中能够以科学的态度对待传统与现实,破除迷信与保守主义,分辨科学和伪科学。因此,大学的学科发展史是一部在不断肯定与否定中发展的历史。大学批判精神的另一方面是对社会现实的理性反思和价值构建,因为大学是继承传统科技文化和不断创造新科技文化的场所,也是思想观念和学术思潮的交汇处。在这里,新思想、新观念、不同的学术观点可以并存包容,不同的思想可以通过学术交流相互影响,这当然需要有"自由表达"的批判精神和良好的争鸣氛围。

大学的创新精神。创新精神是大学存在于社会的价值体现,也是大学发展的根本动力。文化的继承不能依赖遗传,只能通过传递方式继承并发展下去。教育从一开始就成为传递和保留人类文化的重要手段。大学创新精神所需要的外部环境中,很大程度上来自大学的"办学自主权"。钱学森去世前在最后一次谈话中说:中国大学缺乏创新精神。他说,国家投了不少钱搞什么"创新工程""创新计划"等等,但他觉得更重要的是要有具有创新思想的人才,可中国还没有一所大学能够按照培养科学技术发明创造人才的模式去办学。

另外,大学必须具有永恒的道德精神。大学高雅的文化品位和卓尔不凡的内涵,以及孜孜不倦追求自身的理想,注定其是社会道德与理性的凝聚之地。大学不仅以自身纯洁的德性潜移默化地影响着社会,更以积极的力量改造着社会、重塑着道性,势必成为社会道德的捍卫者和引领者。尤其在时代的变迁中,大学的道德精神和道德力量就更为彰显。

对照今日,当下大学所出现的学术不端频发、大学人文精神的不足,突显了学术精神的缺失,使我们的大学在一定程度上失去了应有的魅力。大学时代精神不显,缺乏应有的学术批判精神,专业结构、课程计划、教学模式"千人一面、千篇一律",难以培养创新型人才。由于大学缺乏必要的办学自主权,泛行政化严重,学术评价制度单一,压制了大学的创新精神。大学的不端现象使其作为社会引领的道德精神正在减退。这一切都值得大学和社会反思。当国家发展最需要科技创新和人文精神的时候,温总理强调大学要有"自己独特的灵魂",大学"必须有办学自主权",有其深远的意义和价值,如其不然,我国"不可能出世界一流大学"。

(该文载《广西日报》,2010-03-03)

书院文化与大学精神

这是我第三次到岳麓书院,每次到长沙,哪怕再忙,我定会抽出时间到岳麓书院走一遭,来接受这极具中国人文气质的书香洗礼。

岳麓书院是中国古代四大书院之一,在中国古代教育史上,具有举足轻重的地位。关于中国古代的四大书院,不同时代有着不同的说法,有北宋四大书院、南宋四大书院的说法,也有六大书院、八大书院之说。在众多说法中,最受公认的四大书院说法是:湖南长沙的岳麓书院,江西庐山的白鹿洞书院,河南商丘城南的应天书院,河南嵩山南麓的嵩阳书院。不管是哪一种说法,岳麓书院的地位得到大家的一致公认。几大书院之说,在我看来,只是后人对宋代历史悠久、文脉相传、名人辈出、影响广大、官方褒扬、世人称道的书院的一种例举,至于是四大还是八大,其实并不重要,角度不同,难以获得一致公认也很正常。

我常跟我的学生讲,对于学习高等教育学的研究生来说,到岳麓书院或者其他几大书院拜谒是厘清中国古代高等教育的源头,是对中国古代教育的祭祀。到书院,绝不是来旅游或观光,而是来接受洗礼的一种仪式。因此,必须致以虔诚之心、恭敬之礼。

湖南大学岳麓书院朱汉民教授认为:"书院是以传道济世、兼容并蓄、自由讲学为特征,形成了中国古代教育史上一种极具特色的制度。"①唐末五代时期,战乱频繁,官学废弛,许多读书人避居山林,遂模仿佛教禅林讲经制度创立书院,初步形成了中国古代特有的教育组织形式。书院制度萌始于唐,盛于宋,废于清,前后千余年的历史,对中国古代教育与文化的发展产生了极其重要的影响。从现在来看,书院就是藏书、读书、治学三结合的高等

---

① 朱汉民.中国书院的文化精神[N].光明日报,2003-06-11.

教育机构。到清末，书院和科举一样不适应社会的变化，1901年，清廷发布上谕，改书院为学堂，作为科举的附庸，1905年当科举被宣布废除后，书院也彻底消失。

  之所以我每次到长沙都要到岳麓书院拜谒，一方面，在这里发古人之幽思，感慨中国古代教育之辉煌与骄傲，又感叹今日之教育现实的种种无奈；另一方面，淹没百年的书院，以岳麓书院为代表，今日又焕发出无限生机，又见其闪耀着教育、思想的精华。数百年来，岳麓书院人才辈出，经久不衰，影响着湘湖大地乃至整个中华民族，数一数清朝以来的人物，如曾国藩、左宗棠、陶澍、魏源、唐才常、程潜、杨昌济等，无不感慨书院的讲学、育人之道。进而验证了书院大门"惟楚有材，于斯为盛"对联之寓意，这正是岳麓书院英才辈出的历史事实。

  我十分尊崇的是岳麓书院的"讲会"制度。"讲会"，我想大致相当于今天大学里的学术讨论和讲学制度，不同学术观点的学派在这里进行探讨和论辩，学生旁听，也参与讨论，这是一种十分开明的学术交流方式，既推动了教学，又发展了学术。十分幸运的是，书院的模式为读书人在理想与现实中寻找到一个平衡点，在书院，聆听大师们的精彩演讲，探求知识和人生的真理，在当时知识匮乏的年代，是多么高尚和难得的场景。最让人津津乐道的是南宋张栻主教，朱熹两度讲学的故事，那也是岳麓书院的全盛时期，"道林三百众，书院一千徒"，"饮马池水立涸"，那种场景今日难以想象。更让今日的读书人羡慕的是，那种自由、开明之风尚，谈古论今，点评时政，是中国文化史上的一件盛事。

  与当时的岳麓、应天府、嵩阳并为"四大书院"的还有白鹿洞书院，五代十国时期的南唐，曾在庐山白鹿洞设庐山国学，这是庐山建书院的开始，也是白鹿洞书院的前身。2002年，我在武汉华中科技大学读博士期间，找了一空闲时间，借道与几位同学结伴专程到庐山五老峰南麓的白鹿洞书院拜谒，虽然事隔多年，毕业后大家各奔东西，对于那次的专程之旅、虔诚之心，我常想，也许正是当时的拜谒为后来进一步从事高等教育研究铺垫了伏笔。因为，在这里我们实地研读了中国最早的"大学生准则"或者"学籍管理制度"，那就是《白鹿洞书院教条》，它也是中国教育史上最早的教育规章制度之一。它是南宋著名的理学家、教育家朱熹，重建白鹿洞书院时，亲自订立的学规。其内容涉及：教之目、学之序、修身之要、处事之要、接物之要等，它不但体现了朱熹以"格物、致知、诚意、正心、修身、齐家、治国、平天下"等一套儒家经典为基础的教育思想，而且成为南宋以后数百年书院办学的样式，它的思想甚至影响到韩国、日本和东南亚的教育模式，其博大精深的思想内涵也一直影响到今天。在我看来，今天教育出现的种种问题，在一定程度上与没有将中国传统文化教育的精髓很好地传承和发扬光大有关，在我们的一些教育理念中往往缺乏"己所不欲，勿施于人"的品德底线、"行有不得，反求诸己"的自我反思教育。长期以来"高大全"的教育模式，使受教育者反而忘记了作为"人"的最基本要求。因此，慢慢形成了重理想轻修身、重大道轻孝道、重集体轻个人的教育现象。

在白鹿洞书院，从朱熹的"忠孝廉节"四字石刻，可以看到他所倡导的儒家思想和理学精神。同时，身处其中，还让我强烈感受和想象的是数百年前朱熹、陆九渊讲学的盛况。几乎与岳麓书院同时期，朱熹在书院建立最早的"讲会"制度，当时书院的"文风士习之盛济济焉，彬彬焉"，学术空气相当活跃，朱熹广邀国内著名学者前来讲学，虽然朱熹与陆九渊二人由于学术观点不同，曾在江西铅山县的鹅湖针对"理学""心学"发生过激烈的论辩，双方各执己见。朱熹不计门户之争，主动邀请陆九渊前来白鹿洞书院讲学，所讲内容深受白鹿洞书院师生们的欢迎，后来朱熹还将陆九渊的演讲稿做成石刻，亲笔题跋保存在白鹿洞书院。这在当时为不同学派同在一个书院讲学树立了榜样，也成为中国学术史上的一段佳话。

我一直也在思考，当今，大学存在的教育重科学轻人文、科研重数量轻质量、管理泛行政化、学术不端等现象，大学精神的日渐失落，学术圣地的退让失守，让社会有识之士痛心疾首，并不断呼吁强力改革大学教育。回望过去，不论是岳麓书院院内的"朱张会讲"（1167年），还是白鹿洞书院院外的"鹅湖之辩"（1175年），那种自由宽松的学术氛围、海纳百川的讲会制度、不同学派的学术之辩，这些，不正是我们一直追求的那种"学术自由，教授治教"，那种"独立之精神，自由之思想"的大学理想吗？

的确，我们应该从传统书院制度那里吸取营养，借鉴精华和获得启示，不断改革与发展，建立起具有现代理念和传统文化相结合的现代大学制度。

（该文载《广西日报》，2010-11-08）

大学校训与大学精神

当今,大学都有自己的校训。

大学校训是一个大学的教育宗旨、人文精神、办学特色等全部内涵的集要和概括,是一所大学高度抽象的价值追求和品格特征。

只要学习、工作和生活在厦大,无不被"自强不息,止于至善"的校训浸染着——在会议、在教室、在宿舍、在报纸等。

1921年,陈嘉庚先生创办厦门大学。1921年4月,陈嘉庚确定校训为"自强不息",7月新校长林文庆上任后将校训改为"止于至善",后来又演变为"自强不息,止于至善"两者的结合。可以说,厦门大学建校之初将"自强不息,止于至善"定为校训,90多年来,一直都没有变化过,旨在激励厦大师生弘扬校训精神,积极进取,努力开拓,追求至善至美,以达到创办大学之目的。"自强不息"见于《周易·乾》:"天行健,君子以自强不息",意思是自觉地积极向上、奋发图强、永不懈怠。"止于至善"出自《礼记·大学》:"大学之道,在明明德,在亲民,在止于至善",对于"止于至善",宋代大儒朱熹认为,"止者,必至于是而不迁之意;至善,则事理当然之极也"。也就是说不达到十分完美的境界决不停止自己的努力。就这样,一代又一代厦大人,在校训的激励下艰苦创业,奋发图强,取得了令人瞩目的成就,赢得了"南方之强"的美誉。

大学校训往往表达着一所大学的办学理念、育人要求和学校精神,言简意赅,深含大学精神和教育思想之精髓,鼓舞人心,催人奋进。

清华大学的校训是"自强不息,厚德载物",当年,梁启超在清华大学任教时,以"论君子"为题给清华学子做过演讲,他在演讲中希望清华学子们都能继承中华传统美德,并引用了《易经》的"自强不息""厚德载物"等话语来激励清华学子。此后,清华人便把"自强不息,厚德载物"八个字写进了清华校规,后来又逐渐演变成为清华校训,并得到清华人和社会的公认。

北京大学的校训则很有争议,版本很多,官方认可的是"爱国进步民主科学",蔡元培先生提出"思想自由,兼容并包"的办学思想,赫赫有名,最有北大文化底蕴,但从来没有被正式作为北大校训使用。前些天,在厦大人文学院听北大陈平原教授的关于"当代中国的'大学文化'"的学术演讲,讲到北大校训时,也很感慨:也许这正是北大多元文化的表现吧。

刘海峰教授认为,"大凡名牌大学都有深厚的历史底蕴,这种底蕴往往体现在学术传统和校风校貌上,也体现在学校的个性和气质上"。从某种角度来说,这种气质一定程度上体现在它的校训内涵上。我们可以从国内众多名校的校训上看出它的"精、气、神"。比如,南开大学的"允公允能,日新月异";北师大的"学为人师,行为世范";天津大学的"实事求是";浙江大学的"求是创新";武汉大学的"自强弘毅,求是拓新";中山大学的"博学、审问、慎思、明辨、笃行";西南联大的"刚毅坚卓";等等。这些大学久经沧桑,终成名校,实践着校训的思想,体现了校训的精神。

大学校训是大学精神的表征反映。

大学校训具有长期性、稳定性、传承性特征,大学虽历经社会的变迁,但不应为世俗所左右,不应随社会变迁而随波逐流。在经历了一定历史时期的积淀之后,大学校训和大学自身紧密相连,体现了大学的理念内涵、精神特质和理想追求,因此,大学校训应该成为大学的精神家园。然而,当下我国大学,无论从数量还是质量上都得到了惊人的发展,但大学作为精神文化也正随着大学的"跨越式"发展而逐渐变得模糊,大学作为社会良知领地也在悄然失落。因此,呼唤大学精神的回归,重塑大学理想,已成为当代大学人的精神追求。

近些年,不少大学提出新校训,用中国传统文化的精髓取代20世纪80年代所提出的口号式校训,这本身是件好事,但似乎又呈现出新的雷同,也许,这些复古和缺乏个性化的校训的出现,正是教育理念匮乏的表现。大学校训"大同小异",缺乏独特气质和个性,也反映出大学的不自信。大学校训的不断更改,"有百年学府,无百年校训"的现象,正说明了现在我国大学办学精神和教育理念的缺失。

想起我曾经工作过的一所大学,建校数十年来一直没有校训。在接受教育部教学评估之前,我参与并初拟"德才并育,知行合一"供该校校训讨论之用,虽然不引经据典,但很实在,也反映出这所大学一贯坚持的"知行合一"的办学风格,也算是一则体现了现实主义精神的校训。

　　一所大学能留给后人的只有两样东西:大学精神和建筑,但只有精神才是永恒的、可传承的。大学校训就是一所大学的灵魂,是一所大学对历史的继承与对未来的执守,她彰显着大学精神的实质,反映着大学文化的传统,激励着师生继承大学传统,光大大学精神。

(该文载《广西日报》,2013-01-18)

传统文化与大学生态理念

在我的专著《高等教育生态论》的撰写过程中,在用现代生态哲学思想中的整体生态观对我国大学教育进行生态学分析时,我深感生态思想的博大和精深,其所具有的前瞻性和科学性。其实,在博大精深的中国传统文化中,早就蕴涵着丰富的生态思想和智慧,这些生态元素不仅对以人为本的个人教育有重要价值,而且对以可持续发展为理念的大学教育也有重要意义。今天,试图在失落已久的文化宝库中拾起零碎的生态思想的火花,从"天人合一""道法自然""中庸之道"等文化精髓中吸取其生态思想和智慧,无疑会对大学教育的良性运作及可持续发展带来积极的影响。①

人与自然和谐发展的"天人合一"观

中国传统文化对于人与自然关系的思考及见解,凝结在"天人合一"的命题之中。"天人合一"乃中国传统文化的根本精神和最高境界。所谓"天",主要指自然界或自然的总体,宇宙的最高实体;②所谓"人",则是指人和人类。"天人合一"观的首要含义是肯定人与自然是一个不可分割的统一体,人来自大自然,是自然界的一部分。中国哲人大多以"天人合一"为诚明境界、人的最高觉悟与智慧。运用"天人合一"宇宙观所观照的宇宙万物不是分裂的,而是统一的,不是多元的,而是一元的。天与人和谐,人与物感

---

① 贺祖斌.高等教育生态论[M].桂林:广西师范大学出版社,2005:208-213.
② 关于"天人合一"的意蕴,有学者认为关键在于对"天"的理解。"天"在儒家文化中是一个极为复杂而又至关重要的概念。根据对"天"的不同理解,"天人合一"便有了不同的含义,主要有:自然的天与人合一,信仰的天与人合一,德性的天与人合一,天道与人道合一。引自:刘湘溶.人与自然的道德话语:环境伦理学的进展与反思[M].长沙:湖南师范大学出版社,2004:43.

应,宇宙中的一切生命互相关联。宇宙不是一个互相对立的机械系统,而是一个统贯生命的生态系统。

　　道家提出了"天"与"人"协调的"万物一体"思想,老子把"道"看做是宇宙的物质本原和自然界的普遍规律。天地万物都由道而产生。"道生一,一生二,二生三,三生万物。"①"道"生成万物之后,又作为天地万物存在的根据而蕴涵于天地万物之中。道家"万物一体"哲学思想所表达的宇宙生命统一论,蕴涵着深刻的生态智慧。当代著名生态哲学家卡普拉(Fritjof Capra)指出:"在伟大的宗教传统中,道家提供了最深刻和最美妙的生态智慧的表达之一。它强调本源的唯一性和自然与社会现象的能动本性。"②肯定人与自然的物质统一性,是生态伦理的认识基础。儒家则借助"性天同一"思想论证"天人和谐"的宇宙生命统一论。"尽其心者,知其性也;知其性,则知天矣。"③孟子较早把人的心性与天联系起来。

　　"天人合一"观明确肯定人是自然界的产物,是自然界的一部分,人的生命与万物的生命是统一的,而不是对立的,人与天地万物和谐交融,"并育而不相害"。现代生态学认为,由生命系统和环境系统构成的生态系统是有机的自然整体。"生物圈"是地球最大的生态系统。在这个生物圈中,人与其他生物之间、生物与环境之间,进行着物质、能量、信息交换,自然物质进行着生物化学循环,从而形成生物圈的物质运动和动态平衡。巴巴拉·沃德(Barbara Ward)和雷内·杜博(Rene Dubos)指出:"在人类的任何一个历程中,我们都属于一个单一的体系,这个体系靠单一的能量提供生命的活动。这个体系在各种变化的形式中表现出根本的统一性,人类的生存有赖于整个体系的平衡和健全。"④因此,我们应当以"天人合一"的生态智慧、以宇宙生命统一论处理人与自然的关系,审视大学生态系统,尊重大学教育的自然规律,正确处理大学教育领域中的失衡问题,维护高等教育系统的生态平衡。

---

① 道德经. 第42章.
② 〔美〕弗·卡普拉. 转折点——科学、社会、兴起中的新文化[M]. 冯禹,等译. 北京:中国人民大学出版社,1989:30.
③ 孟子·尽心上.
④ Aldo Leopold. The Land Ethic, From A Sand County Almanac[M]. Oxford University Press, 1986:22.

生态可持续发展的"道法自然"思想

道家提倡自然,反对人为,就是要人们顺应自然,反对人类出于自己的需要,随意违反自然的本性,强行干预世界。老子认为,人是在宇宙的演化历程中诞生的,人类诞生以后,由于禀赋天地之灵而成为宇宙中之一大,"故道大、天大、地大、人亦大"。域中有四大,而人居其一焉。① 虽然人也同为四大之一,但他在宇宙中的地位并不比其他三大更高,因为"人法地、地法天、天法道、道法自然"②。老子所讲的自然,包含了三层含义:一是外在的自然界,二是运行的功能,三是对自然规律的尊重。在老子看来,人是自然的一部分,而自然又是人的一部分。宇宙是永恒不息的生命存在和发展的有机系统。人只有遵循规律,尊重自然,才能消除与自然的隔膜,这样人类才能长久地生存。老子的智慧启示我们,处理好人与自然的关系,是教育工作的一大主题,要尊重教育规律和教育生态系统的自然法则,不要人为地过分干预教育的发展。

老子"道法自然"的虚静观中,隐含着"持续"的思想。虚静与持续,表面上看是两回事,实质上则有内在的连接,即只有静才能"持",只有虚才有"续"。生命价值实现的中介,在于发展的阶段性和不曾中断的连续性。生命的价值是过程与归宿的统一。生命过程本身就是目的之一,就是价值运行的过程。把生命的价值解释为某个点上的归宿,显然是不全面的。持续正是实现过程与归宿统一的途径。所谓"上善若水"③,所谓"柔弱胜刚强"④,所谓"天长地久"⑤,所谓"夫唯不盈,故能蔽而新成"⑥等等说法,都是要形成一种可持续态。在自然界,"飘风不终朝,骤雨不终日"⑦,凡是"轰轰烈烈"的事物,都不能持久。

因此,"道法自然"所包含的生态可持续发展的理念给我们深刻的启示。在人的个体教育中,有效的学习,应当日积月累,滴水穿石。道家推崇"柔",

---

① 道德经．第25章．
② 同上注．
③ 道德经．第8章．
④ 道德经．第36章．
⑤ 道德经．第7章．
⑥ 道德经．第23章．
⑦ 道德经．第36章．

推崇"水",就是要生命在持续状态中化育生息,避免暴饮而亡、暴食而毙的现象。在我们的大学教育的发展中,那种不尊重教育客观规律、不考虑教育系统的生态承载力的骤风暴雨式的"超常规""跨越式""大扩招"的发展模式,注定不能科学健康持续地发展。

适度协调发展的"中庸"之道

我国先哲提出了"与天地参"的思想,这是人与自然相互作用、和谐发展与协同进化的思想,包括"和"与"中庸"的思想。在中国传统文化中,"中道论"有深固的基础。古代哲人往往从"中道"观出发,认识思考自然万物和社会人生。在"中"论思想中,儒家和道家达到了一致。孔子主张"中庸"[1],孟子主张"中权"[2],荀子主张"中当"。老子同样主张"守中"[3]。"中"要求人的行为要把握一定的度,"允执其中"以保持事物的平衡。作为重要的世界观和方法论,"中庸"之道反对极端和过分,反对轻浮和骄躁,反对盲目和任性,极力主张纠正一切极端现象和过分行为。

长期以来,某些人错误地理解或存心歪曲"中庸"的含义,说中庸是搞折中调和,走中间路线,是坚持机械的形而上学,反对变革。"君子中庸,小人反中庸。君子之中庸也,君子而时中,小人之反中庸也,小人而无忌惮也。"[4]多年来,我们饱尝反中庸的苦果和恶果。政治上的东倒西歪,思想上的偏激和混乱,经济上的反复折腾,对国家的现代化事业,对社会的稳定,对人民生活的安定和改善带来了难以估量的损失。缺乏中庸思想,与无知相比,离真理更远。在高等教育发展中,由于种种原因,失中失正现象、东倒西歪现象是屡见不鲜的,使我国高等教育不断折腾,比如:1952年高等教育院系调整,1958年高等教育的"大跃进",1966—1976年"文化大革命"对高等教育带来严重伤害,等等。这些不按教育规律来办事的运动式行为大大冲击了我们的大学教育,大学教育应该按照自身发展的科学规律运行。

依照"中庸"的观念能改变走极端造成的失衡,"中庸"之首主张协调适度发展,具体体现为三个原则:适度原则、适应原则、适中原则。

---

[1] 论语·雍也.
[2] 孟子·尽心上.
[3] 道德经. 第5章.
[4] 中庸. 第2章.

适度原则。万物负阴而抱阳,构成矛盾运动。事物一旦发展到极限,就朝其相反的方向转化。老子讲的"反者道之动"①,就是告诫人们:物极必反,"物壮则老"②。"过犹不及"造成的损失难以挽回。过分的追求某种目的,总是以大量未被人们意识到的事物发展的可能性的牺牲为代价,就形成破坏力,给人、社会、教育带来灾难。守中而知止,则意味着客观而稳重,自然而和谐,灵活而有序,清明而实际。在教育发展上主张"适度"原则旨在取消主观偏见,把握教育的运行规律,造就大学教育发展的良好状态。

适应原则。持中守和的观念,从现实性上讲,就是对外界环境的适应。植物进化中的"趋中效应",即由适应环境的生命进化规律所决定。"太过"和"不及"的适应性都不足。物竞天择强化了事物的趋中效应。推而广之,教育中的知识传授和能力培养也要适得其所,才能有适应性。持中守和的思想,可以有效地遏制只重知识而轻能力,只重书本而轻实践,只重概念而轻应用的倾向。在对立事物的两极间找到平衡点,兼顾整体素质的各个侧面,从而提高学生的时代适应能力和社会生存能力。同时,对于整个教育系统而言,只有适应其生态环境才能使教育发展顺利进行,才能使教育系统与环境之间保持生态平衡。

适中原则。持中,不仅仅兼用两端,它还有进行下一步调整的功能。立中而守正,便于进,也便于退。特别是在人们对现实、对未来尚未清楚了解之前,保持适中,就会处于有利的、主动的地位,因此"适中"是模糊选择中比较有效的方法。"适中"在现代控制论中就是"适度调整",对大学教育发展而言,这是一种有效的控制方法。

因此,在中国传统文化中"中庸"思想虽然有它消极的一面,但我们可以吸取它积极的因素用于大学教育的发展,大学教育在发展过程中应坚持"适度、适应、适中"的原则,选择健康、稳定、协调的发展之路。

中国现代大学发展一方面深受西方大学思想的影响,另一方面离不开与根植于本土的传统教育理念的融合。大学理念是大学之魂,决定大学发展的方向。没有科学的大学理念,大学的发展必将是盲目的;没有正确的办学理念,就没有相应的人才培养和学术成果,也不会有高水平的大学。现代中国的大学理念应该建立在传承传统教育思想的基础上,这也是现代大学发展的基本原则。

---

① 道德经. 第40章.
② 道德经. 第30章.

中国大学"十大"演变

严格说来,中国现代大学制度的兴起、形成和发展只有100多年历史。我认为,这百年大学发展史,可分为1949年前和1949年后两大阶段。1949年前大体分为三个时期:洋务学堂的兴起(1861—1894)、清末初创时期(1895—1911)、民国时期(1911—1949);1949年后也大体分为三个时期:新中国建设时期(1949—1976)、改革开放时期(1977—1998)、大发展时期(1999—至今)。中国政治文化里喜欢用一个词,那就是"大",中国大学的每一次变革与政治时局紧密结合在一起,中国百年现代大学发展史分六大时期,也可以用"十大"关键词概括:1861大改良,1895大学堂,1911大动荡,1952大调整,1958大跃进,1966大革命,1977大恢复,1990大合并,1999大扩招,2014大转型。我想借用这"十大"关键词作为载体,对中国近现代高等教育的演变进行讨论。

1861 大改良

这一时期指的是洋务学堂的兴起(1861—1894)。

中国近代高等教育始发于洋务教育。两次鸦片战争失利、太平天国起义后,为救亡图存,兴起了一场"师夷长技以自强"的洋务运动(1861—1894),是近代中国第一次大规模模仿、学习西方工业化的运动,是一场维护封建皇权前提下由上到下的"改良运动"。中国面临"三千年未有之大变局"①,这是中国近代化之始,伴随着洋务运动、洋务学堂的兴办,中国近代

---

① 梁启超.李鸿章传[M].北京:中国三峡出版社,2009:8.

高等教育从此开始。① 晚清社会进一步对外开放,清政府也出于洋务运动本身对于人才的需求,从19世纪60年代开始,开办了一批新式学堂。洋务运动期间,先后在中央和地方创办了30多所新式学堂。这些学堂中,著名的外国语学堂有1863年成立的京师同文馆、1863年成立的上海广方言馆、1864年成立的广州同文馆、1893年成立的湖北自强学堂,这些学堂相当于中国最早的言语专科学校;而成立于1866年的福建船政学堂、1880年的天津水师学堂、1880年的天津电报学堂等,则相当于中国最早的技术专科学校和军事专科学校。洋务学堂是中国近代第一批新式专科学校,近代高等教育由此开启。洋务学堂的产生,适应了"西学东渐"这一文化趋势,培养了近代中国第一批翻译人才、外交人才、海军人才和科技人才,从而大大促进了中国教育近代化进程。

严格说来,最早建立的洋务学堂,虽然开启了中国近代教育和高等教育的先河,但只是中国近代新教育的萌芽,可将其视为中国近代高等专门学校的雏形,还不属于真正的高等学校。

1895 大学堂

这一时期指的是清末初创时期(1895—1911)。

19世纪末20世纪初,是中国近代高等教育发展的重要时期。甲午战争(1894年)失败后至民国初年这一时期,中国传统科举制被废除,现代化的教育制度开始确立,中国效法西方资本主义国家的教育,改革书院制度,推行现代学校教育。同时,中国近代高等教育开始在全国范围实施,这是我国高等教育发生重大转变的时期。中国第一批真正意义上的大学就是在这种情况下创建的。1895年、1896年、1897年和1898年分别成立的天津中西学堂、上海南洋公学、浙江求是书院和京师大学堂一般被认为是中国近代大学的雏形。天津大学始建于1895年,其前身是天津中西学堂,后改办为北洋大学堂(1903年改名北洋大学),是唯一经皇帝(光绪帝)御批建立的大学,是中国近代教育史上的第一所大学,颁发了中国第一张本科学历文凭。1896年,盛宣怀奏请在上海设立南洋公学,南洋公学分上、中、外及师范四院(师范院相当于师范学校,外院相当于师范学校附小,中院相当于中等学

---

① 董宝良,等.中国近现代教育思潮与流派[M].北京:人民教育出版社,1997:52.

校,上院相当于大学)。① 北京大学创立于1898年,初名京师大学堂,是中国最早的国立大学,最初北大身兼中国最高学府与国家教育部的双重职能,可谓"上承太学正统,下立大学祖庭"。

1902年成立的山西大学堂是中国第一所省立大学,以后各省相继仿效。1911年设立了留美预备分校"清华学堂",1925年该校大学部成立,1928年改名为国立清华大学。截至1911年,清末的高等学校和各省设立的高等学堂共27所。② 除公立高等教育机构外,清末高等教育还包括私立、教会高等教育机构,在全国共建立起10多所属于教会的高等教育机构,比如设立于1905年的私立学校中国公学、1905年的复旦学院等。

中国近代高等教育的发展历经风风雨雨,其基本特征可概括为"中体西用",即"中学为体,西学为用"。其中京师大学堂最具有代表性,学部规定,京师大学堂的教育宗旨是:以中学为主、西学为辅,中学为体、西学为用;培养通才,以忠君、尊孔、尚公、尚武、尚实定其趋向。③ 从学生来源、管理方式到教育内容、方法和学风上看,西学成为教育内容的重要组成部分;从办学模式上看,参照美国大学的模式逐步发展起来。尽管如此,传统文化在当时的高等教育中仍然占据着主导地位。

1911 大动荡

这一时期指的是民国时期(1911—1949)。

民国时期分为北洋军阀政府(1912—1928)统治时期和国民党政府(1928—1949)统治时期。1911年的辛亥革命,推翻了清朝专制帝制,建立了资产阶级民主共和政权。这一时期,是中国近代高等教育的拓展时期。

1. 北洋军阀政府统治时期

北洋军阀政府统治时期是指中华民国建国初期以北京为首都、以天津为中心的中央政府统治时期,这一时期北洋派在中华民国政府中占优势。北洋时期是"武夫当国"④,军阀割据,战乱频仍,政局很不稳定,民生无保

---

① 付燕鸿.中国近代高等教育发展的历程及启示[J].考试与招生,2010(3).
② 同上注.
③ 汤志钧,等.戊戌时期教育——中国近代教育史资料汇编[M].上海:上海教育出版社,1993:122.
④ 陶菊隐.武夫当国:北洋军阀统治时期史话[M].海口:海南出版社,2006:16.

障,主政者对教育、思想文化难以控制,基本采取不干预的态度。尽管如此,中国近代的高等教育仍获得缓慢发展。北洋时期是中国现代大学教育的草创期、大学精神的形成期,大学数量不多,规模不大,但起点很高。当时的基本格局是公立、私立、教会大学三足鼎立。辛亥革命推翻了清王朝,结束了两千多年的封建帝制,为中国近代高等教育的发展提供了一个相对宽松的环境。1912年至1927年的十几年间,可以说是中国高等教育发展模式的多元化时期。这里不能不提一位重要人物,他就是蔡元培先生,他主持修订了新学制《壬子癸丑学制》,教育部还陆续公布了《大学令》《大学规程》《公立、私立专门学校规程》和《高等师范学校规程》等一系列有关高等教育的法规法令。作为民国初年教育改革的总设计师,1912年蔡元培亲手制定了《大学令》,"标志着中国近代大学理念由传统向现代转型的开始"[①]。1917年蔡元培出任北大校长之后,开始在北京大学实施他的大学理念——学术自由和教授治校。这一时期的大学,从地方分权制到实行选课制、学分制等也受到美国高等教育的影响。应该说,大学从建立之初起,在制度和思想上就接受了西方现代大学办学理念。

2. 国民党政府统治时期

1928年以后,中国进入国民党统治时期,包含抗战时期。在这一时期,国民政府对教育进行了一系列改革,高等教育在制度和内涵上有了较大的发展和变化。1929年7月南京国民政府公布《大学组织法》,同年8月公布《大学规程》,对大学设置进行了规定。大学设校分国立、省立、市立和私立几种类型;大学组织分文、理、法、教育、农、工、商、医等8院,3院以上(必须含理、农、工、医学院之一)得称大学,否则为独立学院;大学设研究院,附设专修科;1931年通令大学采用学年学分制。抗日战争时期,高等教育受到严重破坏,据统计,战前高等学校108所,从1937年7月到1938年8月被破坏91所。为保存国家教育实力,国民政府将一批著名大学迁到内地,北京、上海、南京、天津等地的一些著名大学迫于无奈,忍痛"西迁""南迁"。如中央、中山、交通、复旦等大学迁到重庆,武大内迁四川,浙大迁到贵州,北大、清华、南开内迁到云南组成西南联合大学,北平大学、北平师范大学和北洋工学院迁到陕西城固成立西北联合大学。八年抗战,使具有了一定规模和

---

① 周谷平,张雁.中国近代大学理念的转型——从《大学堂章程》到《大学令》[J].高等教育研究,2007(10).

知名度的中国大学遭受重创,但内迁使高等教育的基本力量得以保存,使师生不致流散,教学基本维持战前状态,并获得发展。大学内迁的历史,是"中华民族抗战史的重要组成部分,是中国教育史中最为灾难深重、但又光辉难忘的一页"①。

我们今天在讨论这一时期的大学时,免不了要谈论民国时期的大学校长和大师们:蔡元培、梅贻琦、张伯苓、胡适、鲁迅、陈寅恪、马寅初、罗家伦、冯友兰、熊十力、梁漱溟、竺可桢、晏阳初、陶行知……民国时期为什么能涌现出那么多优秀大学校长和大师呢?中国经过两千多年的封建社会,到了清末民初,特别是经过辛亥革命、五四运动以后,西方思想涌入中国,思想解放促进社会急速变革,必定带来文化的复兴。另外,思想、言论和学术自由是产生大师的前提。这些大师们在一定程度上,影响中国文化的变革和社会发展的进程。但是,单靠少数闪耀的大师们改变不了国家的命运。梁启超在《过渡时代论》中谈到过渡时代容易出英雄的观点时,说"凡一国之进步也,其主动者在多数之国民,而驱役一二之代表人以为助动者,则其事罔不成"②。

1949年前的中国大学虽已初具现代大学的特征,但由于中国在政治、经济、军事、文化等方面处于弱国的地位,时局动荡,社会不宁,大学因而饱受战乱与天灾之苦,整个20世纪的上半个世纪,中国的大学都是在动荡不安、烽火硝烟中艰难度过的。尽管如此,那个时代大学的学术精神值得后人尊敬。

1952大调整

1949年后,新中国面临着建国初期国内外复杂的形势,正在探索建设社会主义的道路。新中国刚成立,对大学的改造有政治上的必要。1952年,教育部出台《关于全国高等学校1952年的调整设置方案》,目的是学习苏联高等学校模式,对全国高等学校的院系设置进行大规模的调整。把民国时期初步形成的高等教育体系改造成"苏联模式"高等教育体系。专业教育是苏联模式的特点,目的是迅速培养国家所需要的各类专业技术人才,以满足新中国各行各业对人才的需求。原来那些综合性大学被拆散,变成文

---

① 饶俊,赵正.浅谈抗战时期高校内迁[J].传承,2009(6).
② 梁启超著,李华兴,吴嘉勋编.梁启超选集[M].上海:上海人民出版社,1984:166.

理学院、工学院、农学院、医学院、财经学院等各种专门学院、专门学校。当时,教育部规定,综合性大学,全国各大行政区最少有1所,但最多不超过4所;"少办或不办多科性的工学院,多办专业性的工学院";每个大行政区必须开办1至3所师范学院,各省可办师范专科学校,师范学院设系应严格按照中学教育所需。① 经过对全国许多高等学校的调整和分拆,发展独立建制的工科院校,相继新设地质、矿业、钢铁、航空、水利等专门学院和专业,工、农林、师范、医药院校的数量从108所增加到149所,综合性大学明显减少,高校数量从1952年的211所减少到1953年后的183所。② 1949年前的那些著名大学,经历了大面积的结构改造。经过这次大调整之后,新中国高等教育体系的格局基本形成。

概括起来讲,1952年高等学校院系"大调整"的特点和影响如下。

全面学习苏联高等教育。院系调整后,按照苏联工科大学按系设立专业的教育模式,有计划、分专业地培养技术人才。学制也进行了调整,取消学分制,实行学年制。制定统一的教学计划,使用苏联教材。"师范学院设系应严格按照中学教育所需"的指导思想,造成至今难以调整的师范学院单一的专业设置。

综合性大学的调整。在院系调整中,对综合性大学冲击最大,特别以号称中国高校"五大母校"为最:浙江大学、南京大学、厦门大学、武汉大学和中山大学,除浙大外,这些学校工科基本被剥离,文法商管医各科也大受损失。武汉大学原有文、法、理、工、农、医等6个学院,调整后仅保留文、理两个学院。南京大学原有文、理、工、农、医、法、师范等7个学院共35个系,经过院系调整后仅保留了文、理方面的13个系。此外,清华大学的文史学科被整合到其他院校,成为一所单纯的工科大学。民国时期一些比较著名的国立大学,如广西大学、山西大学、云南大学、河南大学等也停办或拆分,特别是广西大学被撤销后,一所实力较雄厚的综合性大学从此不在了,这对后来广西高等教育发展影响至今。

学科布局的重新整顿。院系调整除保留少数文理科综合性大学外,按行业归口建立单科性高校,偏重工科,大力发展独立建制的工科院校,相继新设钢铁、地质、航空、矿业、水利等专门学院和专业。③ 重理科轻文科,人文

---

① 教育部档案,《1952年院系调整卷》.
② 陈辉.1952年中国高等院校的院系调整[J].当代中国研究,2003(3).
③ 同上注.

科学遭到破坏。社会学、政法、财经等社会学科被停止和取消,以致我国长期以来严重缺乏法律和金融人才,影响了我国的经济建设和社会发展。

私立大学的改造与退出。中央政府接办改造了60多所私立大学、取缔了24所教会大学,取消了私立教育。教会大学圣约翰大学、震旦大学,也都在大调整中被撤并。金陵、圣约翰、震旦、沪江大学,分别并入南京大学、复旦大学、交通大学、同济大学、华东师范大学等,这些私立大学,连同它们的校园和办学思想、精神,就此消弭于中国高等教育发展的历史长河。

1958大跃进

1958年5月,中共八大二次会议正式通过了"鼓足干劲、力争上游、多快好省地建设社会主义"的总路线。① 随后发动了"大跃进"运动,在生产发展上追求高速度,以实现工农业生产高指标为目标。要求工农业主要产品的产量成倍、甚至几十倍地增长。"大跃进"运动免不了冲击高等教育。

1958年6月,全国教育工作会议上提出:"将来势必每个县有一所大学,准备十年达到这个目的……"1958年8月,最高领导人说:"农业大学要统统搬到农村去。"②全国各行各业都在大跃进,高等教育的规模也突飞猛进,据统计,1956年全国高校招生18.5万人,1958年招生达26.6万,1960年招生增至32.3万。全国高等教育的院校数也从1957年的227所,增至为1960年的1289所。而普通中学则从1956年的6715所增至1958年的28931所。到了1958年秋天,全国各地已经建立起了23500多所业余"红专"大学和半工半读大学。③

在这种情况下,办"大学"的条件可想而知。黑龙江省鹤岗市,只制作校牌,七天就办起了一所大学。解决师资的办法是"大学生教大学生、高年级教低年级、专兼职教员相结合"。没有足够的生源,在政治优先的入学准入制度下,工人、农民、速成中学的工农毕业生和干部,只要具备推荐的条件,不需要经过考试就可以上大学。

另外,按照要求,从1958年起,高考前对学生一一作政治审查,其依据是家庭出身和社会关系,并非个人表现或学习成绩。出身地主富农、资本家

---

① 张晋藩,等.中华人民共和国国史大辞典[M].哈尔滨:黑龙江人民出版社,1992:99.
② 毛泽东.毛主席论教育革命[M].北京:人民出版社,1967:46.
③ 曾正德.新解"见鬼论"及其对农林院校的影响[J].党史文苑,2009(2).

家庭的,家长被划为右派的,有海外关系的,社会关系复杂的学生基本上是不宜录取和降格录取者。这些政策使大批优秀高中毕业生丧失了受教育的权利。

1958年的"大跃进"不但造成了国民经济比例的严重失调,使经济建设遭到重大损失,也对高等教育造成了严重冲击和破坏,高等教育质量严重下降。

1966 大革命

中苏分裂以后,1960年苏联从中国撤走专家,中国大学逐渐走上了一条摒弃一切外国"模式"的道路。1966年5月16日中共中央下达的关于"文化大革命"的通知中,提出"无产阶级对资产阶级专政,无产阶级在上层建筑其中包括在各个文化领域的专政",以反对封建主义、资本主义、修正主义的名义,排斥外来文化、摧毁古代文化。1966年5月,在"资产阶级知识分子统治我们学校"的"左"倾错误论点指导下,全盘否定1949年以来的17年教育工作。在"文化大革命"的十年中,教育领域受到严重破坏。

高等教育体系受到破坏。根据统计,高等学校由1965年的434所减为1971年的328所,减少了106所。① 其中,原有的6所政法院校全部被撤销,原有的18所财经院校被撤销16所。被撤销、裁并、搬迁的院校都损失严重。在"文化大革命"的十年中,高等学校有四年停止招生(1966—1969);1970年和1971年开始试点招收工农兵学员,每年只招4.2万人,而且招收的学生只有相当于初中的文化水平。十年"文化大革命",造成了人才青黄不接、知识匮乏的严重问题,估计为国家少培养了10万名研究生、100多万名合格的本专科大学毕业生和200多万名中专毕业生,我国的科学文化教育损失重大,严重阻碍了经济社会的发展。

大批知识分子受到迫害。"文化大革命"的爆发导致全国所有学校进入停课状态,各级学校的领导和教师,特别是一些学术上有成就的专家、教授,均遭到残酷斗争,身心受到摧残。文化领域和知识分子遭受了沉重打击,正在接受教育的人被迫停止继续教育,没有接受教育的人丧失了受教育的机会。

---

① 杨能,等.对"文化大革命"进行全盘否定的原因分析及启示借鉴[J].党史文苑,2013(2).

高考制度停止，人才匮乏。1966年"文化大革命"开始，高校停止招生，大批知识青年"上山下乡"到农村。1968年毛泽东在"七·二一指示"中说："大学还是要办的，我这里主要说的是理工科大学还要办，但学制要缩短，教育要革命，要无产阶级政治挂帅。要从有实践经验的工人农民中间选拔学生，到学校学几年以后，又回到生产实践中去。"① 1970年8月，大学开始招收第一届工农兵大学生，不论文化程度、年龄大小，强调政治条件，只要被组织推荐，就可以上大学。1973年举行了"文化大革命"中唯一的一次高考，辽宁知青"白卷英雄"张铁生，以及宣称"大学就是大家来学"的五十多岁的农民王大学，都被称为大学生"楷模"。据新华社1976年7月21日报道，全国"七·二一"大学从1975年上半年的1200所猛增到1.5万多所。

教育结构单一，素质下降。由于批判刘少奇倡导的"两种教育制度、两种劳动制度"②，成人教育机构也被破坏，造成教育结构的单一化。在"学制要缩短"的指示下，大学学制由"文化大革命"前的4—6年缩短为2—3年。学生在校期间的主要任务是"上大学、管大学、改造大学"，阶级斗争是大学的主课，学工、学农、学军在课程中占很大比重，正常教育活动无法开展，学生的文化和专业素质严重下降，教学质量可想而知。

"大跃进"已经使中国高等教育遭受严重冲击，再加上十年"文化大革命"，致使我国高等教育质量和水平远远落后于西方国家。

1977 大恢复

1976年，"四人帮"倒台。1977年7月，中共十届三中全会闭幕，邓小平官复原职，8月主持召开科学和教育工作座谈会，做出了"今年就要下决心恢复从高中毕业生中直接招考学生"③的恢复高考决定。1977年9月，教育部在北京召开全国高等学校招生工作会议，正式恢复由于"文化大革命"冲击而中断了十年的全国高校招生考试，以统一考试、择优录取的方式选拔人才上大学，招生对象是工人农民、上山下乡和回乡知识青年、复员军人、干部

---

① 毛泽东.《从上海机床厂看培养工程技术人员的道路》编者按[N].人民日报,1968-07-22.
② 刘少奇.我国应有两种教育制度、两种劳动制度.1958年5月30日在中央政治局扩大会议上讲话.
③ 中共中央文献研究室.总设计师邓小平[M].贵阳:贵州人民出版社,2008:37.

和应届高中毕业生,学生毕业后由国家统一分配工作。由此,中国重新迎来了尊重知识、尊重人才的春天。

1977年恢复高考的那一年,有570万人报考,只录取了27万,录取率仅为4.7%;1978年又有610万人报考,原计划招生29.3万人,在各种力量的呼吁支持下,实际招收40.2万人。这两次高考,报考总人数达到1160万人。1977年高考制度的恢复,引发了全社会的读书热,不仅改变了几代人的命运,也为我国经济发展培养了大批人才。同时,中国大学面临新的选择和探索,比如武汉大学率先实行学分制、主辅修制、双学位制、导师制、自由转学制等,开了全国大学改革的先河,起到了积极的示范作用。作为在20世纪80年代初入学的这一代大学生,我清楚地记得:当时的大学生,关心国家的命运,有理想,追求真理,崇尚创新,关注现实,勇于批判,大学的社团特别活跃。应当说,这是一个中国大学精神中兴的时代,大学站在社会进步的前沿,努力向世界学术前沿接轨。

另外,这里必须提到一个特殊的群体——老三届、新三级。"老三届"是指"文化大革命"期间应于1966、1967和1968年毕业的高初中学生,而"新三级"是指恢复高考进入大学的1977、1978和1979级大学生。"新三级"大学生在年龄构成上从14岁到30多岁,跨度很大。"新三级"大学生在中国改革开放和经济建设中,发挥了填补人才断层、充当各行各业中坚力量的承前启后的作用。"老三届""新三级"这一代人经历了新中国最困难和最辉煌两个不同的时期,他们既经历了民族和个人的磨难,也赶上了国家经济高速发展的时期。

中国高等教育"1977大恢复"印证了恩格斯的一句名言:"没有哪一次巨大的历史灾难不是以历史的进步为补偿的。"

1990 大合并

当中国高等教育刚刚恢复正常运行之际,又面临新一轮改革——高校合并。

始于1990年的高等教育管理体制改革,经历了一个酝酿、探索、推进的过程。最初提出了共建、合作办学、划转、合并和协作办学五种形式。当时教育主管部门在实践基础上提出"共建、调整、合作和合并"8字方针,要求到2002年左右基本完成高等教育管理体制改革和布局结构的调整,形成综合性大学、多科性大学和单科性大学比例合适的新格局。这是1952年院校调整以来,中国就高校布局所进行的最大的一次改革。据不完全统计,自1990年起,全国有1000多所高校和中等学校涉及合并,共形成了400多所合并的高校。

高校合并在一定程度上实现了对教育资源的重组与改进,使许多高校的规模效益、经济效益有了明显的提高。高校合并力图实现几个转变:一是由过去的专门院校为主体、封闭式办学向理工结合、文理渗透、日益综合化和多样化转变;二是由中央政府管理为主向省级政府统筹和管理为主转变;三是由单一政府拨款向政府财政拨款和宏观调控为主、多渠道集资、注重效率与公平转变;四是促进了办学效率的显著提高和部门机构的精简压缩。常常以扬州大学为例,合并前,该校有36名厅局级干部,有处级机构99个,处级干部444名;合并后,厅局级干部9名,处级机构24个,处级干部253名。①

高校合并在一定程度上实现了以上几个目标,但也带来一些问题。一是高校合并在一定程度上影响了大学的文化精神传承,特别是各个学校的历史不同,教师和学生对学校"历史情结"不同,造成师生对合并后的学校的历史文化认同感不强。二是过于求全,办学效益难兼顾,合并后一段时期出现机构臃肿、责权不清、效率低下等等,"美丽的长春市坐落在吉林大学校园中"这一句俏皮话说明合并后的吉林大学之"大"。三是一些在国内外有影响的知名大学在合并后消失,当时有个观点:"一流的医学院绝大多数建在综合大学,著名的综合大学大多数都有高水平的医学院。"在这种形势下,同济、协和、湘雅、华西等医科院校在合并后影响力弱化,对这些大学丰厚的无形资产造成无法挽回的影响。四是合并后不同学校的文化难以融合,被合并的学校文化不一,造成了合并后的学校文化长期难以弥合。

1999大扩招

实际上,高校合并尚未结束,"大扩招"即已开始。1999年启动了高等学校大扩招。国际上通常认为,美国著名的教育社会学家马丁·特罗(Martin Trow)于1973年提出"高等教育大众化"三阶段论,即高等教育毛入学率在15%以下属于精英教育阶段,15%—50%为高等教育大众化阶段,50%以

---

① 彭在钦,刘芳宇.全国高校合并风背后的喜与忧[J].大地,2001(29).

上为高等教育普及化阶段。

1978年,中国的高等教育毛入学率只有1.55%,1988年达到3.7%,1998年升至9.76%。1999年开始大学扩招,高等教育毛入学率快速上升,2002年达到15%,高等教育从精英教育阶段进入大众化阶段。[①] 2012年,中国高等教育毛入学率达到30%。2010年提出的目标是,到2015年高等教育毛入学率达到36%,2020年达到40%,实现"进入人力资源强国行列"的战略目标。[②]

1998年,全国普通高校招生108.3万人;1999年,普通高校招生总数达到153万人,比上年增加45万人,增幅达42%;2000年,普通高校实际招生为220万人,比1999年增加35%。此后,招生、录取比例逐年攀升:2008年,普通高校计划录取599万人,考生1050万,录取比例57%;2009年,普通高校计划招生629万人,考生1020万,录取比例62%;2010年,普通高校计划招生657万人,考生957万,录取比例69%;2011年,普通高校计划招生675万人,考生933万,录取比例72%;2012年,普通高校计划招生685万人,考生915万,录取比例达75%。

根据统计[③],至2012年,全国各类高等教育人数总规模达到3325万人,高等教育毛入学率达到30%。2012年研究生招生59万人(其中,博士生6.84万,硕士生52.13万);在学研究生171.98万人(其中,博士生28.38万,硕士生143.60万)。普通高等教育本专科共招生688.83万人,在校生2391.32万人;成人高等教育本专科共招生243.96万人,在校生583.11万人。全国共有普通高校和成人高校2790所。

中国高等教育在启动扩招以来,发展的速度相当快,其积极一面是不可置疑的:一是在一定程度上满足了民众对高等教育的需求,圆了许多考生的大学梦;二是整体提高国民素质,提升学历,缩小与国外受教育水平的差距,为中国经济社会的发展培养了一大批实用性的人才,促进了我国社会经济的快速发展;三是为承担并完成高等教育大众化的任务,催生了一大批地方应用型本科高等学校和职业院校,高等学校整体布局趋于合理;四是为中国大学的改革与发展注入了新的活力,大学的创新能力和科技服务社会能力得到进一步提升;五是在扩招初期一定程度上推迟了初次就业时间,缓解了

---

① 贺祖斌.高等教育大众化与质量保障[M].桂林:广西师范大学出版社,2004:8.
② 中共中央、国务院.国家中长期教育改革和发展规划纲要(2010—2020年).
③ 教育部发展规划司.中国教育统计年鉴2012[M].北京:人民教育出版社,2013.

就业压力;等等。

同时,"大扩招"给中国大学发展直接或间接带来了一些问题。一是扩招之初,很多高校的教师队伍质量不高并且数量严重缺乏、教学设备设施不足、校园建设跟不上,导致高等教育质量和学生综合素质下降。二是高校负担加重。据不完全统计,至2009年,公办高校贷款规模高达3000—3500亿元,后来政府对2009年以前的大部分高校债务通过划债的方式予以解决。① 三是高校发展速度过快。1998年我国高校有1022所,到2012年达到2442所,增加了1420所,创造了每3天诞生一所大学的"奇迹"。四是大学生就业难问题日渐突出,从第一批扩招的大学生进入社会的2003年开始,大学生就业问题就开始成为全社会每年关注的热门话题。② 根据对始于1999年的中国高校扩招的研究,短时间内高等教育急剧发展,一定程度上使高等教育系统超越自身的生态承载力而影响了系统的生态平衡。③

为确保扩招后高等教育的质量,教育行政部门实施了质量工程、本科教学评估、卓越计划、协同创新等系列措施,进行了及时有效的调控,并取得明显效果。

2014 大转型

我国经济的快速发展和产业结构的调整,对技能型人才的需求量增大,而高校培养人才还不能完全适应经济社会发展的需要,职业教育结构不尽合理,质量有待提高,办学条件薄弱,体制机制不畅。为加快现代职业教育的发展,国家出台相关政策。如2014年出台的《国务院关于加快发展现代职业教育的决定》指出:"引导一批普通本科高等学校向应用技术类型高等学校转型,重点举办本科职业教育。建立高等学校分类体系,实行分类管理,加快建立分类设置、评价、指导、拨款制度。"出台这些政策,目的是加快发展现代职业教育体系建设,培养培训了大批中高级技能型人才,提高劳动者素质、推动经济社会发展。这就意味着相当一部分高等学校面临一次新的转型。

---

① 徐琳,田苍林.高校扩招的积极作用与负面影响分析[J].西北工业大学学报:社会科学版,2000(2).
② 贺祖斌,等.困惑与选择——大学生就业问题[J].大学,2009(11).
③ 贺祖斌.高等教育生态论[M].桂林:广西师范大学出版社,2005:160.

首先需要肯定的是,"建立高等学校分类体系""引导一批普通本科高校向应用技术型高校转型"的战略部署是科学、合理的,特别是新建本科院校定位模糊、办学同质化,造成人才培养结构与产业结构调整脱节,培养的学生缺乏核心竞争力,造成大学生就业结构性矛盾日渐突出。因此,"转型"适应经济社会发展对高等教育改革的需要,转型的关键是明确办学定位、凝练办学特色、转变办学方式,把办学思路真正转到服务地方经济社会发展上来,转到产教融合校企合作上来,转到培养应用型技术技能型人才上来,转到增强学生就业创业能力上来。[①] 如果转型仅仅是大学之外的政府、社会、企业等环境改善,而非大学内部的变革,即由外在的环境和政策的压力推动大学转型,那这种改革就难以达到分类指导、特色发展的目标。另外,有人将"转型发展"理解为"转型职业教育"[②],这就违背了"转型"培养应用型人才的初衷,如果将高等教育与职业教育对立起来,将会在战略部署上出现偏差。此外,这一批本科院校(主要是新建本科院校、独立学院)分为各种不同类型,其学校办学定位、学科专业结构、服务面向等各有不同,如果将占全国一半比例的本科院校"转型职业教育",这本身就是违背了教育发展规律。因此,政府出台的政策中"采取试点推动、示范引领等方式"进行逐步推进"转型"是明智的。

这次"转型"刚刚开始,意味着中国高等教育将面临一次新的变革。迫切希望"转型"从顶层设计到实际操作,都能在尊重高等教育发展规律的理性范围内有序展开,这样,中国大学必将站立在一个新的历史发展起点。

大学演变的文化思考

中国现代大学发展从最初的兴起,伴随着国家政治、经济的变革和发展,走过了百年不平凡的岁月,发生了翻天覆地的变化,高等教育总规模已位居世界第一位,在高歌取得成绩的同时,我们还应从文化视角进行反思和总结,其中有些现象和因素值得我们深思。

首先,中国大学发展的文化影响。

近百年来,中国文化经历了两次大的变革,一是五四运动对传统文化

---

① 袁贵仁. 全面深化综合改革 全面加强依法治教 加快推进教育现代化——袁贵仁部长在2015年全国教育工作会议上的讲话[N]. 中国教育报,2015-02-12.
② 庞丽静. 600所本科转型职业教育 高等教育酝酿大变[N]. 经济观察报,2014-05-12.

（特别是以儒家文化为代表）的批判以及对新文化运动的倡导；二是十年"文化大革命"对中国传统文化的破坏。这两次文化变革对大学发展有直接的影响。

五四运动将"中国现代化进程由器物、制度推进到文化层面"[①]，是在新的社会历史条件下的思想解放与文化启蒙，进而影响政局的近现代变革。科举制的废除，要求建立新式教育体系。在这种文化转换背景下，中国大学处在兴起阶段，吸收了西方大学先进的制度、文化。经过"大改良""大学堂""大动荡"的岁月，这一时期的中国大学已初步形成现代大学制度的特征，同时在一些仁人志士和文化先贤的直接参与下，出现了大学发展的文化繁荣时期，但国力不强、时局动荡，大学饱受战乱与天灾之苦。

1949 年中华人民共和国成立后，经历了政治、文化的大转折。国家面临复杂的国际国内形势，各种政治运动不断，特别是"文化大革命"，使中国文化受到重创。直到"文化大革命"结束，1978 年中国进入改革开放时期，思想文化复苏，出现了 80 年代的文化复兴，中国大学进入了复苏时期，经历了"大恢复""大合并"，大学管理制度与学术标准逐渐与国际高等教育接轨。之后，随着中国经济社会的高速发展，文化变得多元化，大学在"大扩招"中跨越式、大规模地扩张，中国大学进入大发展时期；大发展必然带来大学的发展定位和发展方向的确立问题，因而中国部分大学又面临一次向应用型大学发展的"大转型"。中国大学取得根本性变化和发展，是在 20 世纪的下半个世纪至今。这 60 多年来，中国大学经历了不平凡的岁月。每个阶段都有其特殊性，都有深刻的政治、文化、社会背景和原因。

有学者认为："中国现代大学的诞生恰恰以与中国传统文明断裂为标志"[②]，在长达一百多年的大学演变历程中，特别是 20 世纪中国教育体制中一种反传统心态，让中国传统的文化经典以"封建""糟粕"的名义排斥在大学教育之外，而西方文化也不可能替代，因而，不禁要问：中国大学的文化根基在哪里？

其次，中国大学发展的问题思考。

在大学发展过程中，出现了许多理念性、制度性的问题，这些问题的出现在很大程度上是不按高等教育规律发展所带来的，如果问题不解决，势必

---

① 彭明.五四运动与二十世纪的中国[J].中共党史研究,1999(3).
② 甘阳.中国大学的根本致命伤：缺少文化根基[N].21 世纪经济报道,2006-06-29.

影响大学未来的发展。

高等教育发展规律问题。在高等教育发展过程中,一些政策不按照教育发展规律进行规划并发展,造成了许许多多的伤害。在中国高等教育发展史上,有多次"大"的变革,部分违背教育规律的改革措施也给大学带来了诸多问题。教育有其自身的发展规律和运行机制,凡是不尊重教育规律的运动式改革,最终都无疾而终。高等教育理应回归按照自身的发展规律科学运行。

大学的行政化泛化问题。大学的行政化问题包含两大方面:一是政府对大学行政化管理,二是大学内部行政化管理。前者关乎大学自治问题,后者关乎大学学术自由问题,这两者都是现代大学制度建立的基本要素。目前,《中华人民共和国高等教育法》所赋予高等学校的办学自主权在现实中仍没有完全兑现。大学这种行政化管理模式在一定程度上阻碍了高等教育的改革与发展。有学者认为,"落实大学自主权,不在于给大学多少权,而是应该明晰政府和大学的权力边界"[1]。

大学的人文教育问题。高等教育不只是专业教育,身心健全的人的教育亦不可忽视。我国高等教育存在"五重五轻"现象,即"重理工轻人文,重专业轻基础,重书本轻实践,重共性轻个性,重功利轻素质"[2]。近年来,大学教育越来越受到专业主义和实用主义取向的限制,过于注重专业教育和实用技能的培养,忽视人文精神的养成。正像北京大学钱理群教授说的:我们的大学正在培养一大批"精致的利己主义者",缺乏理想主义,这是我们高等教育需要警惕的。因此,在大学教育中倡导"富强、民主、文明、和谐、自由、平等、公正、法治、爱国、敬业、诚信、友善"的社会主义核心价值观是十分有必要的。

最后,纵观中国大学的百年发展历史,可以发现,高等教育既受不同时期的政治、经济、文化背景的国情影响,也受高等教育本身发展规律的制约。高等教育快速发展过程中所面临的问题,必须在发展中来解决。因此,对于政策层面而言,既不能以强调国情的特殊性为由而排斥遵循高等教育的发展规律,也不能以与国际接轨为借口而置本国国情于不顾。对大学而言,正值国家迈向人力资源强国之际,天下有志有识之士,当以大学先贤为榜样,

---

[1] 黄达人.高校缺哪些自主权?与其给予,不如放权[N].中国教育报,2014-04-21(9).
[2] 杨叔子.杨叔子教育雏论选[M].武汉:华中科技大学出版社,2010:89.

重振大学人文精神之风气,重树学界自由独立之风骨,引领社会道德理想之风尚,造就国家建设发展之栋梁,坚守着理想主义,在理想与现实中前行。这是在回顾和总结我国大学演变历史时给我们带来的启示。

（该文系作者在厦门大学、华中科技大学、上海经贸大学等多所大学,以"中国大学演变与文化反思"为题所做的学术演讲,收录时稍作修改。该文载《人文国际》,2014年第9期）

大学治理与现代大学制度

今天,我们讨论的问题是关于大学治理的一个热点问题。

当前,大学行政化管理模式的弊端成为社会关注的焦点,对大学"去行政化"的呼声越来越高。《国家中长期教育改革和发展规划纲要(2010—2020年)》也适时提出"逐步取消实际存在的行政级别和行政化管理模式"。作为大学的管理者和实践者,接下来要解决的问题就是,如何对现行的大学管理制度进行有效的改革?如何建立中国的现代大学制度?

其实,我认为,大学的行政化管理,不仅仅是大学内部的行政化管理问题,它包含两大方面:一是政府对大学的行政化管理,二是大学内部的行政化管理。前者关乎大学自治问题,后者关乎大学学术自由问题,这两者都是现代大学制度建立的基本要素,在大学治理中,如何平衡大学与政府、社会的关系?如何平衡大学内部各种权力的关系?都十分重要。我今天就谈一下大学内部的治理与现代大学制度建设问题。

我们身在大学,并从事着大学的管理和教学、科研工作,没有谁比我们更知道大学这种行政化管理模式给大学教育带来的弊端,这种模式在一定程度上阻碍了高等教育的改革与发展。

在中国大学的管理权力结构中,比较典型的是行政权力和学术权力,在这两大权力的博弈关系中,学术权力一直处于弱势地位,大学的决策权出自行政权力部门,即便是学术事务管理,也最终由行政部门来决定,教授治学实际上在很多大学有名无实。

这个问题恐怕与中国大学长期以来形成的治理结构有关。大学行政组织对应政府的管理层级,行政权力因政府权力的支持得以强化,并有行政组织作为支撑,因此具有天然的强势地位。而大学的学术权力机构,因对资源的依赖而受制于行政权力。学术权力的弱势致使大学管理趋于行政化,比如学术委员会在《中华人民共和国高等教育法》(以下简称《高等教育法》)中被定位为咨询机构,不具备决策权。行政权力主导着大学的学术发展,学术权力处于弱势地位,导致"两种权力在相互交织中造成错位、越位,行政权力往往代办、包办学术事务"①。

因此,对应于政府的行政体系的科层制,在大学里,设立部、处、科,各层次掌握相应的权力和相应的学术资源,"官本位"逐渐挤占了大学本该有的"学术本位",造成大学里的优秀人才追求"学而优则仕",而不是追求更高的学术造诣和科学真理,大学的行政部门强化了"管理"职能,弱化了"服务"本义。前几年在南方的一个大学里,出现一个处长的职位有四十多位教授竞聘的"新闻",其实,吸引教授们的不是"处长"这个位置,而是处长掌握的"学术资源"。大学自身的行政化运作,背离了现代大学制度的学术自由理念,大学的核心价值观被扭曲。

另外,体现学术权力的组织机构,比如学术委员会、职称评审委员会、教学指导委员会等,由于没有明确的制度规定组织的组成、权力和责任,往往其组成人员中有相当一部分就是校院系三级行政领导。这种制度安排决定了学术权力隶属于行政权力,学术权力淹没在行政权力之中,在这种情况下,很难发挥学术独立性。尽管这些年来,有少数大学对学术组织进行了改革,比如,学校领导不参加学术委员会,主任委员不再由校领导担任,但整个的运作机制、制度没有改变,实质上是"换汤不换药",并没有使学术权力真正"独立"发挥作用。实际上,呼吁高校"去行政化",并不是要去行政,规范性的行政组织方式和工作运行机制对大学来说是正常的,过分追求行政权力以及行政权力在大学中的地位高于学术权力,这才是非正常、不科学、需要改革的。

那么,如何根据现代大学制度特征对我国大学治理结构进行改革呢?

追根溯源,现代大学制度,源于19世纪初德国著名教育改革家威廉·冯·洪堡创办的柏林大学,柏林大学致力于将科学研究和科学教育相结合,汇集卓越人才以及形成自由之风,从而赢得了"现代大学之母"的美誉。之后各国大学在发展过程中纷纷取法于柏林大学,最终确立了大学自治这一理念的地位,在发展过程中逐步形成强调大学自治、学术自由的"大学精神"。这是现代大学公认的办学理念。但是,正如英国学者埃里克·阿什比

---

① 方耀楣,张瑞平.去行政化:重构大学内部治理机制[J].中国人才,2010(9).

(Eric Ashby)所说,"任何类型的大学都是遗传和环境的产物"①,大学治理结构的形成总是与特定的历史环境相关联,西方大学的治理结构是否适合我国现有制度环境下的大学实际值得进一步研究。

国内外学者通常认为,大学治理(university governance)是指"大学内外利益相关者参与大学重大事务决策的结构和过程"②,是各种决策权力在各利益相关者之间的配置与行使,包括治理结构和治理过程两个方面。大学治理结构,既是一种对大学进行管理和控制的体系,表现为大学内部权力的分配、协调与行使的制度;又是大学决策权力的制度安排问题,表现为大学与外部环境中的利益相关群体相互作用的规则。大学的治理结构是否科学合理,关系到大学各种权利的平衡发展,关系到大学能否高效运行和可持续发展。

我国1952年高校院系调整反映了国家对于大学事务的管理。中国大学的内部结构在1952年以后进行了拆分和重组,20世纪90年代前,中国的公立大学都是政府的下属事业机构,大学参照国家行政机构的等级权力模式建立了严格的科层式治理结构,大学层级拨付的资源分配模式,使得每一个层次都完全依赖于上一个层次,资源的获得渠道单一。1998年我国的《高等教育法》提出了大学办学自主权的主要内容,虽然明确了大学的法人地位,大学的所有权归属于政府,使得政府作为当然的所有者对大学行使管理权、分配权和处置权等,大学主要依赖于政府资本而运行。从大学内部的权力分配看,"纵向层次上权力过于集中于学校层面,横向主体间权力过于集中于行政系统,学校和院系级的行政领导对于行政事务和学术事务都拥有控制权"③。因此,我国大学治理结构是目前高等教育制度的必然结果,这种大学治理结构和制度安排,其弊端已经显而易见,如何改革这种制度的藩篱,是大学治理的切入点。

从我国大学管理多年的实践效果来看,目前我国大学实行党委领导下的校长负责制是适合我国国情的。现代大学制度的核心是在政府的宏观调控下,大学面向社会,依法自主办学,实行民主管理。目前正在完善以"党委领导、校长负责、教授治学、民主管理"为特征的大学内部治理结构,既符合大学的内在属性和管理规律,又符合我国的具体国情,有利于加速建设中国

---

① 贺祖斌.高等教育生态论[M].桂林:广西师范大学出版社,2005:154.
② 于杨.现代美国大学共同治理理念与实践[M].北京:中国社会科学出版社,2010:1.
③ 刘向东.大学治理结构剖析[J].中国软科学,2007(7).

特色的现代大学制度。

  党委领导。常委是学校的领导核心,履行党章等规定的各项职责,把握学校发展方向,决定学校重大问题,监督重大决议执行,支持校长依法独立负责地行使职权,保证以人才培养为中心的各项任务完成。坚持在教育思想、办学理念、制度设计等方面充分发挥党委的领导作用。

  校长负责。校长是学校的法定代表人,在党委领导下,贯彻党的教育方针,组织实施学校党委有关决议,行使《高等教育法》等规定的各项职权,全面负责教学、科研、行政管理工作。校长既是教育思想的探索者、承载者和贯彻者,又是学校行政管理系统的组织者和领导者,以校长为首的行政管理系统是大学内部治理结构中行政性权力的体现。既要强调行政管理对学校教学、科研等主要学术活动的保障、支持、组织、协调和服务功能,同时又要充分发挥学术性权力的参与作用。

  教授治学。"教授治学"中的"教授"指教师集体,"治学"体现在学科领域的学术研究和具有学术特征的办学定位、专业设置、教学模式、师资队伍和资源配置等学术事务中的参与性。大学活动的主要形式是教学和科研,教师集体是实施这些基本活动和承载学术性权力的主体。[①] 因此,在大学治理中,要以学术委员会等制度形式确立学术性权力在大学决策和管理中的地位和作用。

  民主管理。民主管理是大学治理结构的另一特征。在大学管理中,要充分发挥工会、教代会、学代会的作用,凡是有关学校改革与发展的重大问题要征求广大教职工和学生的意见;坚持党务和校务公开,规范公开程序,提高公开质量;发挥民主党派和无党派人士的作用,积极听取他们的意见,接受监督。充分调动广大师生员工参与大学管理的积极性和创造性,建立并完善民主管理的工作机制。

  在目前的大学管理体制下,这种以"党委领导,校长负责,教授治学,民主管理"为特征的大学内部治理结构,其一,有利于加强和完善党对大学的领导,突出党委的核心地位和领导作用;其二,有利于完善大学内部的决策机制,行政权力和学术权力互相协调、补充和制衡,形成自我发展、自我约束机制;其三,有利于大学管理去行政化,淡化"官本位"观念在大学中的影响,有利于校长和其他行政管理人员的专业化、职业化建设。但是,在这种大学

---

① 李家福,等. 我国大学的治理框架[N]. 学习时报,2007-07-26.

内部治理结构的运行过程中,如何规范权力主体各自的权力边界,不但需要进一步完善和规范大学制度建设,而且需要各权力主体要恪守自己的权力底线,不越界、不越规,这样才能有效发挥大学内部治理结构的积极作用。

在大学治理过程中,应建立合理的大学内部治理结构,让大学回归教育本位,平衡行政权力和学术权力,在大学事务的决策和执行中,形成多方参与、科学合理的内部治理结构,进一步推进中国现代大学制度建设。

(该文是2010年在华中科技大学举办的第十三届"全国大学教育思想"论坛上的演讲,载《当代广西》,2013年第24期)

信息技术与大学教育变革

信息技术(Information Technology)的高速发展,对当代大学教育影响深远,它将直接影响到中国大学的教育思想、教育模式、教学手段、教学形式、开放教育、教育管理等方面的创新与变革,进而影响中国大学人才培养的质量。

我今天向大家报告的核心内容是"信息技术与大学教育变革",重点谈六个方面。

教育思想

教育思想:促进终身教育理念的形成。

信息技术的发展促进终身教育理念的构建。信息技术的发展,使得教育从过去一次性的学校教育向着以信息网络为渠道的终身教育发展。① 在过去,一次性学校教育所获得的知识,基本上可以享用终身。但在当今,知识、技术的发展和更新大大加快,在实际工作岗位上所用到的知识,往往不完全是在学校教育中所学到的东西。学校教育只是让学生学习部分知识和掌握学习方法,而在实际工作岗位上需要的知识,则通过信息技术的方法和手段再去学习、理解、掌握和运用它。现代计算机和信息网络、数字图书馆和各种信息资料数据库,为终身学习建立了很好的平台。《国家中长期教育改革和发展规划纲要(2010—2020年)》提出:"引进国际优质数字化教学资源。开发网络学习课程,建立数字图书馆和虚拟实验室。建立开放灵活的教育资源公共服务平台,促进优质教育资源普及共享。"然而,信息网络只是

---

① 卢铁城.现代信息技术对高等教育的十大影响[J].中国高等教育,2001(2).

为人们接受终身教育提供了技术硬件条件,关于如何针对社会上不同群体的需求,制订全方位、多规格的教学计划,筛选学习内容,对学习过程进行指导、考核等一系列教育工作,仍然是中国大学教育的任务。这就要求高等教育必须牢固树立创新意识和终身教育理念,在人才培养上,既要加强对在校学生综合素质的教育与培养,同时更要重视通过网络学习培养学员的创新精神和创新能力,以适应时代的要求。

教育模式

教育模式:从封闭的大学教育向开放的网络教育转变。

信息技术的发展将使中国大学的教育模式发生根本的变化:从封闭式的围墙内大学教育向着开放式的网络化教育转变。长期以来,学校教育的主要特征是在封闭的校园里通过教室、实验室、图书馆等教学设施进行的,这是一种有限的、传统的教育模式。这种传统教育模式是围绕既定的培养目标、按照规定的内容、由学校安排时间和进度、以课堂讲课的方式施教,学生无权取舍教学内容,处于一种被动状态,是一种"单向灌输教育模式"[①]。随着信息技术和网络教育的发展,学生获取知识的途径变得灵活,选择余地扩大,学生的个人学习意识得到了极大的体现,教学双方的地位和作用发生变化——学生为主体,教师为主导。学生将根据自己的特点和需求安排学习内容和进度,并自我支配学习时间。而学校方的作用是提供服务与保障,即根据学生的需求,从学制、学习时间到教师指导性授课,因人而异提供教学服务,整个教育过程是一种自助式教育模式。学生在任何能上网的地方,按自己的需要开展学习,这就完全突破了封闭的校园教育,使学校教育面向全社会成员,以信息网络为载体,实施开放式教育。高等教育规模不再受校园硬件设施的限制,从而为开放教育拓宽了渠道。

教学手段

教学手段:面对面的教学向数字化的教学转变。

信息技术的发展为中国大学教育提供了新的教育手段和技术。网络是

---

① 刘兴喜.试论信息技术对我国高等教育的影响[J].平原大学学报,2004(5).

巨大的教育资源库,可以通过网络教学系统存储大量数据、档案资料、程序、教学软件等信息,使每个学习的学生都能够共享这些信息资源。基于信息技术的教育教学手段使大学教育发生了巨大变化,其变化反映在如下几方面:一是建立数字化、开放式的教育教学资料库。通过信息技术手段,将所有的教学软件、影像等物化的教育教学资源数字化,并将其集约化,教师可以利用资源库提供的多媒体素材等进行电子备课,学生可以利用资源库的电子图书进行在线阅读和自主学习。二是建立数字化模拟实验室。利用动态交互的实验模拟的信息技术来建设虚拟实验室,数字实验室可加强实验模拟软件的交互性,培养学生的实验操作技能;可对一些在正常途径下不易操作的实验,比如一些特殊的数学、金融、物理、地理、化学等实验进行数字化操作,使实验的数字化具有广泛使用性。[①] 三是建立在线教学模式。学生通过交互式的虚拟课堂学习,教师可以是虚拟的,学生来自不同的时空,可以有课堂讲解、作业,也有同学之间的相互交流、探讨。教与学之间形成了新的交流方式:教师之间的交流,可以帮助教师获得最新的教学资料,开阔视野,提高素质;学生与教师沟通可以通过网络进行,提高了教育资源的利用效率。信息技术的迅猛发展和普及,大容量、高速度的交互式综合信息系统的发展,使得远程教育更趋完善。始于2011年的"慕课"(MOOC),是大规模的网络开放课程,它是为了促进知识传播而由具有分享和协作精神的个人组织发布的、散布于互联网上的开放式课程,它的出现将改变传统教学方式和手段,被誉为"印刷术发明以来教育最大的革新"。

教 学 形 式

教学形式:从单向的教学向多元化的教学转变。

信息技术的发展使传统的中国大学教育的教学形式发生了根本的变革。教学形式从教师利用课堂按教科书内容进行单向灌输式教学,向着现代网络化、多媒体教学转变。随着信息技术的进步,传授知识的手段正在发生根本变化。这几年,国家精品课程的建设和开放,为全日制在校大学生和成人高等教育学生的学习提供了全方位的学习课堂。在学习过程中,学生

---

① 赫俊国,等.网络信息技术发展对传统高等教育模式的影响分析[J].教育教学论坛,2011(32).

可以不受空间、时间的限制,听到最权威、最有经验的教师授课;受教育的人数也不受物理空间的限制;教学效能大大提高——能在较短时间内,传授更大的信息量,比如采用多媒体技术,既能见到原子、分子结构、细胞、基因等微观世界,也能见到宇宙、大洋、星球等宏观世界,等等;教学过程多样,实现教学双向互动,学生网上提问、做作业,教师网上答疑、布置作业、命题、考试等;学习内容、进度任意选择;学生能够主动参与学习过程等。同时,教师的角色也正在发生改变——从文化知识传授者向知识体系建构者转换。教师已不再是拥有渊博知识的"权威",也不是知识的唯一传播者,学生获取知识的途径、机会与教师是同等的,这就要求教师减少讲授量,突出学生的个别化学习、小组式合作学习。教师由以教师为中心的讲解者转变为学生学习的指导者和活动组织者,即以引导为主线,以知识传授为内容。教师在教学活动中的作用可分为两方面:一是作为知识的提供者和传授者,二是作为知识的导航者和学习兴趣的激发者。教师将帮助学生构建知识体系,充当促进者的角色,教师的职能也将由"教"转变为"导",推动学生不断地去开拓创新,发展自己。

开 放 教 育

开放教育:一种开放性、网络化的新型教育。

信息技术的发展为组建开放大学奠定了很好的技术支撑。英、美等国家的开放大学,对世界高等教育的发展战略产生了深远的影响。正在建设中的国家开放大学是一种办学实体,它由总部、分部、学院和学习中心等共同组成。开放大学与普通高等学校共同建立"学分银行"(school credit bank),实现"时时、处处、人人"的多元化、个性化自主学习与教育局面。① 根据我国行业、企业发展的需要,开放大学与其他高等学校以及相关行业、企业合作,共同组建相关行业学院、企业学院,依托现代信息技术和网络,搭建跨区域的网络教学、科研组织,降低办学成本,提高教学、科研与管理水平,形成优质教育资源充分共享的现代远程教育公共服务平台,搭建国家教育"云平台"。未来的大学,接受全日制高等教育无须在校园内,人们可随时随地通过网络进行学习,移动式教育将首先从成人教育开始普及,逐步吸引

---

① 杨志坚.国家开放大学的历史使命[J].中国高等教育,2011(13/14).

全日制高校学生走出大学校园一边工作一边学习,校园不再有严格的围墙界限,成人高等教育和全日制高等教育不再区分。教育将真正实现终身教育。未来的大学将具有开放性——教育将实现全球范围内的物质、能量和信息交流;多样性——不存在超越实体国家之上的规范各国教育的实体;共享性——一个既相互独立又相互协调并在高等教育中依赖性逐步增强的全球教育体系正在形成。

教 育 管 理

教育管理:从经验型管理向信息化管理转变。

信息技术的发展促使中国大学教育在管理上发生变革:从经验型、定性、单项管理向信息化、定量、综合科学管理转变。[①] 从国家宏观层面看,教育部利用信息和网络技术建立高校教学基本状态数据库,是按照教学工作的基本规律,把高等学校与教学工作密切相关的数据按照一定的逻辑关系组织起来,以数字化方式呈现出来,形成系统化的、反映高等学校教学运行状态的数据集。在结构设计上,遵循高等学校教学工作的内在规律,按照教学投入、教学过程、教学效果的基本思路,组织教师、学生、条件、专业与课程、教学管理、教学效果等数据群组。在实现方式上,按照高校职能部门的分工特点,分解成师资队伍、教育教学、教育经费、教学科研仪器、教学条件、学生基本情况、学生课外活动、科研情况、学科建设等几大类数据。每类数据再分解为若干数据采集表,每个采集表包含若干数据采集项。数据库建立的目的是为高校自身教育质量状况监测提供服务;为教育行政部门对大学进行科学管理和常态监控提供教学工作有关信息,提高决策的可靠性;为社会公众提供高等教育质量信息资源,促进教育信息公开透明。从微观层面看,高等学校内部的管理信息化和网络化,实现对教师、教务、财务、科研、资产、图书馆等方面,进行全面、精确的定量统计与分析,使决策更加科学,资源利用更加充分,办学效益不断提高。

信息技术的高速发展,前所未有地影响着中国大学教育的各个方面,除了对以上几方面影响深远外,对中国大学教育的教学内容更新、教育资源整合、基础设施建设等方面也有极大的影响。《国家中长期教育改革和发展规

---

① 张兰芳.信息技术发展对高等教育的影响探究[J].广西社会科学,2012(6).

划纲要(2010—2020年)》指出:"信息技术对教育发展具有革命性影响,必须予以高度重视。把教育信息化纳入国家信息化发展整体战略,超前部署教育信息网络。"信息技术的发展,将对未来中国大学教育的资源整合以及大众化、普及化发展产生深远影响。

（该文系在西安举办的教育部第二届"中国大学教学论坛"上的大会演讲,后载于《广西日报》,2014-02-07发表时稍作修改）

大学的制度环境与创新

目前,人们对大学的制度环境有诸多的不满,对此我们是否可以从生态的角度对大学的制度环境和创新进行分析呢?这里涉及两个问题:一是我们今天的大学制度环境有哪些问题?二是从生态的视角讨论大学制度的创新。①

制度环境问题

现行高等教育运行的制度生态环境是以行政管理为主,其实质是一种纵向约束的可控生态系统,系统的物质、信息、能量的流量是不对称的。"集中控制的高等教育运行体制其实质是一种服从模式,表现出屈从意识就得到奖励,反之就受到惩罚。"②这种制度使高等教育生态系统有它特有的制度特征。

调控的单向性。高等教育生态系统作为社会生态系统的子系统,是一个可调控的生态系统,在严格的控制下,国家及教育行政主管部门集举办权、办学权、管理权于一身,自上而下作出决策并进行管理,大学缺乏自主办学的权利和独立作出决策的权力。

运行的封闭性。在目标制定上表现为,大学主动了解社会需求的积极性不高,政府和教育主管部门制订的计划决定了宏观和微观之间的平衡。高校对政府和教育主管部门的计划负责,从而严重削弱了高校与经济、社会发展之间的联系。在管理上表现为,在这种严格的控制模式中,控制规则通

---

① 贺祖斌.高等教育制度生态环境及其优化[J].现代大学教育,2004(3).
② 毛亚庆.我国高等教育制度创新乏力分析[J].北京师范大学学报:社会科学版,1998(4).

过上传下达,不断地扩展,最终整个高等教育系统内建立起一整套复杂而又封闭的规章制度,管理行为被这些规则所束缚。

主客体的倒置。在集中控制下的高等教育生态系统中,大学成为主管部门的附属机构,成为行政体系在高等教育系统的延伸。"行政化"了的大学按行政组织的规章行事,教学、科研人员一定程度上缺乏独立自主发展和参与制度创新的机会。"大概没有任何打击比控制学术自由更指向高等教育的要害了"[①]。

管理模式单一。统一的管理模式,无视地区、行业、学校发展的不平衡性,统一计划,统一政策,极大地限制了学校之间的竞争和教育资源的优化配置。在这种统一的管理模式下,形成了特有的选拔管理者的机制,导致了大学的管理者过度受规章制度所限,缺乏个性和创造性。

在集中控制下的高等教育生态系统中,由于以上种种的制度生态特征及其相应的制度缺陷,导致高等教育制度创新处于一种乏力的状态,从而使得整个高等教育生态系统缺乏系统自我更新、自我调节的原动力。受制度生态环境的影响,系统与环境的物质、能量、信息的交换乏力。

制度环境创新

生态平衡包括生态系统的内部平衡与外部平衡,是一种动态平衡。当系统的生态环境发生改变时,必然会影响系统的内外平衡。而系统也只有通过不断地自我调节与主动创新,才能建立起与新环境相适应的新的平衡状态;否则,系统将遭到破坏。作为生态系统的高等教育制度体系,同样要维持系统的内外平衡状态,以有效地发挥系统的整体功能,实现其存在价值。大学制度环境的创新无外乎两个问题:外部问题和内部问题。

外部问题:大学与政府的关系。

张应强教授认为:"当前的制度环境建设集中体现为调整大学与政府、大学与社会的关系。"在谈到大学与政府的关系时,他认为:"就当前我国大学与政府的关系而言,主要特征是把大学看做行政组织的附属机构或者行政组织的延伸,对大学实行一种高度集权的行政控制方式,采用刚性的行政方式去控制和管理大学。大学因此缺乏办学自主权,缺乏自我责任意识,对

---

① [美]布鲁贝克.高等教育哲学[M].郑继伟,等译.杭州:浙江教育出版社,1987:55.

行政权力产生制度性依赖。"①因此,在处理大学与政府的关系时,首先应强化大学的办学自主权,并理顺与政府的行政管理关系,建立良好的制度生态环境。

一是确立大学自主办学的主体地位。在集中控制下的高等教育制度中,大学自主办学的主体地位没有得到确认,这无形中阻碍了大学的创新积极性。因此,优化制度环境首先是要落实大学办学的自主权,即大学自治。自治即大学在国家法律与政策的宏观调控下,自己管理自己。《世界高等教育宣言》明确指出:大学自治和学术自由是21世纪大学发展的永恒的主题。大学自治的前提是政府放权,大学自治的依据是国家的法律法规。离开了国家宏观调控的自治是无秩序的自治,没有法律法规约束的自治是不可想象的。自治的基础是建立自己的《章程》,《章程》必须与国家法律法规的精神一致,其实质上是依法而治。同时,与大学自治相伴的是学术自由,要充分发挥知识分子的主观能动性与创造性,使大学成为知识产业的孵化器。通过大学自治和学术自由建立起有助于强化大学作为法人主体力量的现代大学制度。

二是重构协同一致的高等教育系统制度体系。生态学认为,协同一致的系统结构是生态系统实现与维持生态平衡状态的载体。我国当前的高等教育系统制度体系尽管已形成以行政政策的制定、执行、监督与控制为基本程序、初具规模的总体构架,但总体而言,仍然存在功能、程序失调,系统协调性不足等弊端,尚未形成协同一致的整体结构。因此,有必要改革高等教育系统制度体系,促成系统结构的整体性与协同性。

概括地讲,要实现现行高等教育系统制度体系的协调一致,首要的是实现政策制定、执行、监督与控制三大子系统功能结构上的协调一致。为此,首先要加强为决策服务的参谋、辅佐与咨询机构的建设,充分发挥这些决策服务机构的应有效能,实现政策合成功能结构上的科学化与民主化;其次,要加强行政监督与控制系统,赋予其与自身职责相一致的行政权力,确保行政监控职能的有效发挥;最后,对行政执行系统,要依据社会政治与高等教育体制改革的进展情况,进一步加强宏观高等教育管理。同时,高等教育系统制度体系协同一致的实现,还要求各子系统运行程序与互动关系的有序性、规范化。其中,运行程序的有序性、规范化,不仅事关制度体系具体运作

---

① 张应强.高等教育创新与我国现代大学制度建设[J].深圳职业技术学院学报,2002(3).

过程的科学化、合理化,还直接影响高等教育内部各子系统之间互动关系的合理化、规范化。因为系统间的互动关系正是在系统运作过程中体现出来的,互动关系从属于、依附于系统的运作过程。运作程序的规范化,实际上应该包括互动关系的规范化。为此,要加强高等教育行政程序立法,完善行政运行制度,以法律形式确保制度运行程序的科学性、合理性和子系统间互动关系的合理化、规范化。

三是维持高等教育系统制度体系的动态平衡。任何生态系统都不是一成不变的。变化的因素主要来自两个方面:其一是生态环境发生变化而引起系统做相应的改变,即被动变化;其二是系统发挥自身能动性,主动适应环境,促成两者间的良性互动。对于各种人类社会系统,尤其是对像高等教育管理这种公共权力系统而言,发挥自身能动性往往起着重要作用,甚至是主导作用。然而,无论是由何种因素引起变化或变革,其目的都应该在于实现高等教育系统与生态环境之间的良性互动,即动态平衡。

目前我国正处于社会转型时期,无论政治、经济、教育体制,还是社会结构、沟通网络,制度环境基本构成要素都处于不断转变之中,呈现出"过渡性"特征。[①] 与此相适应,要始终保持高等教育系统制度体系的内外平衡状态,就必须对制度体系不断地进行调整、改革,以适应并推动社会各个领域的全面进步与可持续发展。

内部问题:大学内部组织结构。

高等教育系统制度生态建设除了理顺大学与政府的关系,建立一个有利于高等教育发展的外部制度生态环境外,还要落实大学自治、教授治教的大学理念,在大学内部建立以学术为中心的组织结构和权力结构。大学内部制度生态环境就是相对于大学学术这一主体而言的外部世界,即以大学学术为中心,对学术的产生、发展和创新起着调控作用的多维空间和多元的环境系统。其典型特征就是"以学术权力为中心,组织起大学内部的相关机构,大学事务真正为学术权力所领导"[②]。因此,要实施大学制度创新,建立良好的运行机制,迫切需要对大学的内部组织结构进行重构,有效调整学术权力与行政权力的关系,以学术为中心建构管理模式,建立学术生产的激励和引导机制。

---

① [美]塞缪尔·P.亨廷顿.变化社会中的政治秩序[M].王冠华,等译.北京:三联书店,1989:1.
② 张应强.高等教育创新与我国现代大学制度建设[J].深圳职业技术学院学报,2002(3).

一是按学术组织规范,重构大学内部的价值标准。

作为学术组织的大学在其发展中有自己的价值标准和工作模式,大学"作为一种社会建制,其合法性的基础就在于它的学术功能"①。大学承担着人类社会的知识生产与再生产的重要任务,其中包含对知识活动进行管理的重要使命。知识管理有着自己的价值取向,相应地大学在组织结构和运行机制上也必须体现出自己的风格和特色,否则大学的社会功能就不会得到全面的发挥。按照大学学术组织的特点确立大学的价值标准和管理标准,实际上就是按照知识共同体内在的标准评价教师效绩。首先,应该以学术水平和学术声望确立人才标准,因为大学发展的基础是教师的学术声誉,教师更是依靠自身的学术声誉获得职业身份和超越自我。其次,学术标准的确认不应出自行政机构,而应出自学科专家之手。再次,应强化大学的学术权力,充分发挥学术权力的影响力,适当减少行政权力对学术事务的干预,因为学术权力价值与行政价值体现的方式是不同的,学术权力更强调管理的学术导向,倾向于根据教学、研究等学术活动的基本特征来进行计划、组织、协调与控制。正如美国学者亨利·索福斯基指出的:"在大学里,只有有知识的人拥有更大的发言权。"②

二是适应制度环境,建立大学的自我约束机制。

为适应市场经济体制,在确立"自我发展"机制的同时进而建立大学"自我约束"机制,其实质就是要使建立的机制具有自主运动、自我发展、自我约束的能力。大学一旦成为相对独立的利益主体,它运行的机制就会以"教育规律"加"成本—收益法则"为基础,转而对高等教育自身的价值、教师的地位、学校的办学质量、社会的认可更为关注。因此,大学以主动适应市场经济需要为取向的"自我约束"的运行机制,"必定会为大学适应这种运行机制转变,提供必要的制度创新的机会"③。自我约束的本质是对大学权力的限制,自我约束的目的是有权者正确地行使自己的权力,不滥用权力,不以权谋私。大学自治是依法而治、依规而治,大学自治最终还是要依靠人来完成。大学的自我约束机制主要包括三个方面:一是权力系统之间的约束机制,如党委系统、校行政系统、学术委员会等。二是管理层之间的

---

① 朴雪涛.大学制度创新与 21 世纪中国高等教育跨越式发展[J].高等教育研究,2002(6).
② Henry Rosovsky. The University: An Owner's Manual[M]. New York: W. W. Norton,1990:269.
③ 李江源.高等教育制度创新不足略论[J].教育与现代化,2001(2).

约束机制,如学校与学院系、行政处室与院系等。三是学校各利益集团之间的约束机制,如代表学生利益的学生会、代表教职工利益的工会与教职工代表大会等,以及各种学术、专业、政治团体通过集体或个人影响学校的各种管理和决策,形成对学校自主权的制约力量。

  三是重组结构,建立权责明确、管理科学的组织系统。

  在高等教育生态系统中,系统内的组织生态结构合理与否影响到整个系统的生态平衡。大学结构合理主要是指大学的治理机构设置科学、合理。在高等教育由精英教育转向大众教育,教育经费严重不足的情况下,大力精简大学的机构设置,裁减行政人员,也是提高办学效益,增强行政人员责任心与使命感的有效措施。此外,还要明确岗位权责,大学的管理者、教师和学生对应于各自岗位都有相应的权力,也要承担相应的义务,权力的行使需要学校自我约束机制的监控。在大学制度管理方面,要建立科学的学校内部组织管理制度与管理信息系统。

大学生就业与大学的责任

　　大学生就业难问题,最近几年备受社会各界关注。年复一年,这一难题一直没有很好地解决。据教育部公布,2010年,全国普通高校毕业生规模达630余万人,加上往届未实现就业的,大学生就业形势非常严峻。而未来几年,大学毕业生只增不减。前不久,为完成《大学》杂志社的特别约稿,我主持了一期《困惑与选择——"大学生就业问题"学术沙龙》,对就业问题开展了全面的讨论。这其中,有两个问题我十分关切:大学生就业困难的背景和大学在就业中所应担当的责任。

　　有人说大学生就业难是前几年高校扩招的后遗症,招生数量增加给就业增加了压力,从客观上讲这两者是有一定的关系。但从世界经验来看,大学生就业困难是各国高等教育大众化进程中的共有问题,不能单纯地认为高等教育大众化是大学生就业困难的主因。我国高等教育大众化与世界各国相比还处于不稳定的初级阶段,大学生就业难是这种不稳定性与高等教育承载力之间发生剧烈冲突所造成的。高等教育大众化与毕业生就业难之间不是本质的、必然的、直接的联系,而是这种冲突造成的高等教育供给与社会需求之间的不适应问题,或者说是大学教育资源不能完全满足学生和社会的需求。因此,解决大学生就业难需要政府、社会、大学等各方面的共同努力。

　　在就业过程中,就业的主体(大学生)和就业的客体(用人单位)的感觉是不一样的:大学生普遍认为就业很难,找到一份让自己满意的工作不容易;而大部分企业则认为实践能力强、综合素质高的大学生难觅,这一现象被称为"就业鸿沟"。另外,从大学生自身来讲,就业难的问题,难在观念上、难在思维方式和就业意识上,比如:原有的精英教育理念影响深刻;大学生就业不仅是找工作,还要找未来发展的空间、期望和生活方式……这些观念必然导致就业难度增加。就业是民生之本,大学生就业涉及千家万户的切身利益,成为政府高度重视的热点,也成了全社会普遍关注的热点。同时,还直接影响到我国高等教育的发展,影响到我国社会人力资源和经济的发展。在日趋严峻的就业形势下,政府、大学、个人在大学生就业中应扮演何种角色? 应负担什么责任? 有人认为政府应起主导作用,为大学生提供有利的就业政策和环境;有人认为大学应起主导作用,为大学生就业提供有利的指导;也有人认为大学生应是主体,解决就业问题关键是靠个人能力的提高。这当中,我更加关注的是大学的使命和责任。

目前,为解决大学生就业问题,不少大学与企业采取了一些急功近利的短期措施,比如,一些学校压缩学生的在校学习时数,减少课时量和毕业论文设计时间,过量增加寻找工作的时间;大量无序的就业招聘会占用了学生大量的学习时间,打乱了正常的教学计划;企业为选拔更好的人才,刻意延长和占用学生的实习时间;等等。这些做法使学生的在校学习时间无法得到保障,专业人才培养的规格和品质无法得到保障。大学常常面对就业的压力而屈从现实的选择,深感无奈! 大学要完成高水平专业人才培养的任务,是需要集中自己的全部精力和智慧的,那种为了提高就业率,牺牲学习时间、降低培养规格的投机取巧行为,会使大学的事业信誉受损。长此以往,社会和大学短期的功利行为将无法保证大学应有的品质,大学将逐渐退化成职业培训机构。

大学必须有自身的追求目标和培养目标,这是由大学本身的追求所决定的。大学必须坚守自己崇高的信念和神圣的使命,防止自己的宗旨和信念被世俗功利浸染和同化。大学为了彰显和维护自己的社会地位和道德价值,会竭尽全力地提高教育教学活动的品质和效率,特别是在学生高尚品格养成上,将培养学生用自己的诚实、才能、执著赢得社会的尊重和肯定。因此,"大学绝不能将求职作为自己的教育目的或培养目标"。

大学不将就业作为单一的重要目标,并不是不去关心大学生的未来和发展,而是应当将重心放在人才心智的培养上。现实中出现"就业鸿沟"的原因之一,是大学的专业和课程设置不适应社会发展,学生的知识结构陈旧,不能满足社会的需求。大学培养什么样的人才,是需要通过课程设置来实现的,人才的培养规格与大学的课程结构有着固有的、内在的和必然的对应关系。大学为培养满足社会需要的高素质人才,对教育教学中存在的问题必须进行改革。具体而言,在培养目标上,人才规格的制定应注意夯实基础,拓宽专业,提高学生的综合素质;建立学生实践实习基地,加强与企业、社会的交往,培养学生的社会适应能力;大学课程又是大学生培养的核心内容,课程设置在注重专业知识传授的同时,要注重职业观念、知识、方法和专业技能等方面系统性的培养。通过课程改革,全面提高大学生的质量,学生的就业能力和大学的社会声誉也就自然会得到提高。

当然,为解决大学生就业问题,对大学的专业结构、课程教学和培养模式进行改革是十分必要的,也是在大学适应性改革中应当完成的任务。但要确保大学的意义和价值不应该是建立在学生和社会之间利益交换的基础上,而是建立在恒久不变的崇高信仰和境界之上。大学,千万不能在改革中迷失了自我。

(该文载《广西日报》,2010-03-07)

服务北部湾与大学的使命

日前,广西壮族自治区人民政府组织的"广西高校服务北部湾行"活动在北部湾的钦州、防城、北海和南宁开展,这标志着全区高校全方位服务北部湾经济区建设正式启动。此次活动的主要内容有:组织各高校到北部湾经济区现场考察,了解北部湾经济区的人才需求、科技研发需求和合作需求,进一步理清高校办学思路和方向,提高科技创新水平和服务能力,并与北部湾各市、有关企事业单位签订合作框架协议和科技项目合作协议;围绕"如何服务广西新发展"开展学习和大讨论;启动实施"教育服务广西新发展行动计划"。这些活动的开展,有效推动了高校为北部湾经济区的发展提供人才、技术和智力支持,也标志着大学使命的回归。

何谓大学使命？大学的社会服务使命并不是大学建立之初就有的,而是在从传统大学到现代大学的发展过程中形成的,大学的职能和使命的变化大体分三个阶段。

第一阶段,从传统大学创立起,对大学职能的定位如1852年牛津大学纽曼在《大学之理想》一书中所阐述的一样:大学是提供自由教育、培养绅士的场所;大学的目的是"传授"学问,是继承和保持古典文化。这个阶段延续了比较长的时间。

第二阶段,19世纪末德国新人文主义教育思想家威廉·冯·洪堡在柏林大学对古典大学进行了改良,使大学摆脱中世纪大学传统精神,变为科学研究中心,其任务是研究"创造性的学问",重要的是"发展"而非"传授"知识。"科研和教学的统一"成为大学新的原则,它赋予了现代大学新的使命——科学研究,同时奠定了大学探索真理、创造知识的社会使命以及追求科学理性精神的崇高价值。新使命的赋予,使大学焕发出蓬勃的生机,在工业革命和科技革命的浪潮中发挥了巨大的作用。

第三阶段,随着社会的迅速发展,大学是师生在知识传授中探求真理的场所的教育理念已显得单一了,美国康奈尔大学主张科学知识的传授与博雅教育并重的办学思想,在此基础上,威斯康星大学进一步提出了大学教育直接服务于区域经济和社会发展的新理念。这个新理念在美国高等教育史上被称为"威斯康星思想",并被誉为美国20世纪最有创造性的思想之一,其核心思想是:大学要把社会服务作为自己的重要职能;大学要积极主动地为地方经济发展服务;大学要成为向社会传播知识的重要场所。由此,面向社会开放成为大学新的教育理念,大学应在人才培养、科学研究、信息资源、技术开发等方面直接为社会服务,大学由"象牙塔"逐渐演变为面向社会的"服务站"。

看得出,"科学研究"和"社会服务"成为大学的主要功能经历了曲折和艰难的过程,经过一代又一代教育家发动的大学改革运动,最终使人才培养、科学研究、社会服务成为现代大学的三大主要职能。现代大学除了承担培养专门人才的教育功能外,作为社会的科学文化中心,大学是创造和传播新知识、新思想和新文化的源泉,肩负着为社会的价值建立、文化建设和科技发展提供服务的重要责任和使命。

大学天然地聚合着知识创新和知识传播的优势,当然最接近科学和技术的前沿领域。本次"广西高校服务北部湾行"活动就是大学为社会服务这第三大职能的具体体现和功能的延伸。在政府主导下大学利用其"天然的优势"启动"教育服务广西新发展行动计划",实施"三大项目"和"五大工程",推动高等教育、职业教育更加贴近北部湾经济区对人才的需求。"三大项目"包括教育为北部湾经济区开放开发服务项目、教育为做大做强做优广西工业服务项目、教育为新农村建设服务项目;"五大工程"则对广西高校人才培养等提出了具体要求,包括技能型急需和紧缺人才培养工程、高校科技创新与成果转化工程、农村教育综合改革工程、教育国际交流合作工程、文化大发展引领工程。这再次证明,大学除了应用自身的知识直接服务地方经济发展外,还应通过所培养的各类人才和大学文化推动各行业新理念的传播、新制度的建立,促进区域社会的全面发展。

大学直接为社会服务的职能,不仅是社会的客观需要,也符合大学自身发展的逻辑。大学如何才能在为地方经济建设服务中不断地自我充实?如何做到"止于至善"?我认为,作为区域大学,除了实施政府部门制定的具体服务"项目"和"工程"外,由于不同类型的大学有不同的学科专业,应该加强大学自身的内涵建设,通过对接北部湾经济区的产业结构,设置和调整大学专业,满足北部湾经济发展对人才知识结构、能力水平的需要,提高大学的服务能力。同时,依托大学自身的优势,根据地方经济建设的需求在各类应用型人才培养、科技创新和科研合作、区域文化建设、职业教育发展等方面形成自己独有的服务体系,并在实践中建立长效的服务联动机制。只有这样,才能充分发挥大学的社会服务功能,在广西经济社会发展中承担重要的历史使命。

(该文载《广西日报》,2010-03-19)

师范大学在转型中的困惑

在师范大学学习、工作和研究多年,这些年深刻感受到教师教育在综合化发展过程中的急剧变化。随着教师教育的发展与改革,我国地方高等师范院校也在变革中发展,传统意义上为基础教育培养师资的单一办学目标也在向综合性方向发展,同时,综合性大学积极参与教师教育的客观形势也给师范院校带来压力。因此,在这种变革中,原有的地方师范院校的教师教育也面临着前所未有的尴尬,地方师范院校的教师教育何去何从将面临新的挑战。基于此,我想谈三个问题。①

师范大学的综合化

目前,我国高等师范教育体系大体上分三个层次:第一层次是六所部属师范大学和进入"211"工程的省属重点师范大学,这类学校办学历史悠久、学科综合性强;第二层次是各省属的重点师范大学,这类学校办学水平较高、学科布局较合理;第三层次是各地的师范学院、具有教师教育的新建地方本科综合性院校以及少量师范专科学校。经过高等教育的大发展,特别是我国高等教育进入大众化发展阶段以来,高等师范院校无论从规模、质量,还是结构、效益等方面,都发生了很大的变化。② 第一层次的重点师范大学实际上比较早地转型为综合性大学,以第二、三层次为主的地方师范院校转型发展成为一种必然趋势。根据统计,教育部从2003年到2008年开展的本科教学工作水平评估过程中,各校对办学定位进行了重新讨论和确定,

---

① 贺祖斌.地方师范院校教师教育在转型中的困惑和对策[J].教师教育研究,2009(5).
② 贺祖斌.教师教育——从自为走向自觉[M].桂林:广西师范大学出版社,2007:16.

其中地方高师院校有超过80%将"综合型""综合性师范大学"等作为办学定位或理念。① 促使地方师范院校转型的因素有以下几个：一是高等教育从精英教育向大众化教育发展所要求的适应性变革；二是社会经济发展对人才培养需求的扩大和基础教育新课程改革对师资的新要求；三是地方师范院校在社会经济发展的生态环境中追求自身生态位的主观定位。②

地方师范院校转型，是指学校在发展战略上强调综合的同时，也要根据自身的实际情况在发展策略上走多样化发展的道路。③ 转型的目的不是否定师范院校传统的教师教育定位及长期形成的办学特色，而是以制度创新作为切入点，加强办学目标的综合性，调整师范院校已有的办学资源，改造其学科专业结构，提高学校的办学水平和教师教育的质量。因此，地方师范院校向综合化转型的趋势体现在以下"四化"。

办学目标的综合化。办学目标的综合化体现在学校办学目标和教师教育办学目标的综合化。地方师范院校的办学目标要从过去培养单一的基础教育师资转型到培养基础教育师资和地方社会经济发展需要的各类人才；地方师范院校教师教育办学目标的改革，要从过去单一的职前教育，向职前培养和职后培训一体化方向发展。④ 长期以来，我国的教师教育逐步形成了包括职前培养与职后培训在内的两个相互独立、相互封闭的师资培养模式。教师教育职前培养的主要目标是培养学生掌握本学科的基本知识、基本理论、基本技能和专业知识，具有科学合理的知识、能力和素质结构，懂得教育基本理论和掌握一定的现代教育技术，具备教师的基本素质和较强的从教能力。教师教育的职后培训是提高在职教师的专业理论水平及学历层次，培养在职教师掌握最新的教育技能，提升其理论水平，更新在职教师的知识内容和知识结构，拓宽其学术视野。作为教师教育的两个不同阶段，职前培养和职后培训的培养要求和对象不同，但其目标是一致的：就是提高教师个人素质和教师队伍整体水平。因此，教师教育职前培养和职后培训一体化的职能改变、地方社会经济发展对各类人才的客观需要共同促进了地方高等师范院校办学目标综合化的发展。

学科专业的综合化。师范院校的学科结构基本上是对应基础教育的需

---

① 教育部高等教育教学评估中心，http://www.pgzx.edu.cn/.
② 贺祖斌.高等教育生态论[M].桂林：广西师范大学出版社，2005：168.
③ 钟秉林.高等教育创新与教师教育和师范院校的转型[J].中国大学教学，2004(1).
④ 贺祖斌，黄勇荣.落实科学发展观 转变高师院校办学理念[J].教师教育研究，2006(5).

要设置的,地方师范院校教师教育专业设置与课程设置模式,即按照核心专业学科设置各个专业,各专业再围绕核心专业学科来开设全部课程,这在很大程度上加剧了学科间知识的分化阻隔。长期以来,由于师范院校培养模式的单一,分科教学模式的深化,学生知识面日愈窄化,使得传统的分科教学培养模式培养出来的师范生在面对基础教育新课程改革时,出现了综合素质底蕴不足、相关学科涉及面少、对知识材料统整能力弱、多元化教学方法运用不足、难以应付教学情境中综合性实际问题等素质缺失的现象。① 因此,地方师范院校根据自身的实际情况,在学科建设过程中,改革相对单一的学科体系,形成以教师教育学科为特色,以文、理基础学科为主干,以新型的应用学科为新增长点的学科布局,从宏观上实现学科门类协调发展态势。在专业建设上,还需要强化交叉性和综合性,特别是要在教师教育专业的培养计划中,使专业课程的设置充分体现适应基础教育发展对师资综合化发展的要求。

培养模式的综合化。地方师范院校分科教育单一模式培养的毕业生,其素质要求已难以适应综合课程教学的实际需要,随着社会对创新型人才需求的日益提高,地方师范院校的分科型教学培养模式的弊端日益突出。因此,建构地方师范院校多元化师资培养模式,是地方师范院校综合化改革的发展趋势。作为师范院校第一层次的北京师范大学已经全面展开"4+2"教师培养模式改革试点,提出"将学科人才培养与教师养成相剥离、教师培养重心上移的办学和培养模式"②。对师范院校真正转型为综合大学进行了有价值的探索。作为第二、三层次的地方师范院校,其教师教育主要的服务面向是区域基础教育,各地的师范院校正在根据自身的实际和需要积极地探索"3+1""3.5+0.5""师范生顶岗实习"等多种培养模式,在相对固定的学制内,从单一的培养模式向多元化培养模式转化。

课程体系的综合化。西方发达国家强调教师教育的职业化和专业化,课程改革的基本倾向是由"训练模式"转为"开发模式"。③ "开发模式"的基本思想是:课程体系建设以社会需求和学生需要为基本出发点和归宿,而

---

① 申继亮,李琼.从中小学教师的知识状况看师范教育的课程改革[J].课程·教材·教法,2001(11).
② 钟秉林.教师教育的发展与师范院校的转型[J].教育研究,2003(6).
③ 钟启泉,等.世界课程改革趋势研究(上)[M].北京:北京师范大学出版社,2001:1-55.

门类课程的设计则以课程目标为基本出发点和归宿。① 一个完整的课程开发将涉及两个层面:课程体系建设和门类课程的设计。仅凭单个门类课程很难完成教育目的,课程只有在课程体系中才会发挥其最大的教育作用,而门类课程的设计必须在课程体系框架内进行才不会导致课程体系内部的不协调。因此,我国地方师范院校的课程体系改革的综合化趋势,要求课程设置必须适应学科之间相互渗透、交叉融合的一体化趋势和学生心理整体发展要求。同时,也要考虑国家对基础教育新课程改革,尤其是课程的综合化改革的现实需要,协调好课程内容与社会需要之间、学科与学科之间、课程与学生之间的关系,从而实现课程的综合化。

教师教育的困惑

在教师教育改革中,一方面在宏观政策上加强对教师教育的改革;另一方面,在地方师范院校的综合化发展中,由于强化"综合化",教师教育在其发展过程中遭遇到不同的困惑,也许这正是地方师范院校发展过程中"综合化"和"教师教育"教育理念的博弈。

非师范专业的发展对教师教育资源的分占。随着综合化的发展,地方师范院校非师范专业设置逐步增加,根据不完全统计,各地方师范院校的非师范专业占学校全部专业的比例已经达到60%到70%,非师范专业的在校学生数量也已经超过50%。这两大指标表明,地方师范院校的发展实际上已经进入到综合化的发展阶段。非师范专业数和在校生人数的增加,无形中表明教师教育专业在校生的减少。根据统计,2007年我国招生人数减少得较快的两大学科门类是教育学类(师范类)和法学类,其中教育学类(师范类)专业比平均增长率低3.2%②,在基础教育师资缺口较大的情况下,师范类专业的招生量减少不能不说是地方师范院校综合化发展带来了一定影响。同时,随着教育事业的蓬勃发展,基础教育的师资队伍已从"数量扩张型"转向"质量优化型"。过去的教师教育主要是为了满足基础教育对中小学教师数量上的要求,现在则转向了对高学历、高素质人才的要求。在未来一段时间,基础教育需要的高质量毕业生在数量上仍然满足不了需求。因

---

① 施良方.课程理论——课程的基础、原理与问题[M].北京:教育科学出版社,1996:55.
② 教育部发展规划司.2007年全国教育事业发展简明统计分析[M].北京:高等教育出版社,2008:38-39.

此,地方师范院校非师范专业数和在校生数的增加,势必削弱教师教育人才的培养。另外,非师范专业数和在校生数的增加,势必分占地方师范院校原本就不足的教学资源。由于历史的原因,地方师范院校的教学资源要比地方综合性大学少,在图书资料、教学仪器设备、计算机、教学行政用房等办学条件方面存在明显不足。同时,在师资力量方面也得分散相当部分的教师用于非师范专业的教学。非师范专业的发展使教师教育专业的教学资源不足的问题更加突出。针对这一问题,教育部师范司司长管培俊在第二届全国地方师范大学联席会议上表示:当前社会上存在一种淡化、弱化教师教育的错误倾向,对教师教育的政策导向、支持措施还没有完全到位,直接影响到教师队伍的发展提高。[①]

综合性的不足与教师教育学术性的弱化。关于师范院校究竟应该怎么办的问题,长期以来,一直存在着师范性和学术性之争。一种意见是师范院校应该为中小学服务,要突出师范性;另一种意见是师范院校毕业生的学术水平不能低于一般大学,要向综合性大学看齐。[②] 两种意见冲突不断、难以协调,严重影响着教师教育的质量和水平。地方师范院校在综合化发展的今天,这个问题仍然很突出。"综合性"表现在办学形式上,是学科结构和专业设置的多学科性与综合化;表现在学校功能层面上,则是人才培养、科学研究、服务社会的一体化。长期以来,地方师范院校的学科结构和专业设置大都是为了适应基础教育的需要而设置的,近年来这种状况有所改观,但综合性程度不高的状况,仍然没有得到根本性改变。这种单一的学科与专业结构,客观上制约了学科结构的优化,弱化了学校的学术建设,从而造成了学校在学术水平上无法与综合性大学竞争的局面。学术建设薄弱是师范院校面临的一个普遍问题,据统计,全国普通高校校均科研经费是师范院校的6倍之多,从中可以看出地方师范院校科研水平的差距。[③] 同样,教师教育学术性也没有受到足够的重视,教师教育以教师的培养培训为己任,以教师专业化发展为目标,需要把教师培养成既是学科方面的专家又是教育方面的专家,因而教师教育始终存在着学术性和师范性的问题,尽管关于教师教育的理论研究取得了丰硕成果,但教师教育一直游走在学术性和师范性之

---

① 管培俊.我国鼓励综合性大学办教师教育[EB/OL]. http://edu.people.com.cn.
② 顾明远.谈谈我国教师教育的改革和走向[J].求是,2008(7).
③ 中华人民共和国教育部发展规划司.2005年中国教育统计年鉴[M].北京:人民教育出版社,2006:170-193.

间,使教师教育的学术性处于一种弱化的地位。

对地方师范院校师范生免费教育政策的期盼。师范生免费教育于2007年开始在六所重点师范大学实行。在部属院校开展师范生免费教育试点是发展教师教育的一个示范性方向,是国家加强基础教育教师队伍建设、确保优秀人才从事基础教育特别是相对落后的乡村基础教育的重大举措。但是它却提出一个重要的问题:占绝大多数的地方师范院校的师范生应该怎么办?国家应尽早考虑加大对地方师范教育的支持政策,在更大范围尽快实施师范生免费教育。事实上,培养真正能够长期到相对落后的乡村从事教育工作的毕业生的任务,绝大多数是由地方师范院校来承担的。在地方师范院校特别是西部地区实行师范生免费教育更为迫切,对推动当地教师教育和基础教育发展的作用和意义更加直接。2008年全国已有部分省市和相关地区酝酿实施师范生免费教育的政策,各地将结合本地的实际情况,探索有效的模式,如个别省市委托地方师范高校定向培养免费师范生。这对于地方师范院校来说是一件大好事,但如何解决各地政府的财政投入,怎样确定师范生免费对象、服务面向,怎样解决就业压力,如何协调校内的教学资源以及如何建设与师范生免费教育相关的制度并保障其落实和执行等问题将是地方政府和地方师范院校面临的问题。

"综合化"发展与"教师教育"的理念冲突。地方师范院校在向综合化演变的过程中,主要通过大量增设非师范专业、突出师范特色之外的学术性与应用性等手段进行。在这个过程中,"综合化"发展的理念和措施与大力发展教师教育之间有着现实的利益冲突。要突出"综合"势必采用改校名、增加非师范专业、减少师范专业招生量、偏重学科的"学术性"而削弱其"师范性"等"去师范"的手段,地方师范院校在转型发展定位中面临着两难抉择:是继续坚持其原有的教师教育特色,渐进式推进其综合性进程;还是以实质性融合为契机,全力加速"去师范化"进程,以推进综合化进程。如何决策将取决于国家与地方政府的师范政策走向及区域性师资供求关系、学校历史与现实中的教师教育力量。

综合性大学办教师教育带来的外在冲击。1999年,国家出台政策"调整师范学校的层次和布局,鼓励综合性高等学校和非师范类高等学校参与培养、培训中小学教师的工作,探索在有条件的综合性高等学校中试办师范学院"①。从此,许多综合性院校纷纷设置教育学院,参与中小学师资的培养工作。目前来看,综合性高等学校办教师教育有较高的积极性。② 据统计,2007年我国共有341所高等院校培养本科师范生,其中师范院校96所,占培养本科师范生院校总数的28.2%,其他院校占71.8%。③ 虽然地方师范院校仍然是教师教育的主体,但综合性院校办教师教育无疑在学科优势、人才优势、综合优势、教师培养层次定位和学校声誉等方面给地方师范院校带来较大压力。

教师教育发展的选择

要解决教师教育的发展问题需要地方师范院校的内、外部两方面力量相结合。就外部而言,国家在高等教育发展战略政策上,要制定教师教育宏观发展规划、构建新的教师教育管理机制、支持地方师范院校师范生免费教育等相关政策并加以落实。就内部而言,地方师范院校本身,在向综合化发展过程中,必须寻找自己的教师教育的发展对策:以教师教育改革为切入点,把教师教育理论研究成果转化为实践成果;在教师教育的培养模式上,由单一的培养模式向多元培养模式转变;在教师教育课程结构上,突破传统师范专业的课程局限,构建现代教师教育课程新体系。

发挥教师教育理论研究的优势,加强教师教育实践。长期以来,师范院校在教育基本理论或教师教育理论研究领域,事实上处在教师教育理论研究的制高点。从传统的"师范教育"理论研究转化到现代"教师教育"理论研究,其时间虽然不算长,但实现了从"国际化"到"本土化"的转变,即从最初的以学习国外的研究成果为主逐步转移到结合国内教师教育实践总结形成理论成果;研究成果形式从"经验体系"转移到"理论体系",即从外在的联系和展示的侧面来反映教师教育和以知识的逻辑形式对个别案例进行判断来研究教师教育,转移到注重揭示教师教育内在联系和深层次的规律,用以阐释教师教育本质。师范院校对教师教育理论的研究积淀了深厚基础,取得了丰硕成果,这是师范院校与综合性大学相比较的竞争优势所在。自然,综合性大学要想办好教师教育,同样也离不开师范院校有关的理论研究

---

① 《中共中央国务院关于深化教育改革 全面推进素质教育的决定》.1999年.
② 全国非师范院校教师教育协作会.非师范院校积极参与教师教育的行动宣言.2004年.
③ 教育部.http://www.moe.edu.cn/.

成果。在继续加强教师教育理论研究的同时,地方师范院校还需要积极推进教师教育理论研究成果向实践的转化。在教师教育的人才培养模式、课程体系、教学方法和手段、教学实践等方面,需要继续加强研究,并将这些成果应用于目前师范院校的改革实践。

加强教师教育人才培养改革,构建多元化人才培养模式。地方师范院校在向综合型转化的过程中必然要重构人才培养模式,必须相应地进行人才培养模式的调整和设计。近几年各地都对人才培养模式进行了探索,改变了地方师范院校人才培养模式单一的格局,如广西、江西等省区试行"3+2"(3年专科教育+2年本科教育)人才培养模式,还有一些院校试行了"3+1""2.5+1.5"等人才培养模式。但目前大多数地方师范院校的师范类专业人才培养基本上采取学科专业教育与教师教育混合4年制教育培养模式,学生修完规定的学科教育课程、教育类课程、完成教育实习后就可以毕业,其课程设置、课时安排、教学管理并没有突显教师教育的特征。因此,对职前教育培养模式必须进行多元化重构,推动教师教育质量的提高。根据国内师范院校人才培养模式的改革经验,地方师范院校应该推行"4+X""3+X"等多种模式并存的改革措施,提高学科专业教育和教师教育的质量。地方师范院校为在综合化发展过程中突显自身的优势,形成自身的办学特色,构建教师多元化人才培养模式势在必行。

调整教师教育课程结构,构建教师教育课程新体系。重建课程体系是教师教育改革的一个重要环节。传统师范教育将学历教育和教师教育统一于一个教育教学过程中,其课程体系呈现为混编状态,教师教育课程由教育学、心理学、学科教学法等构成,课时数量少,课程结构不合理,教学内容陈旧,并且教师教育课程以公共课形态出现,形成师范生对这些课程轻视的心理。因此,在学校教师教育改革的过程中,必须重新确立教师教育的课程体系和教学内容,并合理调整课程实施的方案。首先,调整教师教育课程结构,以"新三块"取代"老三门","新三块"为理论模块、技能模块、实践模块。"理论模块"由教育原理、教育教学改革、教育心理、教育科学研究等课程构成;"技能模块"由教育技术、学科教学方法、教学基本功训练等课程构成;"实践模块"由教育见习和教育实习活动构成。其次,合理配置教师教育课程学分,根据实践研究,教师教育学分控制在总学分的15%—18%比较合理。在教师教育总学分确定的基础上,分别对"新三块"的具体课程进行学分分配。尽管教师教育的课程数量和学分有所增加,但总数控制在一定的比例中,因而学科专业教育或通识性教育课程并不会被削弱。

总之,在地方师范院校向综合化发展过程中教师教育所面临的困惑,是发展中的阵痛,地方师范院校经过内、外部相结合的深化改革,提高教师教育竞争力,必将形成鲜明的教师教育办学特色。

论独立学院的办学定位

独立学院是我国高等教育发展史上一个特有的高等教育形态。

我曾经参与两所独立学院的领导和管理工作,做过这两所独立学院的院长,对独立学院的发展现状和教学质量有切身的体会,对独立学院尴尬的运行机制也有着较深的感受。在2011年年底,我还带队到广西多所独立学院进行学士学位授权单位资格评审,应该说对独立学院的现状、发展和未来有比较多的了解。尽管一度存在发展困境,办学模式饱受争议,存在傍授名校学位等问题,但独立学院在优化社会资源配置,满足社会对高等教育日益增长的需求,推动中国高等教育大众化进程等方面的成效是显而易见的。今后,独立学院要走向实质性的独立,首先,必须处理好自身与母体学校之间职责、权限不清的问题。其次,在办学质量和教育特色上下工夫,提升学院办学的品质,增强学院的社会影响力,使学院步入正常发展的轨道,在激烈的教育竞争中独树一帜。依据2008年教育部颁布的《独立学院设置与管理办法》,明确规定各独立学院从2008年秋季招收的学生起由独立学院颁发学位证书。从2012年起,全国的独立学院都将对毕业生自授学位,关于傍授名校学位的质疑将不会存在了。但该项举措对独立学院的发展来说,机遇与挑战并存,在脱掉公办大学学位的帽子后,在失去庇护后,如何积极主动发挥自身的内在优势,坚持独具特色的办学模式,确保教育质量,将是独立学院思考的问题。

在这里,我想着重谈一谈独立学院的办学定位问题。①

办学定位是高校的一种战略选择,是高校面向社会需求找准自己生存发展空间的战略需要,是一所高校能否实现全面可持续发展的关键,是高校

---

① 贺祖斌,凌玲.独立学院的办学定位剖析[J].理工高教研究,2006(5).

办学特色形成之根本。在高等教育大众化、多样化和多元化的今天,独立学院应市场需求而生,在政府的规范管理下得到迅速发展,但是,正如原教育部副部长吴启迪所说:"独立学院依附于母体学校办学,先天容易受母体学校办学思路与模式的影响,如果不走出自己的路子,而是亦步亦趋地跟在母体学校后面发展,就没有前途可言。"因此,认真研究实际情况,结合自身特点,找准自身在高等教育发展中的定位,是独立学院科学管理的关键环节,也是独立学院提高办学效益和水平的保证。

办学定位

  独立学院采用新的办学模式和办学机制,在高等教育发展中走出一条独具特色的办学之路。独立学院具有以下办学特点:一是办学机制市场化。独立学院直接面对市场,通过市场获取生存发展所需的各种办学资源,并通过市场调节作用整合各项资源。独立学院的定位应满足和回应市场和社会的需求。二是办学主体多元化。独立学院的办学主体涉及母体高校(举办方)—社会(合作方)—政府三方面,独立学院的办学定位应是这三者利益协调的结果,应同时满足三方利益。三是办学相对独立性。独立学院尽管获得了独立的法人身份,具有独立办学的自主权,但是由于其产生、发展和壮大离不开母体高校的支持和实力,离不开投资方对教育事业的理解和投资,也离不开当地政府为独立学院的发展提供的各项优惠政策,因此,独立学院在明确办学定位时,应充分考虑母体高校、投资方和政府对其发展的促进和制约作用,扬长避短,发挥自身优势。

  学者陈厚丰认为"高等学校定位",是指"高等学校依据自身条件、职能、国家和社会需要以及学生需求,按照扬长避短原则,参照高等学校类型和层次的划分标准,经过纵横向比较和分析,在清醒认识自己的基础、优势和不足的基础上,明确自身在整个高等教育系统及同行中的位置,准确把握自身角色,并确定服务面向、发展目标及任务而进行的一系列的前瞻性战略思考和规划活动"[①]。具体而言,独立学院的定位主要包括以下几个方面。

  类型和层次定位。这里指的是对独立学院在整个高等教育系统中所处的类型和层次的分析。目前,我国对高校的分类有多种标准,有的按隶属关

---

① 陈厚丰.浅论高等学校分类与定位的若干理论问题[J].中国高教研究,2003(11).

系来分类;有的按学科数量来分类;有的按学术水平来分类;有的按高校职能来分类;还有的按科研和学术水平来分类。我认为无论哪种分类都有一定的道理,如果依据国务院学位办提出的高等院校分类方法,按科研规模可划分为研究型、研究教学型、教学研究型、教学型等四种类型。① 办学层次主要是指人才培养的层次,如高校是以培养研究生、本科生还是培养专科生为主。

区域定位。或者称为服务面向定位,即发挥学校在经济发展中的作用,找准社会服务范围。区域定位反映了高校在履行人才培养、科学研究、服务社会等职能时所涵盖的地理区域或行业范围。

学科定位。学科专业是高校存在的基础和主要特征,是确定学校重点发展的主要学科方向,办出自己的学科特色,保证学校在本地区或全国同类学校中具有优势地位。

培养规格定位。不同专业、不同层次、不同培养途径的不同配置,就构成不同质量规格人才的培养模式。不同类型、不同规格、不同专业的人才有不同的质量评价标准,如实用型人才、学术型人才、应用型人才。高校在办学过程中应考虑以培养哪种规格的人才为主,从而制定出相应的培养方案和质量评估标准。美国高等教育专家克拉克·克尔(Clark Kerr)将高等教育系统进行了三级分割,按照人才的培养目标分为知识级(理论研究型人才)、职业能力级(技术型人才)、技能级(技能型人才)等三个层次。

特色定位。即独立学院应充分发挥自身优势,体现出其与众不同的特点。办学特色是高校在教育市场中竞争力的表现,也是提高学校社会地位的基础。

存 在 问 题

独立学院的办学定位存在比较严重的同质化趋势,主要表现在以下方面。

一是部分学院脱离自身的办学条件和办学水平,办学目标定位过高。如许多学院都提出要达到全省乃至全国同类院校一流水平的目标。我们不

---

① 国务院学位办.中国学位与研究生教育发展战略报告 2001—2010[J].学位与研究生教育,2002(6).

否认肯定会存在一流,但并不是所有学院都能争到一流,相比之下,一些量化的和实际的目标更容易让办学者清醒地认识到自身的任务和责任,不至于陷入盲目自信中。

二是在具体的办学定位上,目标过于抽象化。如在区域定位上,普遍使用"定位……,面向……,走向……"等泛化词语;同样,在办学理念上,大多数学院都提出"以人为本,以学生为中心";在办学特色上,又往往采用"办学有特色,管理有侧重"等抽象词语或句子。

三是在专业建设上,独立学院照搬母体高校的专业设置情况比较严重,简单移植普通高校的学科专业设置;设置专业单调,偏重于市场需求的热点专业,缺乏品牌专业;盲目设置专业,简单回应市场需求,忽视学生长远发展,容易造成学生结构性失业。

四是在大学理念特别是大学精神和文化的建设上普遍重视不够,特色不突出。绝大部分的学校都将精力集中于学校硬件的建设和投资上,只有极少数的学校明确地将校训、校风、教风和学风建设提到建设日程上。

如何定位

关于独立学院的办学定位,我认为可从以下几方面理解。

一是在办学层次上立足于本科。目前,我国独立学院的办学历史还很短,基础比较薄弱,办学条件有待进一步加强,因此在办学层次上不应好高骛远。目前一些既办大专又办高职的独立学院应切实将工作重心转移到本科层次上来。同时独立学院也不应该过早介入研究生层次人才培养,应立足于本科定位。随着我国高等教育大众化进程的发展,本科教育的需求会越来越大,本科定位更适合独立学院的发展。

二是要逐步形成自身的办学特色。目前,由于独立学院发展时间比较短,自身的发展壮大又与母体高校的实力和影响力的强弱以及企业投资方的支持力度大小有关,很多独立学院并没有真正办出自己的特色,在办学上雷同于母体高校,对自己没有一个清醒的认识,往往人云亦云,提出口号式的办学目标,没有将发展规划具体化和细化,这将阻碍其自身的可持续发展。

三是在人才培养定位上立足为应用型人才培养。我认为,应该对应用型人才的培养规格标准进一步细化,即探索应用型人才培养规格由哪些部分组成,应该从哪些方面着手才能达到应用型人才的人才培养规格。可以从知识结构、能力结构和素质结构三个方面进一步细化和规范应用型人才的培养规格。

四是在专业设置上突出应用型。但是学院要兼顾长远利益和目前利益,在开设热门专业的同时应兼顾学生的长远发展,在专业设置上不仅要考虑独立学院现有的资源,还要考虑社会和学生的需要;在考虑社会需要的同时也要注意自身的导向作用,不应盲目迎合市场,要考虑学生可持续发展的需要和学科建设发展空间的需要。

五是加强校园文化建设。独立学院办学历史不长,校园精神文化正处于建设中。独立学院在加强硬件建设的同时更要注意校园文化对学生素质的潜移默化的作用,在文化建设方面应该有长远的规划。

六是加强办学目标的考核评价。比如,在办学规模上,要达到什么层次,是继续扩大规模还是稳定现有规模;在学科专业上,如何与区域经济社会发展需要相适应;在教学改革方面,课程设置如何改革,教学质量如何保障,如何体现个性需要等;在区域服务定位的目标上,应有长期和近期的规划。

明确高等学校的办学定位既是高等教育管理体制适应市场经济体制变革的必然要求,更是各类高校面向社会自主办学的切实需要。独立学院作为我国高等教育发展中的新生力量,更需要科学、合理、准确地确立自身的办学定位,为独立学院的可持续发展奠定基础。

从世界高等教育发展史来看,我始终认为独立学院只是中国高等教育发展过程中一个阶段性的存在形式,最终将走向真正的独立,成为完全独立的民办高校,这也有利于整个民办高等教育的健康发展。

二、观察思考

　　这是我第三次走进厦门大学。第一次是1997年夏,到厦大参观,看的是厦大校园的风景;第二次是2011年夏,专程拜访潘懋元先生,访的是厦大的大师;第三次是2011年秋,根据广西的选派和教育部的安排,我到厦门大学挂职任校长助理,在这里我工作、学习和生活了半年,真正走进厦大、感受和体验厦大。

走 进 厦 大

这是我第三次走进厦门大学。

第一次是1997年夏,到厦大参观,看的是厦大校园的风景;第二次是2011年夏,参加教育部对厦门理工学院的教学评估,择机到厦大,专程拜访潘懋元先生,访的是厦大的大师;第三次是2011年秋,根据中共广西壮族自治区党委选派和教育部的安排,我到厦门大学挂职任校长助理,在这里我工作、学习和生活了半年,真正走进厦大、感受和体验厦大。

走进厦大群贤校门,在左侧的群贤楼前有一尊塑像,那是厦大校主陈嘉庚先生,这是所有厦大人心中的"神",无论是在厦大校内还是校外,也无论是在国内还是国外,只要你说起"我们的校主",厦大人心中就会升起一种久违的激动和力量。"我们的校主"是厦大人最尊敬最有凝聚力的话语。

陈嘉庚先生是一位毕生热诚地为国兴学育才的教育家。陈嘉庚一生始终如一地为国家和民族慷慨输捐而自己却过着非常俭朴的生活。陈嘉庚说:"民智不开,民心不齐,启迪民智,有助于革命,有助于救国,其理甚明。"为了救国,他倾资办学。1913年,陈嘉庚在家乡集美创办系列学校,统称"集美学校"。1921年陈嘉庚认捐开办费100万元,常年费分12年付款共300万元,创办了厦门大学。厦门大学于1921年4月6日开学,成立大会上悬挂的是陈嘉庚定的四个大字——自强不息。陈嘉庚说:"厦大既办,当成南方之强。"他要求厦大"研究高深学术,养成专门人才,阐扬世界文化",建成一所"能与世界各大学相颉颃"的现代中国大学。为"博集东西各国之学术及其精神",陈嘉庚不惜重金聘请名师,使国内外群贤备至,百川交汇。陈嘉庚独力支持了厦大16年,后来世界经济不景气,陈嘉庚的公司濒临倒闭,面对艰难境遇,他态度仍很坚定地说:"宁可变卖大厦,也要支持厦大。"他把自己的三座大厦卖了,作为维持厦大的经费。当国民政府要把厦大更名为福建大学时,他将拐杖指向当时主掌教育部的陈立夫和主掌参政院的孔祥熙,说:无故将厦门大学改为福建大学,"疑政府将步甲午故智,如台湾之放弃"。如此之重,没人敢动,因此,厦大成为中国现代教育史上唯一没有更名、合并、变址的名校。这显示出陈嘉庚先生的一种胆略,一种担当。有这样的校主,才有今天的厦大。厦大人如此深爱校主,那是一种血脉的延续和生命的升华。

厦大是美丽的,美在她的自然风光,美在她的悠久历史,美在她的大师云集。难怪当年鲁迅一到厦大就这样告诉许广平:"此处背山面海,风景佳绝。"我的办公室在学校主楼"颂恩楼"的17楼,真正的"背山面海",每当我坐在办公室里,观海听浪,看帆争流,我无时不想:这太美了!当傍晚饭后,踏着绿荫小道走进"思源谷",领略碧水翠峦山风,静思默想宇宙苍穹,感受这南国四季的绚丽,我由衷地感慨:上天赐予厦大最美的风景!

我上班的办公楼前,是厦大著名的芙蓉湖,湖面如镜,绿茵碧水,四季波光潋滟,其平和温馨让人流连忘返。工作之余,漫步于幽雅的芙蓉湖畔,感受椰树下绿茵上晨读的诗意。我曾经与朱崇实校长讨论过厦大的性格,他认为就是谦虚、平和。芙蓉湖的平静,有点像厦大的性格。芙蓉湖泛起的碧波中,依然涌动着一股由校主传承而来的民族血性,一种已经内化于每个厦大人灵魂之中的敢与天地精神独往来的精神个性。正是这种精神个性的一以贯之,才使偏居东南一隅的学府,在中国社会发展和大学现代化进程中承载着历史的使命和责任担当,有着属于自己的光荣与希望。

在厦大的发展史中,有一段抗战时期的精彩篇章。在抗日烽火中,厦大人审时度势,为保护和发展厦大,内迁到闽粤赣交界的山城长汀,萨本栋校长拆毁自己乘坐的轿车充当学生的实验器材,师生在艰难困苦中铸就"南方之强"的辉煌,硝烟弥漫,弦诵不辍,在烽火岁月里,萨本栋言传身教,惨淡经营,厦门大学形成了勤奋、朴实、严谨、和睦的好风气,校务蒸蒸日上,学生的学业成绩显著提高。厦门大学不仅成为中国东南地区唯一的最高学府,而且为国内最完备的大学之一,创造了办学奇迹。

在厦大的发展史中,汇集和吸引了许多文化名人、科学大师和爱国人士,他们在厦大光辉岁月中留下过浓墨重彩的一笔。林文庆,在厦门大学成立之初,应陈嘉庚之聘担首任校长,先后主政厦大16年,对厦门大学的创建和发展作出了重要贡献;东南亚橡胶大王、陈嘉庚的大女婿李光前,捐资厦大建设;鲁迅,任职厦大文学院教授(1926年9月至1927年1月);林语堂,

1926年任职厦大文学院院长;萨本栋,厦门大学校长(第一任国立厦门大学校长)、物理学家;余光中,诗人、散文家,曾在厦大就读(1948—1949年);卢嘉锡,中国科学院院长、院士、化学家;王亚南,中国翻译《资本论》第一人、经济学家、厦门大学校长;顾颉刚,著名历史学家,任职厦门大学国学研究院教授(1926年8月至1927年3月);汪德耀,细胞生物学家、厦门大学校长;陈景润,数学家、中科院院士;谢希德,物理学家、厦大数理学系毕业生、复旦大学校长;潘懋元,厦大副校长、著名教育学家;易中天,著名文化学者,任职厦大人文学院教授;等等。这些耀眼的名字闪耀在厦大发展的各个时期,为厦大的发展作出了杰出的贡献。

时至今日,在全国大学群起的挑战中,厦大以"不求最大,但求最好"的自信自立于中国大学之林。厦大于校庆90周年之日,启动翔安校区建设,盘活自有资金20多亿,在一年之内将翔安校区建设好,并完成搬迁任务,形成了思明、漳州和翔安共拥有实体面积9000亩的厦大校园,这体现新时期厦大人的另外一种气魄。在全球化竞争潮流席卷之下,"985"重点建设的道路上,厦大瞄准国际科技前沿和国家重大需求,发挥海洋、化学、经济等学科优势,创造了新的科学研究成果和办学成果,以陈嘉庚"能与世界各大学相颉颃"的豪气,向建设世界高水平的研究型大学的目标奋进,践行着陈嘉庚先生的"南方之强"办学理念。

在美丽的厦大校园里,我时常会听到苍茫浑厚的钟声,那是一口已高悬90多年的大钟,那是厦大成立时的标志,风风雨雨,花开花落,钟声悠悠,生生不息。钟声一直陪伴着厦大学子的成长年华,厦大也在钟声中不断前进和发展。

(2012年10月12日,写于厦大芙蓉湖畔)

大学的性格

　　中国大学林立,每所大学具有不同的性格。
　　大学与大学的区别不在于楼房和设备,而在于她所独具的文化和历史。大学所拥有的文化和历史铸造了她的个性和气质。
　　厦门大学,不仅仅是她的文化和历史铸造她独有的个性和气质,她所处的人文地理环境也深刻地影响着她的性格。天赐机缘,让我走进厦大,品读着厦大,体验着厦大,被她那坚实厚重、博大包容、宁静平和的性格和气质深深吸引着,感染着。
　　厦大背倚五老峰,面朝大海,怀抱芙蓉湖,拥有独特的"山、海、湖"景观。在中国大学校园中,不乏三者居其一,或居其二,然三位一体,集聚一校,唯厦门大学独此一家。难怪鲁迅一到厦门就这样评价厦大——"背山面海,风景佳绝"。具有90多年办学历史的厦大受这"风景佳绝"的人文地理环境的影响,并被打上了深深的烙印。
　　背倚五老峰,铸造了厦大的坚实厚重。
　　厦大背倚峥嵘凌空的五老峰,五老峰好像是五位须发皆白、历尽人间沧桑的老人,翘首遥望茫茫大海。五老峰直立于海滨,横插天际,气派非凡,难怪人称"五老凌霄"。背倚五老峰,巍然屹立天地间,立地顶天静无言,稳定、稳重、稳健,意味着稳定、原则和坚定;背倚五老峰,以静制动,以稳重与无言,不仅宣告自己的存在,而且向世界展示自己的壮美与奇特;背倚五老峰,手牵手、肩并肩、紧相连,齐心协力勇往直前;背倚五老峰,攀登举步维艰,当你到达峰巅,抬望眼,风光无限;背倚五老峰,南普陀佛光宏照,古寺重重,气象万千。坚实、坦荡、深邃、挺立,这就是作为山的固有品质。
　　山,铸造了厦大坚实厚重的性格、坚实的品质、厚重的人文。厦大历经沧桑,在狂风暴雨中岿然不动,在海啸洪水面前巍然挺立,浩然正气冲云天。

1937年全面抗战开始,萨本栋校长毅然带领厦大内迁长汀,在艰难的8年岁月中,在日本侵略者的飞机不断空袭的威胁下,"弦歌不辍",业务渐精,规模日大,声誉日隆,被誉为"东南最优之学府",成为名副其实的"南方之强"。以至于国外学者十分惊讶这种战场与大学并存的奇迹,称厦大为"加尔各答以东第一大学"。烽火硝烟中,厦大人矢志不渝,坚守着建校之初陈嘉庚先生所确立的"研究高深学术,养成专门人才,阐扬世界文化"三大任务,坚实厚重的性格一直支撑着厦大的成长。

面朝大海,孕育了厦大的博大包容。

厦大之所以为厦大,因为有海。厦大白城的大海,潮起潮落,顽强执著;矢志不渝,永不停息;赴汤蹈火,在所不辞。星球蔚蓝,源于大海,天运地行,生生不息。站在白城岸边,乍看大海似乎随波逐流,柔情似水,然而内心却异常坚定,强大无比,尤其深厚。面向大海,不得不钦佩大海的勇气和意志,那种千万年如一日的坚强毅力。大海包容大气,承受着大自然加给她的所有苦难并将之渐渐消解。百年沧桑,在她只是弹指一挥,留下的只是她的包容与祥和。大海能屈能伸,她有足够的能力去化解大自然给予她的压力。礁石峥嵘,然而百年之后,那巨大的礁石已被大海磨去了棱角,臣服于大海,而大海,依然还是大海。大海,豁达包容,通达远近,崇尚流变。

海,孕育了厦大博大包容的性格,博大的情怀,包容的心胸。因此,历史上的厦大,有了辛勤执掌厦大16年、力推现代大学理念的林文庆校长,有了风格迥异的思想家、文学家鲁迅与语言学家林语堂同时执教,有了历史学家顾颉刚,也有了化学家刘树杞,更有了后来的人类学家林惠祥、生物学家汪德耀、化学家卢嘉锡,等等,不胜枚举。他们虽然文理有别,观点各异,但同校相容,息息相生。正是因为博大包容,陈景润在穷困潦倒之际,王亚南校长敞开胸怀毅然接纳了他,才有了"哥德巴赫猜想"研究的巨大突破。正是因为博大包容,"博集东西各国之学术及其精神",广纳世界各地的精英,厦大才会大师云集。正是因为博大包容,厦大人才敢为人先,开拓进取,在一年之内将崭新美丽的翔安校区展现在世人面前。

怀抱芙蓉湖,涵养着厦大的宁静平和。

厦大校园里的芙蓉湖,是学子们永恒的记忆。不管外面的世界再风起云涌、惊涛骇浪,芙蓉湖总是那么平静如镜,宁静不乱。芙蓉湖,清净透彻,充满了灵性和灵气;芙蓉湖,集雨为细流,纳点滴归大海;芙蓉湖,平日温文尔雅,波澜不惊,长久历练,积蓄能量,时刻展现自己的存在;芙蓉湖,碧绿清纯,平和谦虚,天地可鉴;芙蓉湖,"容万物而不争",具有高风亮节之奉献精神。这就是芙蓉湖的性格:不张扬、不骄横、含蓄内敛、外柔内刚、乐于奉献。

湖,涵养了厦大宁静平和的性格,宁静致远,谦虚平和。芙蓉湖的清澈如镜,造就了厦大人的清澈透彻、谦虚稳重、安静平和,尽管世界繁华浮躁,厦大人却安居于这宁静的东南一隅,潜心钻研,刻苦攻读。那种敢于天地间独往来的个性,已经融入到每一个厦大人的血脉里。正是依靠这种精神,不随波逐流,坚守理想,以"能与世界各大学相颉颃"和"自强不息,止于至善"的豪气和精神,开拓进取,使厦大在世界大学之林独树一帜。

厦大以其巍峨的五老峰,宽阔的大海,宁静的芙蓉湖,孕育了自己坚实厚重、博大包容、宁静平和的性格。既有山的稳健与坚定,又有海的大气和包容,还有湖的灵动与平和。山、海、湖的和谐相处,刚柔相济,动静结合,仁智相容。正是由于厦大这种独特的人文地理环境,蕴涵着山的性格、海的气度与湖的品质,厦大经过九十多年的历练,筚路蓝缕,励精图治,开拓进取,塑造了自己"止于至善"的完美品格。

一千个人眼中有一千个厦大,这,就是我眼中的厦大。

(该文载《厦门大学报》,第 1012 期)

大学的多校区管理

多校区办学已逐渐成为当今中国大学的普遍模式。

厦门大学的多校区格局,可以说也是中国大学近十年发展的一个缩影。厦门大学目前占地近9000亩,其中校本部位于厦门岛南端,占地2500多亩,漳州校区占地2568亩,翔安校区规划建设用地3645亩。目前厦门大学已经初步建立"一校三区"的发展格局,学校发展所必需的空间条件建设已经基本完成。

随着我国高等教育的快速发展,各大学都在建设自己的新校区,完全改变了过去一所大学一个校区的封闭式办学的格局。我国高校多校区办学局面来源于20世纪90年代开始的大学合并和重组,接下来各大学在发展过程中因扩大招生规模等自身发展需要而扩建大学。多校区办学,使得大学获得一个跨越式发展的契机,开拓了新的教育发展空间,弥补了教育资源的不足,增加了高校的竞争优势。同时,多校区办学模式对传统的大学管理理念带来了全新的冲击。

目前,中国大学多校区办学和管理存在一些普遍性问题。

一是资源调配与管理问题。多校区办学,在大学的有形资源管理方面会带来一些问题:多校区分散导致资源在一定区域内难以共享,例如图书、设备就难以共享;资源的增长速度跟不上规模的增长速度,规模过大,总量有限,造成资源管理困难;[1]校区、环境给人力资源调配、流动带来难题,新校区一般较远,给人力资源的合理使用和发挥作用造成了困难;多校区办学,增加了管理、后勤人员,导致人力资源的结构性浪费。

二是学科专业建设问题。多校区管理,在学科建设方面存在如下困难:

---

[1] 徐云丽.多校区大学管理的难点和对策[J].西南交通大学学报:社会科学版,2005(4).

分属不同校区的学科沟通与交流难度大,跨校区学科交叉融合不利;新校区缺乏老校区的学科建设基础,在学科建设方面需要投入更多的人力、物力。如何进行各校区在学科建设方面的功能划分,使各个校区各有分工、协调发展,办出特色成为一个突出问题。

三是新校区文化建设问题。一所大学文化的形成需要多年的文化积淀和几代人的精神传承,新校区的文化缺失是一个比较突出的问题。一方面校园人文景观缺失,大学校园景观应该具有丰富的文化内涵,然而,在新校区里很难看到富有文化内涵的建筑,没有了这种文化氛围,老校区的校园文化难以得到很好的传承,大学的特色精神也就很难得到发扬。另一方面,人文交流有障碍,教师不住新校区,师生之间没有充分的条件进行学术、思想交流,资深教授授课之余与学生交流的潜移默化的人文影响慢慢在淡化,已经成为一道"逝去的风景";此外,同一专业不同年级或不同专业之间的学生之间缺乏交流;新老校区常常将学科进行割裂,使不同学科之间难以互相交流与互相熏陶。

以上问题普遍存在于具有多校区的大学中,因而,如何有效地进行多校区管理,成了诸多大学管理者必须考虑的问题。我认为,厦门大学"一校三区"管理的几点经验,会给大学多校区管理带来一些启示。

一是确保校区功能划分的明确性。效率是衡量管理优劣的主要评价指标之一,有高效率的管理,才能提高大学的办学效益,对多校区管理的效果要看其管理效率如何,必须明确各校区功能定位。厦大三个校区的功能定位是:校本部以传统学科和文科为基础,保持学校历史核心影响力;翔安校区本学期"整院制"迁入了海洋、生物、医学、环境、能源等学科的八个学院,形成以新兴学科为主的影响力;漳州校区以独立学院——嘉庚学院为主体,保留一些研究基地和平台。三个校区分工明确,管理有序,合理高效。同时,理顺校、院、系之间的关系,建立符合本校实际的工作运行机制,保证管理渠道的畅通,合理构建校内组织,最大限度地发挥学校资源整合的综合功能,提高其有效性。

二是确保学校管理的整体性。大学的宗旨是反映自身的使命和追求,以及学校的精神,一校多区管理的核心就是要多校区统筹考虑,确保统一的办学思想和办学理念。多校区的功能定位不一样,但学校灵魂是一样的,属于自己的大学精神是一致的,所谓形散神不散。因此,要确保"一个大学"理念的实现①,做到思想观念的真正融合,无论是学科专业结构的调整,还是各校区的教育资源的调配,包括教师队伍、实验设施、经费投入等都必须统一协调配置,有利于整体发展,以提高整体效益。厦大将矗立在校本部的校主陈嘉庚的铜像复制,在每个校区立像,这是在新校区传承厦大办学思想的一种举措。

三是注意多校区管理的复杂性。厦大在翔安校区成立相对独立的校区管理委员会是一种有效的管理方式,管委会下设教学、学生、后勤等办公室,分别负责相关的管理职能。因此,各校区之间虽然客观存在着差异和矛盾,但这也是各自得以存在、合作、发展的基础。如何解决存在的各种复杂的矛盾,建立起一个合作、有效的管理集体是应该考虑的问题。多校区办学格局形成之后,一校多区必然使学校的教学活动、行政管理等面临新问题。组织机构有各个部门和各个层次,有相应的权利、责任、制度,是一个十分复杂的层次体系,处理好这些矛盾是多校区大学能可持续发展的关键。

四是注意多校区管理的多样性。一方面,各个校区都有自己的历史和特点,形成了各自不同的校园文化氛围,因此在大学文化建设上要充分考虑和尊重各校区的特点,在相对统一的前提下又要具有灵活和多样性;另一方面,尊重各校区的学科特点,各校区的学科布局要与学校的总体规划相匹配,围绕如何利用学科的空间建立承前启后的学科结构,实现多学科、跨学科的综合化发展,促使多校区学科融合,创造出新的学科生长点,保持学科的良好发展态势。厦大的海洋与环境学院和生命科学学院搬到翔安校区后,整合资源,由原分属两个不同学院的环境与工程学科和生态学科组建成新的环境与生态学院,这正是有利于新学科发展的很好证明。

我认为,厦门大学的"一校三区"的多校区管理经验,值得国内很多大学在多校区管理时加以借鉴。

(2012 年 11 月 20 日,写于厦门大学)

---

① 侯清麟.关于多校区大学办学管理的探讨[J].当代教育论坛,2008(4).

管理大学与经营大学

　　管理大学是我们经常讨论的话题,而经营大学则是我们大学管理中面临的一个新课题。

　　厦门大学2012年的经费预算是39.6亿元,相比过去这是一个庞大的数字。那么如何管理好这些经费呢?要充分发挥经费的最大效能,为学校的发展服务,就不能简单地靠过去的财务管理手段进行运行,而需要学会运用大学经营理念和资金运作方式。这就涉及当今大学里一个重要的话题,就是如何经营大学。

　　我们过去讲得最多的是"管理",管理就是"计划",计划就是"管理",这是长期以来形成的根深蒂固的传统管理观念。由于长期受计划经济体制的影响,中国的大学长期以来也一直是由国家投资举办的,相对于社会物质生产,大学教育又具有滞后性,因此,大学传统的管理模式以及缺乏经营理念的惯性势必在相当长一个时期存在。对于今天大学的领导者来说,一方面,要研究如何在市场背景下经营大学,为大学的发展创造良好的生存发展环境;另一方面,要学会利用市场手段进行大学经营,提高大学的经营能力,实现大学资源的有效配置。

　　这让我想起关于试行大学总会计师制度的问题。国务院颁布的《国家中长期教育改革和发展规划纲要(2010—2020年)》中提出高校试行设立总会计师工作,目标是提升经费和资产管理的专业化水平。2012年年初,教育部公开选拔东南大学等六大高校的总会计师,提出要深入推进公开选拔和委派直属高校总会计师工作。近些年,我国的高等教育已经逐渐从过去的精英教育转变为大众教育,高校在资产规模、资产组合和管理方式方面发生了较大变化,资金来源从主要依靠财政拨款发展到以高校自筹和社会筹资、财政拨款并举。而且,各高校在争取更多财政拨款的同时,努力通过兴办产业、收取学费、银行贷款、社会捐助等渠道来扩大资金来源。此外,还利用后勤社会化以及与其他高校联盟等方式来缓解资金供给不足的矛盾。伴随着资金量的增加,如何科学管理这些资金以及如何保护资金的安全对高校的财务管理水平提出了更高的要求。但大学总会计师的职能和职责有哪些? 与过去分管财务工作的副校长有什么区别? 目前该项工作尚在探索阶段,我们也希望在实践中探索出一条适合中国大学经营的管理模式。

现代大学正在发生的、最深刻的变化是从社会的边缘逐步进入到社会的中心。大学受到来自市场经济带来的冲击,特别是非政府办学资源和管理手段在大学发展建设和运行中的重要作用,大学内部管理需要讲求成本、投入产出,运用好人、财、物,运用好非货币资源,把办学资源配置变为学生学习资源配置,提高人、财、物的利用率。大学经营管理在一定程度上要遵循财务管理规律,要向企业学习,借用企业管理的运行机制,按照市场经济的运作方式,注重社会需求的导向作用,依靠教育资源的合理使用来提高教育质量和效益,促进大学的可持续发展。但大学经营管理有其特殊性和复杂性,企业注重通过生产成本控制提高经济效益,而教育所产出的产品不是实物,不可量化,大学财务管理的成效体现在资金使用效果上,开展资金使用效益评价将成为高校财务的新课题。此外,高校为求发展,不断进行战略重组,向银行贷款融资、招商引资、对外投资与合作等,这些行为都会涉及一系列复杂的财务、法律、管理等问题。

中山大学校长黄达人在第二届中外大学校长论坛上说:"大学需要经营,所谓'经营',指的不是以盈利为目的的一般意义上的'经营',而是指大学必须要精心地运作和管理。"别敦荣教授在《论我国大学的经营》中认为:"大学经营模式的转换不但包含了经营理念和经营目的的改变,而且包含了经营策略的变化。大学经营必须强调办学效益,控制办学成本。"[①]大学的生存和发展离不开人、财、物等客观条件,大学所从事的教学、科研以及社会服务等活动均属于有投入和产出的经济行为。大学经营要把学校资产、教学科研资源进行最佳配置,提高其利用效率。这就需要充分利用市场机制

---

① 别敦荣.论我国大学的经营[J].清华大学教育研究,2007(6).

和市场手段进行资产和教学科研资源配置,优胜劣汰。

因此,大学经营不应仅仅要求懂得资本运作,还应该懂得高等教育规律。

(2012年12月28日,写于厦门大学)

高层次人才的引进与培养

当今,高层次人才的引进与培养问题是中国大学共同面临的一个课题。2012年11月,我随"高水平大学师资队伍建设"专题调研小组,到厦大翔安校区的医学院、环境与生态学院、海洋与地球学院等地开展调研,目的是了解高层次人才队伍建设和发展的需求。调研小组所走的这几个学院都是高层次人才聚集的地方,比如环境与生态学院,拥有环境科学与工程、生态学两个一级学科博士点和博士后流动站,环境科学国家二级重点学科,生态学和环境工程省级重点学科。2012年,厦门大学环境与生态学科被ESI认定为国际同类学科的顶尖1%。本学科群拥有1个国家重点实验室(近海海洋环境科学)、3个省部级重点实验室,拥有一大批高层次的学科带头人,其中一半以上具有海外的学习、工作经历。

在这几个学院调研时,我一直在思考一个问题:在这人才汇聚的地方,如何才能有效发挥他们的聪明才智和主观能动性?在为国家作出积极贡献的同时,如何能够让他们在这里找到学术归属感。

我们常说,学科建设是大学工作的龙头,而重点学科建设又是重中之重。重点学科建设是学校的核心竞争力,学校能不能快速发展,关键取决于学科建设的成果。任何一所大学都不可能在所有学科上达到一流水平,但一所一流大学一定有某些学科在教学科研方面达到一流水平。学科发展水平,是一所大学在国内外地位的主要标志。要把某一学科真正建成名副其实的在某一领域的重点学科,需要大师级人物的引领。在学科建设工作中,高层次人才引进与培养工作开展的好与坏,直接关系到高水平学科建设工作能否顺利地开展,关系到一所高校能否成为国内外知名的大学。

我们经常引用清华梅贻琦校长说的"所谓大学者,非大楼之谓也,乃大师之谓也"。一所大学之所以能够成为世界一流大学,是因为它拥有一流的学科、一流的教授。伯克利加州大学原校长田长霖教授说过:"美国加州理工学院为什么变成这么著名的大学?它的腾飞就是靠两个教授,一个是密立根,物理诺贝尔奖获得者,他使这个学校的实验物理迈上了世界一流。然后是冯·卡门,他把美国的航空技术带起来了。伯克利加州大学为什么出名?就是因为劳伦斯发明了加速器,一下子拿了17个诺贝尔奖。因为有了真正的世界一流,其他人才知道了什么叫世界一流。"[1]因此,引进高层次人才是世界名校的成功经验,一般大学与知名大学的最大差距就是高层次人才的差距。

什么是高层次人才?目前国内大学对高层次人才的理解不完全相同,但公认的是高层次人才具有一些基本特征,即高层次性、稀缺性、动态性。他们具有优良的综合素质,具有较高的学术造诣,在科学研究方面取得国内外同行公认的重要成就,能把握学科的前沿与发展方向,能够主持国家重大科研项目的研究工作,具有领导和组织本学科队伍在学科研究中保持处于前沿领域的能力,对学科建设和学术研究工作具有创新性的构想。这些特征,可以作为判断高层次人才的重要标准。

厦门大学在人才引进和培养方面有一些独特的做法值得借鉴。朱崇实校长提出:要传承厦大"求贤若渴、爱才如命"的传统,树立"高层次领军人才的作用是一般人才不可替代"的思想,全校上下形成合力,共同做好人才工作。形成包容、和谐、敬业的大学文化,为人才的生存与发展创造良好的文化氛围。尊重人、爱护人是厦大精神的最基本内涵,人与人彼此间应"互相欣赏、求同存异","互相尊重、互相帮助","同舟共济、奋力向前"。

因此,厦大实施引培结合的人才队伍发展战略,优化专任教师、管理人员和技术支撑三支队伍的结构,大力加强队伍的竞争力,特别是与国际同行的交流合作能力。重视人才队伍国际化建设,从2012年起之后五年,计划每年引进100位在国外高水平大学毕业的博士,同时争取全校没有国外学习或经历的40岁以下的青年教师都有一年在国外完整的学习或科研的经历。建立健全学术假制度,按照学科建设与人才培养的要求休好学术假,制定出具体的每位老师的学术假培训计划,没有国外学习或科研经历的教师要利用假期,到国外一流大学或研究所认真听一门课,参加一个课题的研究,已有国外学习或科研经历的教师要利用假期加强与国外同行或师友的

---

[1] 方延明.此梦必圆:中国要有世界一流大学[J].科技文萃,2003(5).

联系,开展深度的科研合作。另外,按照科研规律,以项目为抓手,建立一支能上能下、充满活力的科研与技术支撑队伍。这些措施的实施,为厦门大学高层次人才的培养和建设提供了很好的学术环境和机制。

在平常与厦大老师的接触中,我有一个感觉:厦大的教授十分安心在厦大工作,很少听到对学校的抱怨和不满。现在,我慢慢明白了,正是学校的人才政策和学术氛围,以及"包容、和谐、敬业"的大学文化使各学科引进和培养的高层次人才安心在这里工作,并在这里找到自己发挥学科优势的领地,这是厦大教授安心工作的原因所在。

人才是大学学科发展和地方经济发展的最重要支撑之一,在广西区域经济建设发展中,人才资源开发方面存在许多问题,高层次、高素质人才十分缺乏,人才整体质量不高,吸纳人才困难。广西高校的高层次人才引进也有诸多问题,真正在国内和国际上有影响的学科顶尖人才稀缺。因此,地方高等学校应建立灵活的人才引进政策,采取特殊、开明、开放的人才政策,采取灵活有效的办法扩大大学、企业对高级人才的容纳能力,以加快人才集聚的步伐。

我想,广西高校,乃至整个广西的高层次人才引进和培养工作都可以从厦大的人才工作中汲取经验。

(2012年12月20日,写于厦门大学)

大学的社会服务

由厦门大学、辅仁大学、厦门银行股份有限公司共同发起调查的"2012年第三季度海西金融、旅游、消费信心指数"在厦门向公众发布。我代表厦门大学出席新闻发布会并作了讲话。新闻发布会是一种广泛面向社会的大众传播方式,是当今社会经常采用的方式。但我更多关注的问题是,大学应该如何发挥自己特有的专业和科研优势,为社会服务。

我去年曾经在《广西日报》发表了题为《大学的使命与服务北部湾》的文章,谈到大学的职能和使命变化的三个阶段,其中第三阶段是"社会服务",源于美国康奈尔大学主张科学知识的传授与博雅教育并重的办学思想,在此基础上,威斯康星大学进一步提出了大学教育应直接服务于区域经济和社会发展的新理念,这个理念在美国高等教育史上称为"威斯康星思想"。威斯康星思想是大学的服务社会职能真正得以确立的标志,其核心思想是:大学要积极主动地为地方经济发展服务;大学要成为向社会传播知识的重要场所。威斯康星大学的校长范海思(Charles R. Van Hise)明确提出:"教学、科研和服务都是大学的主要职能。"由此,面向社会开放成为大学新的教育理念,大学在人才培养、科学研究、信息资源、技术开发等方面要直接为社会服务,大学由传统的"象牙塔"逐渐演变为面向社会的"服务站"。正如布鲁贝克(John S. Brubacher)所说:"20世纪早期,威斯康星大学最彻底地实现了与美国州立大学相关的一个重要理想。这就是为民主社会所有需要提供服务的理想。"这种思想影响了整个高等教育界,并为世界各国的大学所效仿。

时代发展到今天,大学必须要具有开阔的社会视野,大学必须要与社会不断进行物质、能量和信息的交换,大学离不开社会,社会也离不开大学。因此,大学必须积极关注社会、服务社会。一方面,高水平大学要有社会责任感,要担当对社会发展起促进作用的角色;另一方面,大学应结合社会需求确定发展目标。厦门大学依托自身的学科、人才等优势服务于地方经济建设和社会发展,主动贴近海西、融入海西、服务海西。2007年8月,厦门大学制定了《服务海峡西岸经济区行动计划》,明确在科技创新、项目对接、咨询服务、人才培养、对台交流合作等方面采取切实有效的措施,服务海西发展。2010年,《国务院关于支持福建省加快建设海峡西岸经济区的若干意见》公布后,厦门大学又进一步完善了《服务海西行动计划》,从组建产业平台、输送人才等各个方面,进一步出台了一系列符合海西地区发展特点、发挥海西区位优势的政策措施。近几年来,厦门大学培养了一大批高层次人才,产出了一系列高水平的科研成果和决策咨询报告,在服务海西方面作出了积极的贡献。由厦门大学、辅仁大学和厦门银行股份有限公司联合主办的"海西金融、旅游、消费信心指数调查"就是厦门大学充分发挥经济、统计等学科优势,通过对消费者信心的度量使我们能更加及时地了解消费者对当前经济形势的评价以及对经济前景、收入水平、收入预期等的估量以及消费者的心理状态等,为海西发展新思路的制定、新举措的实施提供有价值的参考。

潘懋元教授认为:"教学是基本职能,科研是重要职能,社会服务是必要职能。"[①]但在具体实践中,不同类型的大学对三个职能还是有所侧重的。高水平大学的服务更多体现在用自己的科学技术研究成果直接服务社会,高等职业技术学院的服务职能更多体现在为社会培养大量的劳动技术人才。大学为社会服务的职能是为了满足和适应社会发展的需要,但值得注意的是,现在越来越多的大学服务社会的目的是为了满足自身建设的需要,因此带有很强的功利性。把大学当成是一种社会工具和经济工具的做法,势必使大学失去其在社会服务中的核心价值和象征意义。在我看来,大学通过教学和科研,培养大量人才,创造新的知识,最后把成果回报给社会,这才是社会需要的,是大学服务社会的最终目的。单纯为了盈利才去服务社会,绝对不是大学服务社会的目的。

需要注意的是,大学的经济服务职能主要体现在培养高素质人才和科技创新上,而不是直接介入经济领域从事商品交易。陈文琪认为:"大学要为经济服务,但不能成为经济的附庸,防止商业化;大学要为科技服务,但不

---

① 潘懋元.新编高等教育学[M].北京:北京师范大学出版社,2009.

能为实用而科学,防止功利化。"①

  《国家中长期教育改革和发展规划纲要(2010—2020年)》对大学服务社会提出明确要求:"高校要牢固树立主动为社会服务的意识,全方位开展服务。推进产学研用结合,加快科技成果转化;开展科学普及工作,提高公众科学素质和人文素质,积极推进文化传播,弘扬优秀传统文化,发展先进文化;积极参与决策咨询,充分发挥智囊团、思想库作用。鼓励师生开展志愿服务。"正像我在新闻发布会上所说的:这次"2012年第三季度海西金融、旅游、消费信心指数"的发布,是厦门大学积极开展校企合作的又一次有益探索,是大学服务海峡西岸经济区的具体行动。

  也许,这就是大学的社会责任。

(2012年10月25日,写于厦门大学)

---

① 陈文琪. 对大学社会服务职能的几点思考[J]. 学园,2011(3).

科学研究与协同创新

教育部和财政部共同研究制定了"高等学校创新能力提升计划"(即"2011"计划),并于2012年3月颁布实施,其目的是高校要在积极提升原始创新、集成创新和引进消化吸收再创新能力的同时,"积极推动协同创新"①。高等学校作为知识创新的主体,在国家创新体系建设中处于核心地位,在与技术创新主体企业之间加强产学研结合方面,需要取得全面性的突破。按照"2011计划"的目标,未来,国内一批高校将从重大前瞻性科学问题、行业产业共性技术问题、区域经济与社会发展的关键问题以及文化传承创新的突出问题出发,充分发挥高校多学科、多功能的综合优势,联合国内外各类创新力量,建立一批协同创新平台,形成"多元、融合、动态、持续"的协同创新模式与机制,培养大批拔尖创新人才,逐步成为具有国际重大影响的学术高地、行业产业共性技术的研发基地和区域创新发展的引领阵地,在国家创新体系建设中发挥重要作用。这一目标,令人鼓舞。

"协同创新"是一种新的理念和机制。我关注的是地方院校如何利用这一模式,建立适合地方院校的协同创新机制,为地方经济社会的发展服务。

协同创新即"由自我激励的人员所组成的网络小组形成集体愿景,借助网络交流思路、信息及工作状况,合作实现共同的目标"(Peter Gloor,1975)。在今天,协同创新就是通过国家意志的引导和机制安排,促进企业、大学、研究机构发挥各自的能力优势,整合资源,实现各方的优势互补,加速技术推广应用和产业化。协作开展产业技术创新和科技成果产业化活动,是当今科技创新的新范式。厦门大学副校长邬大光教授认为:"目前,我国科研系统主要由高校科研机构、科研院所、企业科研机构三大部门构成。这三个科

---

① 胡锦涛.在庆祝清华大学建校100周年大会上的讲话[N].人民日报,2011-04-25.

研子系统各自独立运行,长期处于'封闭'状态,因此基础研究、基础应用研究、开发研究没有形成一个完整的链条,导致我国科技创新能力不强。协同创新正是破解这个困局,实现科技创新的重要机制。通过协同创新,使现有的科研子系统在充分发挥各自比较优势的基础上,共享资源、整合资源,从而达到科技创新的目的。"①

协同创新的特点是,创新主体有创新的能力、统一的目标或意愿、政策资金的支持、便于沟通的机制、信息共享的平台、收益的预期或考虑等。协同创新的本质属性是"一种重要的管理创新"②,在一定程度上,协同创新是解决科技资源分散和科技创新实体间彼此封闭的重要手段,是各个创新要素的整合以及创新资源在系统内的无障碍流动,是以知识增值为核心,以高校、政府、企业为创新主体的价值创造过程。可见,在产学研合作中,创新的主体主要包括高校、科研院所、企业、政府,在这些要素协同作用的基础上,以知识增值为核心,所进行的创新活动,即为产学研协同创新。

有人认为,"2011 计划"的实施主体是部分高水平大学,与地方院校关系不大。我认为,作为一种创新机制和理念,这一计划对不同层次的高校都有启示。在我国的 2000 多所高等院校中,大多数院校都以培养应用型人才、以服务地方经济社会发展为目标。"2011 计划"推动高等学校转变服务方式,构建多元化成果转化与辐射模式,带动区域产业结构调整和新兴产业发展,为地方政府决策提供战略咨询服务,在区域创新发展中发挥骨干作用,具有重要的战略意义。

我认为,地方院校在服务地方经济社会发展过程中,针对地方经济建设和产业发展可以从以下几个方面进行探索。

首先,建立产学联盟机制。产学联盟、校企协同是高校和企业实现资源优势整合的一种有效方式。学校应与相关企业建立合作机制,推进校企协同,构建产业研究与技术推广的产学联盟。一是学科研究项目、实验室和基地合作。学校充分利用现有大型仪器设备资源,构建开放共享平台,联合企业专业技术人员共同参与技术研发,就企业技术革新、新产品开发、营销战略开展联合攻关;企业利用产业优势为学校提供学生实习岗位、场所、设备和资金资助。二是人才培养合作。建立办学结合行业需求、教学资源结合行业资源、学校培养结合企业培养的校企合作办学模式。三是师资队伍建

---

① 邬大光.增强科研能力推动协同创新[N].中国教育报,2011-05-07(2).
② 陈劲,阳银娟.协同创新的理论基础与内涵[J].科学学研究,2012(2).

设合作。学校每年派专业教师到企业挂职,全面了解企业的新工艺、新技术,提高教师的专业技能。另外,学校积极为企业培训员工,提高员工素质。

其次,多学科交叉融合。根据区域经济社会发展和区域产业体系发展的方向,加大校内学科、人才的协同,发挥多学科优势,提高集成创新能力,是实施地方高校协同创新的前提。地方产业集群催生学科集群的发展,而学科集群的形成、发展都是以产业集群中企业的需求为依据,以为企业提供高水平服务为目标。学校要根据地方的主导产业和支柱产业,实施学科专业整合,对校内的相关学科专业进行资源整合,形成科学专业群,发挥专业群的作用;实施平台整合,将与产业相关的重点实验室进行整合,实施共建共享,通过重新安排学科布局,整合实验室资源,围绕产业着力发挥协同创新优势;实施人员整合,根据研究方向和个人专长,组建相关产业研发中心。

再次,加强校校、校所合作。地方高校实施"走出去"战略,是弥补教育资源不足、增强竞争优势、提升办学水平的重要途径。加强与国外相关大学的合作,吸收更多的新技术,以提升自己的科技水平,以更高的起点、更优的服务、更强的技术与地方企业对接,更好地服务地方经济。同时,加强校所合作,开展地方高校与科研院所的深度合作,着力搭建地方产业发展高端需求与科研院所科研成果对接的平台,利用科研院所的技术优势,合作解决技术、经济、社会、生态等方面的难题,促进研发成果的推广与产业化。

最后,地方高校与区域经济融合。地方高校的特色与优势主要是服务地方经济,为地方经济社会发展作贡献。地方高校应立足地方,了解地方经济发展需求,建立与地方(区域)经济相融合的学科专业、科研团队等。有人认为"地方高校先天有着与地方经济融合的优势,在某些领域形成了自身的特色"①。但是地方高校服务地方经济的深度与广度还不够,往往是单个高校与企业进行产学研合作,因此有必要加强地方高校与区域经济融合的协同创新。

地方院校立足区域经济社会发展的需求,突破内外部体制机制壁垒,大力加强校企协同、校校协同、校地协同和校所协同,实施协同创新计划,走特色发展之路,对于大力提升高等学校的创新能力,推进高等教育内涵式发展,具有十分重要的意义。

(2012年11月12日,写于厦门大学)

---

① 李道先.协同创新视角下地方高校产学研合作的实现途径[J].高等教育管理,2012(6).

大众化与高等教育质量

大众化背景下的高等教育质量已是讨论多年的热门话题。

2012年11月8日,参加邬大光副校长主持的、高等教育学博士生参加的学术沙龙。这次沙龙的主题是参加第14届全国"大学教育思想"研讨会的汇报会。

"大学教育思想"研讨会由华中科技大学、湖南大学、南京航空航天大学联合发起,由三校轮流举办,每两年一届。今年由湖南大学承办,会议的主题为"大众化背景下的高等教育质量与保障"。"大学教育思想"研讨会从1986年11月三校发起开始,至今已经举办14届了。我认为,这是国内开展得最好的关于高等教育的学术活动之一。每届一个主题,第一届是"传统教育思想和现代教育思想"。我参加了其中的两届,本届由于时间冲突,没能参加,听听与会者的汇报,也算是间接参加了会议。本届的主题为"大众化背景下的高等教育质量与保障",下设四个分主题,分别为高等教育质量理论、高等教育质量管理与保障、高等教育质量评价的理论与实践、高等教育质量与保障的国际比较。根据与会者的汇报和参看的会议材料,我认为本届会议有几个学者的学术观点有些新意。

邬大光教授首次提出的"高等教育质量底线"问题,很有新意。这段时间,我们经常在一起,他就这一话题跟我讨论过多次,他认为高等教育质量,应是一个具有明确指向性的概念,即人才培养的质量。人才培养质量是高等教育质量的根本和基石。大学之所以为大学,就是因为学生的存在;没有学生的质量,就没有大学的质量;没有人才培养的质量,其他的质量既无法实现也没有真正的意义。高等教育质量没有上线,但是却有一个底线;办学成本与质量问题是两个黑洞问题;传统上探讨教育质量主要是从标准与保障的维度,理想与操作的维度进行。除此之外,还可以从上线与下线的维度来认识和理解质量,教育质量问题实际上是一个质量下线问题。其实,我认为,他提的"高等教育质量底线"问题与我研究的"高等教育生态承载力"问题有相通之处。邬大光教授长期从事高等教育研究,并将研究成果应用于大学的管理实践,他的观点既有理论性,也具有实践性,因此在国内高等教育界颇具影响力。

作为地方院校代表的湖南理工学院,结合本校经验提出"地方本科院校基于协同治理的人才培养质量保障体系",并认为:协同治理实质上是一种合作管理,强调的是人才培养质量各利益相关方的协作,在学校外部,表现为政府、社会用人单位、学生家长与学校之间的协作;在学校内部,表现为教学、科研与社会服务协同互补。该校提出"一二三四六"运行模式。一即一条主线:质量标准;二即两个抓手:常规督导与专项评估;三即三个环节:目标、过程与反馈;四即四支队伍:教学督导、教学管理、教研室主任、学生信息员;六即六项制度:评价、改革、建设等制度。这类报告,属于传统型的做法,行政性的总结,有一定的实践经验借鉴。

华中科技大学张应强教授提出"从完善大学制度来抓高教质量",他认为:传统上我们的大学改革采用的是打补丁式的改革模式,就像在衣服上打补丁一样;好的大学制度下,好校长是大批产生的;不好的大学制度下则是个别产生的。他的观点描述了一个事实,讲述了一个大家共知但面对它又十分无奈的话题。

据转述,会上湖南大学唐松林教授提出的"在媚俗边缘:不能承受的大学生命之轻",独辟蹊径,引起与会者高度关注。他从教师的角度论高等教育的质量与保障,从哲学的角度出发,认为"我"就是质量,质量就是"我",肯定了教师在高等教育质量保障中的重要地位。目前大学面临的质量问题在于,教师在大学中失去了"本我"应有的教学职能。他指出,要提升高等教育质量,教师应该回归内心,使教学与科研共同前进。他的观点新在揭示了"我"在质量中的价值。

我记得,我2001年参加在华中科技大学举办的"21世纪中国高等教育质量及其保障"研讨会,会议围绕"大学扩招后的质量问题"开展了热烈讨论。就在这次会议上潘懋元教授提出高等教育大众化背景下多元化质量标准的观点,即高等教育大众化的前提是多样化,多样化的高等教育应该有各自的培养目标和规格,各自的特点和社会适应面,从而也应当有各自的教育质量标准。时间一晃过了11年,现在仍然围绕"大众化背景下的高等教育质量与保障"进行讨论,主题差不多,但内涵不一样。那时,中国大学刚刚扩招,对高等教育质量问题存在很多模糊不清的认识,需要加以明晰。而今,中国高等教育大众化道路走过了十多年,再一次讨论高等教育质量问题,仍然存在很多问题,需要进一步从思想上、理论上厘清。

在本次沙龙上,我强调,中国大学高等教育质量问题,核心是人才培养质量问题,关键是教学质量问题;突破传统体制瓶颈,建立现代大学制度是高等教育质量提升的重要途径;先进的大学教育理念对于学校的创新发展固然重要,但再好的教育理念也需要良好的制度保障。大学质量保障要重在内部质量保障,经过不断的探索,在大学内部建设具有特色的、有效运行的内部质量保障体系将成为大学管理者的重任之一。我在2004年出版的《高等教育大众化与质量保障》专著中,提出关于高等教育大众化背景下的教育质量与保障系列理论和实践问题,并通过在广西师范大学的教学管理实践,构建了地方高等学校教学质量保障体系,取得了实际的成效,在2005年获得高等教育教学成果国家级二等奖,这项成果的获奖,在客观上也是对所建立的地方高等学校教学质量保障体系的认可。时至今日,广西师范大学仍然应用当时所建构的教学质量保障体系,充分发挥着它的效能。

实际上,在理论上探索中国高等教育质量问题是有必要的,但更重要的是在实践中摸索出一套行之有效的管理机制,这比提出一系列高深的理论更有实践价值。中国大学需要理论家,更需要一大批实践的探索者。

(2012年11月10日,写于厦门大学)

专业结构调整与建设

中国大学的专业设置又开始新的一轮变革了。

日前,教育部颁布《普通高等学校本科专业目录(2012年)》,新目录中,分设哲学、经济学、法学、教育学、文学、历史学、理学、工学、农学、医学、管理学、艺术学12个学科门类,新增了艺术学学科门类;专业类由原来的73个增至92个;专业由原来的635种调减至506种,其中分为基本专业(352种)和特设专业(154种),并确定了62种专业为国家控制布点专业。这是第四次本科专业目录修订了。前三次分别是:1987年,修订后的专业种数由1300多种调减到671种,解决了"文化大革命"所造成的专业设置混乱的局面,专业名称和专业内涵得到整理和规范;1993年,修订后的专业种数为504种,重点解决专业归并和总体优化的问题,形成了体系完整、统一规范、比较科学合理的本科专业目录;1998年,第三次修订使本科专业目录的学科门类达到11个,专业类71个,专业种数由504种调减到249种,力图改变过去过分强调"专业对口"的教育观念和模式。

2012年11月12日,厦门大学召开"专业调整工作会议",参加会议的有涉及专业调整的部分学院负责人。厦门大学这次部分专业结构的调整工作,是根据教育部颁布的《普通高等学校本科专业目录(2012年)》进行的,新目录和新规定的印发实施,是关系到高等教育改革与发展的一项基础性、全局性、战略性举措,关系到教育资源的配置和优化,对于提高人才培养质量、促进高等教育与经济社会的紧密结合,都具有十分重要的意义。学校对该项工作特别重视。尽管如此,在讨论中,来自各个专业的专家意见还是很大。

在广西师范大学和广西师范学院工作期间,我一直从事和分管教学工作,也亲历我国前三次的专业调整,有很深的感受。我认为,我国本科专业结构调整是高等教育适应新的社会经济发展的一种体现,虽然已经进行了多次,但仍然解决不了专业设置和社会经济发展不相适应,或者说专业调整不能及时反映社会经济发展变化的情况。比如,专业设置与具体职业产品对齐,造成人才培养的适应面狭窄,弹性不足;专业建设机制不完善,虽然大学也存在根据社会需要进行自身调节的专业建设机制,但它是自上而下进行的,很大程度上受控于教育行政机构,从管理角度看,它是一个被动的机制,大学扮演一个执行者的角色,只能以突破专业的界限另外设置专业方向、课程模块进行人才培养的探索;专业设置缺乏一定的机动性,专业一旦设定,经过几年的建设就形成了属于这个专业的教学条件、教师团队、管理机制等,已经设定的专业事实上很难根据社会需要及时改动。

我认为,大学作为专业结构调整与专业建设的具体组织者、实施者,在专业调整和建设中,应该处理好以下几个问题。

一是大学分类开展专业建设问题。专业建设应该根据大学的不同类型分类开展建设,"985""211"大学应积极探索新兴、边缘、交叉学科及专业的建设和发展,同时重视基础学科专业的建设;地方高校,特别是新建本科院校要紧密结合地方经济建设发展需要,以为区域经济建设输送应用型人才为目标,合理调整和配置教育资源,加强应用型学科专业建设,设置主要面向地方支柱产业、服务业的应用型学科专业,或自主设置一定的能促进自身可持续发展的特色专业。要强调专业的分类建设和发展。

二是优势、特色专业建设问题。王先俊教授认为,优势、特色专业一般具有以下特征:占据本学科发展前沿,研究成果和所培养的人才对国家和地方经济、社会发展有重要意义;师资力量雄厚、办学条件优越;有良好的社会声誉和广阔的发展前景。[①] 因此,一所大学的核心竞争力很大程度体现在本校的特色专业(学科)上,所以,大学在对现有专业进行调整、建设时,特别要考虑优势专业、特色专业的培育和建设。

三是专业和学科建设问题。学科建设是大学的龙头,一流学科,才能培养一流的学者;学科水平决定一所大学的水平。学科建设为专业建设提供坚实的基础,专业建设又为学科建设提供广阔的空间,两者相互促进、相辅相成。一个学校的优势学科、特色学科一般也是优势专业和特色专业所在。因此,必须把学科建设与专业建设统一起来,两者不能偏废。另外,专业结

---

① 王先俊.论高校专业结构调整与专业建设[J].安徽师范大学学报:人文社科版,2002(4).

构调整也要与学科整合联系起来,努力从优势学科、特色学科群中衍生出优势专业和特色专业群。

四是应用型专业建设问题。随着市场经济的建设和发展,对应用型人才的旺盛需求客观上促进了应用型专业的发展。应用学科是以解决社会实际问题为研究对象的,例如:工程类、管理类、设计类等。目前大学对应用型专业的举办也有着强烈的主观需要,也与学校的生存发展密切相连,社会需求量大的专业,生源、就业有保证。但是,大学是实现科技创新的重要阵地,要真正发挥高校在科技创新中的作用,成为"知识中心",确保其在基础研究中的优势是非常重要的。因此,在专业建设中,在发展应用型专业的同时,也要确保基础学科专业建设力度。

五是传统专业的改造问题。在专业体系中对那些有多年历史的老专业要采取改造和保护相结合的办法,所谓"老专业"往往是一些基础学科专业,这些专业虽然应用性不强,但又是其他学科专业的基础,可通过调整层次和规模,做到少而精;可通过更新教学内容、改革课程体系,使传统学科专业呈现出新的面貌,焕发出新的生机。

我想,专业结构调整和专业建设是一项长期性的工作,有些问题也需要进一步改革,比如专业设置自主权问题,专业设置与职业变动的对应性问题,专业口径宽与窄问题,等等,这一切都需要通过长期实践和不断改革,才能找到合理答案。希望这次本科专业目录的调整更加有利于高校专业调整与地方社会经济建设相结合。

(2012 年 11 月 16 日,写于厦门大学)

三、大学文化

大学咖啡书店

  大学之区别,主要不在于校舍和设备,而在于她的历史与文化。一所大学能留给后人的只有两样东西:大学精神和建筑,但只有精神才是永恒的、可传承的。

大学的人文教育

——与研究生谈"学问之道"

大学的人文教育与素质教育密不可分。

这些年,我们经常讲到素质教育,无论大学还是基础教育都言必称"素质教育",以至于将从事的正常教育都要挂上一块素质教育的牌匾,这是对素质教育理解的偏差。其实,我理解素质教育更多是一种教育理念,而非一种教育类别。另外,谈到素质,必然涉及另外一个概念,就是素养,素质与素养是不同的两个概念。素养是"一个人面对问题时的视野和底蕴",它包括文化、道德、政治、专业等素养,属于大文化的范畴,对认识过程、思考过程、决策过程起作用;素养是一种"知识力量",一个人文化底蕴丰厚,理论知识和实践经验丰富,必将变得更强大。素质是"一个人自发的行为规范",并由此可以推知,素质与具体人的行为、行动,亦即其人如何为人、处事相关联,因此,素质是个体已经形成的、稳定的,一般不受思维、不受外在条件所左右的一种存在;素质是一种"人格力量",是将被其行动证实的力量,比如,意志坚定、为人正直、行为高尚等。

素养的培养,属于知识传授的范畴,是培养对象对知识信息的接收和加工的过程,可以通过第一课堂、第二课堂、专家论坛和各种文化传播形式等来实现。素质的培养,主要通过良好的社会风尚和育人环境的长期影响与潜移默化来实现,包括优良校风的熏陶和传承,优秀教师的言传身教,个体自身对人生价值实现过程不同阶段的积极体验、社团活动中同学的相互交往与砥砺,总之,素质要在实践中锻炼培养。

大学的人文教育与素质的培养,我认为可以从以下"六气"着手,即文气、正气、才气、大气、锐气、朝气。

文　气

文气是一个人内在的文化底蕴、外在的儒雅气质的自然显露。这种气质是一种自然的外露，不用说话，给人的感觉就是你这个人是读书人，即古人所说的"腹有诗书气自华"。文气来自于多读书、多思考、多观察。

多读书。古时候，对读书人的评价是很高的，"万般皆下品，唯有读书高"，"书中自有黄金屋，书中自有颜如玉"，等等，当然古时候，只有通过读书才有资格参加科举考试，才有可能求功名，才有可能进入主流社会，从而实现自己的理想抱负，所谓学而优则仕。

现代社会从理论上可以说人人都是读书人，但是，读书的多少和读书的品位决定了一个人的厚度和高度。因此，同样是读书人，养成的品格千差万别。古人说：开卷有益；现在看来，不见得，那要看你开什么卷。开卷文学、美学方面的书籍，可以间接地体验人生、了解生活，培养审美能力，提升鉴赏品位，增强心灵感悟，丰富精神生活。这方面可读的书实在太多了，中国古代的、现代的，尤其是文化经典可谓数不胜数。开卷社会、历史方面的书籍，有助于了解社会现状、历史发展的脉络，从而获得为人处世的经验和智慧，由此，可以让我们更好地把握自己生活的时空环境，定位好自我，可以让我们抛弃眼前的功利，养成大视野、大格局和大气度。开卷哲学、心理学方面的书籍，哲学是门"无用之学"，哲学本身不是一种工具性的东西，不能帮助我们解决具体问题，但哲学培养的是一种思考能力和看问题的角度，是一种情怀，教人怎么思考，怎么安身立命；心理学将帮助我们构建良好的心理体系、培养良好的心理素质和个性品质。因此，哲学和心理学有助于人生的自我启蒙和自我激励，提升人生价值观、社会历史观和人文关怀的层次。开卷《厚黑学》之类的成功学书籍，也许你将会成为官道仕途中的高手，但是否能保持做人的底线和高尚的品质，还得靠你的人格修炼。我一直主张年轻人千万不要相信市场流行的所谓成功学书籍，那不是心灵鸡汤，而是鸡精，食之有味，绝无营养，试想如果作者所言本身有用的话，他还在这里靠卖书为生吗？开卷专业书，那是一个人事业的根本，是一个人在专业领域的深度，它是引领一个人走向专业高峰的基石。当然一个人一生要读的书很多，不管是文科还是理工科，丰富的人文知识、高超的文化艺术修养将对事业的发展和生活的丰富极有帮助。读书本身就是一件十分美好的事情，有人说过：

你能安静地在那里读书就是一种幸福。

多思考。如何思考？法国哲学家笛卡儿说：我思，故我在。这话并非是平时所理解的"我思考，故我存在！"对这句话比较权威的解释是："我无法否认自己的存在，因为当我否认、怀疑时，我就已经存在！"思考，能给人以启迪，给人以智慧。也许，我们会在生活中，思考以下问题：我为什么读书？上大学的目的是什么？这些年过去我的价值是否得到了提升？我最近在忙些什么？这些是否与我的大目标一致？……这些问题常在脑海里，思考着，追问着，你就将常常得到一些启迪，也会明确下一步的目标和方向。因此，在我们的日常生活中，应该留给自己独立的空间进行思考！给自己留白，就像一幅艺术作品会在适当的地方、适当的空间留白。国画中常用一些空白来表现画面中需要的水、云雾、风等景象，比直接用颜色来渲染表达更含蓄内敛，更加富有想象空间，这就是"留白"的魅力所在，留白是一种智慧，也是一种境界。现代社会人们太忙，忙得常常忘记自己，忘记自己的目标，忙得忘记出发的目的和生活的意义，忙得没有思考的空间，忙得下一步干什么都忘记了。在你生活的空白处，要常常仰望星空，星空昭示着永恒、博大、静谧、平安，你会在仰望星空中回忆过去，思考人生，展望未来。苏格拉底说过：未经省察的人生没有价值。思考，不需要特别的刻意安排，只需要一杯清茶、一段时光、宁静平和，你必将有所收获。

多观察。观察任何人都会，任何人都在观察，但只观察，不分析，那就只知其表，不知其缘。我们观察的出发点在于不但要知道表面现象，而且要知道内在缘由，这样才会有所得。观察和观察法不是一回事，观察法是根据一定的研究目的、研究提纲或观察表，用自己的感官和辅助工具直接观察被研究对象，从而获得资料的一种方法，它是上升到一定理性分析的阶段；而观察是对观察对象的一种感性的观察分析，从而有所得。《大学》里的"格物致知"，就是穷究事物的原理法则而总结为理性知识。朱熹认为，"致知在格物者，言欲尽吾之知，在即物而穷其理也。推极吾之知识，欲其所知无不尽也；穷至事物之理，欲其极处无不到也。"即格物就是即物穷理，凡事都要弄个明白；致知，即做个真正的明白人。我想，这与我们主张的多观察的意思是一致的。

另外，学习、工作的地方不一定是自己的家乡，为了尽快适应新的环境，就应该多了解当地的本土文化，了解当地的民俗乡情，了解当地的历史和人物。一个连当地的历史人文都不了解的人，说他如何爱这片土地，谁都不会相信。就我们而言，外省来的同学，我建议在三年研究生学习期间，对广西，特别是对南宁的历史、文化、人物、风土人情等要有所了解，这些虽然不是要求必学的专业知识，但所养成的学习习惯对学生一辈子都有用。

正 气

孟子曰："吾善养吾浩然之气。"浩然之气，就是刚正之气，就是人间正气，是大义大德造就一身正气。孟子认为，一个人有了浩然之气，就能达到"富贵不能淫，贫贱不能移，威武不能屈"的精神境界。大学就要有这种正气，不媚俗、能引领社会发展潮流；大学不应脱离社会、孤芳自赏，而应当"与社会保持接触"。

大学、学者和学生的正气，很大程度上表现在学术道德和社会责任。学术道德是大学、学者和学生的生命线，如果连学术道德都没有了，那就什么都没有了。当今大学的诸多乱象令人扼腕：抄袭剽窃他人成果，伪造篡改实验数据，随意侵占他人科研成果，编造虚假简历，学术论文质量降低和育人不负责任，学术评审和项目申报中夸大个人利益，过分追求名利助长浮躁之风，等等，这些乱象令代表着社会良知的大学和学者光环尽失。

这些年围绕学术腐败、学术规范、学术道德、学术诚信等出现了太多的问题，"知之为知之，不知为不知，是知也。"现在这个社会环境，由于种种问题和诱惑，致使一些人无法坚持这个简单的常识，失去了作为学者的基本资格。学术腐败产生的根源在于学者的个人学术道德问题，是个人的主观原因。不弄虚作假，不抄袭剽窃，这是学术伦理的基本原则，遵循学术道德，坚守学术伦理，是一个学者为学的底线。学术道德也是学者与学术共同体的信用基础，如果这个信用基础被打破，那么将无法构建学者与学术联系的基本框架。在一所大学里，学者、学科、学术、学风、学生等"五学"要素构成了大学：学者是立校之本；学科是学者开展学术活动的主要平台和空间；学术是学者创造知识、传授知识活动的简称；学风是学者学术活动中价值观的体现，反映着学者的治学精神、治学态度和治学原则；学生是在学者的示范、指导下，系统学习知识、技能，成为拥有专业技能的人才，是学者、学科、学术、学风的终极价值体现。"五学"要素之中，各自坚守自己的为师为学之道，才能和谐相生，有机结合，互促互动；反之，就会破坏各要素之间的和谐平衡，就会失去发展空间。其实，需要我们做的并不难，学者、学生坚守学术规范，不弄虚作假,不抄袭剽窃,做学问老老实实,脚踏实地,就会促进大学的学科、学术、学风的和谐发展。正气,是人类社会共同拥有的主流之气,是"象牙塔"生生不息的永恒之气。敢于用正气去呵斥学术中的歪风邪气,这是每一位学术人应有的责任和义务。

当然,浩然之气体现在很多方面,如高尚的道德品质、社会正义的秉持等,其中坚守自己的学术道德是最根本的原则,连自己的职业操守都没法坚守,去谈正气那是一种奢侈。

才 气

才气,是指专业才能和职业能力。专业才能是取得职业岗位的基本要求。有才气才能有底气。底气是做人之根本、根基、根源。底气足,才有真本钱,才有发言权,才有凝聚力。底气的表现形式就是说话的分量、人格的魅力、个人的影响力,就是归属感、信任感。

我们常常说的职业能力,包括三方面要素:一是专业技能,是指掌握一定的专业技术知识,并运用这些知识去解决实践中遇到的专业技术难题的一种能力。在科技日新月异的今天,专业技术知识和扎实全面的技术能力更为重要。二是能力素质,即工作所需的基本能力素质和职业素养,如:智能水平、工作主动性、人际关系等。能力素质是职业素养、能力和知识水平的综合要求,它能表现出一个人的发展能力。三是工作经验,即在工作中不断摸索、总结、积累起来的相关经验,它对一个人的职业发展具有积极的作用。

在大学学习阶段,我们更强调专业技能的培养,通过专业实践,强化专业能力,为未来的工作实践积累知识,储备能量。同时,夯实专业基础,拓宽知识面,参加科研实践,培养自己的创新能力。此外,结合自己的兴趣和爱好,寻找专业方向,确立自己的专业研究目标。总之,修炼才气,增强底气,须立大志,须善实践,须敢成功。

大 气

大气,就是大气度、大胸怀、大气魄、大爱心、大孝心。古人说:"有容乃大,无欲则刚。""己所不欲,勿施于人。"

修炼大气,事业须有大视野。"视野决定事业","登高才能望远"。大学有"五学","五学"中之"两学"是直接产品:学术和学生;制造这些产品的模具是另外"三学":学者、学科和学风。因此,大学之大,乃在于学科之大、学术之大、学生之大、学者之大、学风之大。如何使大学"五学"和谐相生,决定于大学的大视野。大学具有天然的包容性:学科包容,大学的学科包罗万象,有传统基础学科,有跨学科、边缘学科和应用学科等等;学术包容,即包容学术上的各种不同见解,以仁厚的胸怀容纳同学,以宽容的精神对待学术,以谦虚的心灵接纳新知,有"海纳百川"的大气,有团结友爱的胸怀,互以对方为重的风格,容人、容事、容言。

修炼大气,个人须有大胸怀。"一个人胸怀有多大,就能做多大的事业。"大气就是有宽厚博大的胸怀,有小事不计较大事不糊涂的雅量。大气就是让人感觉到你有堂堂正正、坦坦荡荡、信得过靠得住的人格魅力。大气会让你拥有幽兰的清雅、竹子的气节、松树的风格和寒梅的傲骨。大气会让你有大山的浑厚、大海的渊博。要学会包容,大学本身包容各种各样的学者和学生,甚至要为个性和思想方法奇特的学者创造宽松的环境,超越各种形式的禁锢和守旧观念,挑战各种历史理论和权威,进行深刻批判与反思。

华中科技大学林萍华教授曾经提出一个观点,我很赞同。他认为:观察周围人的素质,要很看重他是否"正派"、是否"明白"、是否"积极",这三方面素质高,可以衍生出其他好的素质,这三方面素质高的人一定会具有"大气"之气质。我想这是在人际交往过程中对人进行判断的基本标准,很有道理。

锐　　气

锐气,就是锐利的士气。古人说"锐而不挫",彰显的是不畏困难和挫折的精锐士气。锐气是始终保持向上的进取姿态,始终保持高昂的工作热情和韧劲。有锐气,才能有所作为,有所建树。

强调锐气,要有批判意识。批判意识是大学的一项很重要的功能,大学是知识传递与生产的场所,是新思想的重要发源地。无论追求学术价值,还是探求真理,都应该建立在大学批判责任之上,只有培养批判意识,社会才能进步和发展。批判,即要对社会发展的既定形态,对已有的文化、知识体系,以至人类本身,作不断地反省、质疑与批判,并进行思想文化学术的新的创造。但是,当今大学的唯上唯权,无所不在的功利追求,对人文关怀的漠视,使大学正在丧失其批判责任。大学应该担当起真理、社会公正和道德良心守护神的责任。

有批判,才有创新,创新是不断突破常规,发现或产生某种新颖、独特的有社会价值或个人价值的新事物、新思想的活动。创新能提供新的精神资源、新的思维、新的想象力与创造力。创新的本质是突破,即突破旧的思维定式,旧的常规戒律,这就需要批判性的突破,需要观念上、技术上的突破。大学对学生进行培养和训练的一个重要内容,是培养学生的逆向思维能力,怀疑和批判精神,独立创造的精神和能力,大学应该具备鲁迅所说的"永远的不满足现状,永远的批判和创造精神"。另外,不论是办学定位、学术研究还是人才培养,都需要强调个性化,有个性才能有发展,有个性才能有创造。

不论是批判还是创新,都要建立在脚踏实地、务实求上的基础上。《论语》说的"君子务本,本立而道生",清华精神:行胜于言,讲的都是"务实"。务实包含:诚实、真实、踏实、实在……"务实",在品格上,它是正直的象征;在学习中,它是求真的基石;在工作中,它是务实求效的原则。

朝　气

朝气,是人生活力的表现,是乐观健康的生命哲理、充满情趣的生活状态和蓬勃向上的精神面貌,也就是我们常常说的"阳光心态"。

评价一个人心理健康具有几个指标:生理状态、外部和谐、内部和谐、幸福感受。一是生理状态:一个正常的人其生理状态良好,各种机能正常,运行良好。二是外部和谐:指的是能保持和谐的人际关系,乐于与人交往,有稳定而广泛的人际关系,保持独立而完整的人格,能客观评价自己和别人,宽以待人,友好相处,积极态度多于消极态度;能保持良好的环境适应能力,包括认识环境及处理个人和环境的关系。三是内部和谐:能保持正确的自我意识,接纳自我,能协调与控制情绪,保持良好的心境。四是幸福感受:保持愉快、自信、满足的心情,善于从行动中寻求乐趣,对生活充满希望,情绪稳定,幸福感强。这几项指标是评价一个人心理健康的基本标准,我们从中可以对照一下自己,判断一下自己的心理是否健康。

有健康的心态才会有积极向上的精神动力。人们常说:境由心生。面对同样的顺境或逆境,抱持不同的心态就会有不同的结果,就看在生活中如何对待所处的环境,积极的心态会激发自己乐观进取,逆势而上;消极的心态则会使人看淡人生,消极失意。心理健康的最终目标是保持人格的完整性,培养健全人格,而要实现这一切,必须要求自己永远保持健康向上的蓬勃朝气、奋发进取的顽强意志、科学严谨的治学风格和锲而不舍的学术精神。

我将以上的"六气"总结归纳一下,文气指的是文化素养,正气指的是道德品质,才气指的是专业知识,大气指的是为人处世,锐气指的是进取精神,朝气指的是心理健康。其实,大学的人文教育包含很多方面,这"六气"是基本的素养,需要在人生过程中不断提升和完善。

古希腊哲学家亚里士多德说:把优秀当做一种习惯。我将它延伸一下送给大家:把读书当做一种习惯,把创新当做一种习惯,把尊重当做一种习惯。

(2012 年 3 月 9 日在广西师范学院全校研究生学术大会上的演讲)

大学建筑与大学文化

因为爱大学,所以喜欢大学的建筑。

在厦门大学,无时无刻不被这里的建筑吸引着,你不可能回避厦大建筑对你的影响:厦大人会热情地对你描述这些建筑的故事,你也不可能不对来厦大参访的朋友介绍这"嘉庚风格"的校园。厦大人一直引以为自豪和骄傲的就是冠有"中国最美的大学"之美誉,每年网上都有"最美"中国大学之排行榜,厦门大学每次都稳居前三位,上榜理由是"海塘堤岸,红花绿影,建筑散落海滨之畔,若蓬莱仙境,仿佛珍珠翡翠,镶嵌于鹭岛之西"。

在我去过的国内大学里,其实还有许多美丽的大学,比如:武汉大学居东湖之滨、珞珈山麓,山水相宜,古今相谐;北京大学美在燕园之美,未名湖之秀,建筑之古典朴实;清华大学之水木清华,荷塘月色,穹顶礼堂,大楼群立,显皇家园林之气派;中山大学校园鸟语花香,树影婆娑,尽显南国之风光;等等。这些名校之所以美,其实除了占尽自然名胜之外,大师云集,群英集汇,更是傲人。另外,这些大学的建筑风格也独具特色,要么是承传统中华园林之精妙,要么是中西合璧,要么以西式建筑风格为主。

大学有层次类型之分,但大学的建筑并没有随大学地位而有高低之分,正像大学精神一样,不管什么样的大学都有属于自己的独特气质,这种气质很大程度上反映在她的建筑上。有一些地方大学,虽非顶尖名校,但校园建筑颇具特色,比如南京师范大学江南金陵之风韵、中国海洋大学西洋之风格、苏州大学园林之精巧、深圳大学新式建筑群之气派、广西师范大学王城贡院之古典等等,都给人留下深刻印象。

关于厦大的建筑风格,郑宏博士曾经在《厦门大学建筑文化简论》一文中评价说:"厦门大学的建筑依山面海,中西两种不同风格在这里得到充分的融合。西洋式的红砖骑楼,铺着中国宫殿式的绿色琉璃瓦,掩映在凤凰木、大榕树、白桉树和相思林后的那些古朴的红砖楼,飞檐翘脊,雕梁画栋。每幢楼都有一个富有诗意的名字,群贤、囊萤、映雪、成智、南光、芙蓉等,轻灵中洋溢着浓郁的书卷气息和励志内涵。"这些建筑是由校主陈嘉庚先生设计的,始建于20世纪20年代,具有独特的个人风格,因此人们称其为"嘉庚风格"或者"穿西装戴斗笠"的建筑风格。尽管在几十年前的鲁迅看来厦大建筑"硬是把一排洋房建在沙滩上",但时至今日正是由于这种特性才更显她的建筑魅力。

大学建筑会对大学文化产生深远的影响。

大学的建筑,是大学外在身份的象征,是大学物质和精神文化的积淀,它见证了大学的历史与变迁,也塑造了大学的品位,更传承了大学的精神与理念。法国作家雨果说:"人类没有任何一种重要思想不被建筑艺术写在石头上……人类全部思想,在这本大书和它的纪念碑上都有其光辉的一页。"同时,大学建筑以及所形成的文化,熏陶着在这里学习生活的莘莘学子,无形中影响着他们的人格修养,承载着教化育人的功能。郑宏认为:厦门大学"穿西装戴斗笠"的嘉庚式建筑风格、寓意深刻的校舍命名和积淀历史文化的各种人文建筑,形成了厦门大学极具人文韵味的建筑文化。

我2009年去美国考察了哈佛、耶鲁、普林斯顿、麻省理工、哥伦比亚、宾夕法尼亚、布朗大学等世界著名大学,每到一所大学,对其校园建筑都会萌生很多感慨,除了学校在世界的影响之外,学校的建筑会给人非常深的影响。我到访耶鲁大学时,专门到著名的法学院参访,当时正在上课,在教室的走廊上我观察其"教室"的设计,这里多为开放教室、活动教室,学生随意而坐,教师没有固定的讲台,随意走动,在学生中心授课,不断与学生进行交流。这种教室便于师生交流、学生交流,突出了以"学生为中心"的办学理念。在西方很多大学,不少教室都是这种开放式设计,建筑风格也时刻体现了其办学理念。

大学校园里的雕塑也是一种大学精神的文化体现。

这些年,大学校园建设比较注重具有自身特色的雕塑。厦门大学近年来增加和重修了一批纪念馆和雕塑,重修了校史馆、鲁迅纪念馆、人类博物馆等,校园里有很多雕塑:群贤楼前校主陈嘉庚先生塑像,数学楼前的数学家陈景润塑像,化学化工楼前的化学家刘树杞、卢嘉锡塑像,经济学院前的王亚南校长塑像,还有鲁迅塑像、校长林文庆塑像和"文庆亭",纪念陈敬贤的"敬贤亭",等等。其他名校也一样,清华园中的"闻亭"和闻一多塑像、

"自清亭"和朱自清塑像;北大校园中的蔡元培、李大钊等塑像;武大校园中的张之洞、李达、闻一多、王世杰等塑像;等等。这些纪念馆和雕塑,反映大学的发展历史,也彰显曾经为学校作出卓越贡献的人物,纪念杰出校友,无形中凝练了先师学长们坚韧的奋斗精神、严谨的治学态度、辉煌的学术成就。这些,对学生来说也是一种无声的教育和影响,这些富有纪念意义的雕塑,无声地诉说着大学历史上的感人故事,这些雕像主人的奋斗进取精神,也正是大学精神追求的体现。他们代表着大学的人文气质和大学精神,让身处大学的人时时感觉到大学历史文化的积淀。

大学精神是大学自身存在和发展中形成的具有独特气质的精神形式的文明成果,是长期积淀而成的师生共同的理想追求、文化传统和行为准则。当下,面对大学精神的缺失,社会呼吁着大学精神的回归。然而,许多大学在建筑方面却落入功利性的竞争之中,只注重外在的形象,缺乏大学建筑的内在文化内涵,出现大学之间攀比规模、面积,出现建豪华校门、奢华宾馆等乱象。在大学校园里,当与城市建筑媲美的大楼拔地而起的时候,却忽视甚至摒弃了大学建筑文化的内涵,这势必导致大学文化的缺失,大学精神的失落。邬大光教授说得好:"无论是建筑还是大学,体现的都是一种理念。建筑理念要求任何一个好的建筑都应该是艺术和功能的完美结合,而一个好的大学则是大学理念和大学制度的完美结合。"

大学的精神在一定程度上体现在大学的建筑风格上,大学的建筑就是其大学精神的语言符号,大学建筑文化就是大学精神的升华。

(该文载《中国建设报》,2013-04-08)

大学的咖啡文化

厦门大学校园里有许多间咖啡店,有图书馆里的"凤凰花咖啡屋"、书店的"厦大时光咖啡"、卢嘉锡楼的"咖啡茶座"、管理学院的"映雪咖啡吧"、自钦楼的"湖畔咖啡"、以学生为主的"厦大1921"等。一缕缕咖啡的醇香弥漫在厦大校园里,逐渐形成了富有厦大特色的咖啡文化。工作之余,我几乎到过厦大的所有咖啡店,在店里品尝咖啡,享受咖啡文化带来的愉悦,更多的是在大学校园里品味咖啡文化。

咖啡文化之所以在厦大兴起并发展,恐怕与朱崇实校长提倡的咖啡理念有关,他认为:"咖啡文化是一种平民文化。不管是谁,在咖啡馆里都能够喝上一杯咖啡,它非常大众化,没有贫富贵贱之分;咖啡文化是一种自由文化,在咖啡馆饮用咖啡,不管大家是否认识,都可以坐在一块自由地交谈,探索高深的学术问题,谈论身边发生的大小事情。"我记得香港文化学者李欧梵先生说过:咖啡是中产阶级文化的最佳指标。其实,他们都有道理,没有对错。我想这两者对咖啡的评价,分别是从文化和财富的不同角度进行判断,从文化的角度讲咖啡是知识分子的知识财富,从财富的角度是中产阶级的物质财富。而在大学里,不管是教师还是学生,人们常常用来比较的是知识的涵养度,因此,大学里的价值观与社会生活中的价值观是有一定区别的。

"咖啡"一词源自希腊语"Kaweh",意思是"力量与热情"。在当下,人们越来越爱喝咖啡,不管是在城市里,还是在大学校园里,由此生成的"咖啡文化"充满在城市和生活的每个角落。无论在办公场所,还是在各种社交场合,甚至在家里,都可以品着自己喜欢的咖啡。咖啡逐渐与时尚、现代生活联系在一起,遍布各地的咖啡屋成为人们交谈、听音乐、休息的好地方,咖啡文化逐渐发展为一种新型文化。但是,同样是咖啡文化,大学里的咖啡文化有着不一样的内涵。

大学里的咖啡代表着沟通、交流和成长。

我记得2004年春到德国的洪堡大学考察时,应邀到校园里的教授咖啡屋去品尝咖啡,在这里,只要是大学的教师,随时可以到咖啡屋免费消费。由此,在课间或休息时间,学校相同或不同学科的教师在这里,一边品着咖啡,一边讨论交流着学术动态和自己的见解,在交流和讨论中收获颇丰。当然,学校还有许多以学生为主体的咖啡屋,那是学生讨论交流的地方。当时,我就想,中国的大学何时才会有如此优雅而闲适的咖啡屋?没想到,没过多少年,一缕缕咖啡的醇香就弥漫在中国的大学校园里,而且大学里人们对咖啡的热情也在不断升温。

厦大管理学院的"映雪咖啡吧",是校园里装修较高档、格调较高的一间咖啡屋。不但环境优雅,还专门设置了讨论空间。教师们常常在这里伴着浓郁的咖啡香气,轻松惬意地交谈,交流学科发展,探讨学术问题,碰撞出新的灵感与火花。我去过一次,在这里即使你花钱来消费,也享受不到这里的咖啡,因为,它主要的对象是本学院的教师,也许其格调的"高"就高在这里!

我常常去的是位于群贤楼的"厦大时光"咖啡屋,因为它是开在书店里,其对象当然是买书人和读书人,书店将醇正的咖啡与艺术的空间设计相结合,渲染出满室书香,一堂雅气,为来到此处的每位"书生"提供了一种西方文化的体验。同时,它的醇香在承载90年历史的古老建筑中弥漫着别样的香味。一杯咖啡,一本书,让我对这里情有独钟,这是我最喜欢、最愿意去的地方。

其实,在大学校园里,喝咖啡讲究的似乎不在于味道,而更多的是环境和情调。因此,多数人不愿闭门"独酌",而愿意"对喝""聊喝",也许咖啡屋里一小杯的价钱足够在家里煮上一壶咖啡,但家里缺乏喝咖啡的环境,喝不出味道,而在咖啡屋里可以慢慢地品,细细地尝,读书看报,闲谈阔论。养成了这种喝咖啡的习惯,自觉不自觉地会表现出一种优雅的韵味,一种浪漫情调,一种享受生活的写意感。

位于厦大芙蓉湖畔的"湖畔咖啡"则完全是学生自主经营的咖啡屋,消费群体主要是学生,三三两两的学生在这里聚会、讨论、开会、聊天,甚至做作业、上网等。据了解,"湖畔咖啡"的经营团队以创业的形式培养自己各方面的能力,从采购到经营有一套理念。通过在这里工作,学习有关咖啡的知识,学会制作各色咖啡,也通过在这里待人接物、提供专业服务,学生们学会关于未来就业和创业的知识,因此,这间咖啡屋成为很好的实习基地和成长平台。有一天,我形单影只来到这里,一位老男人的到来,与周边环境相比,自然显得有些突兀。看着学生们忙碌的身影,我想起自己大学时代在校园里做图书馆管理员那段勤工俭学的岁月,正是那段时间的磨炼,对自己后来的成长起到潜移默化的深刻影响。

  人文学院的"人文茶馆"也是我常去的地方,茶馆一半在室内,一半在室外,室内古朴典雅,室外"芳草天涯",坐在室外,或是步下台阶,蓝天碧海,微风拂面,青山绿树,令人心旷神怡。隔壁就是人文学院,喝咖啡的同时,总依稀感觉到当年厦大国学院大师云集的辉煌……"人文茶馆"的确是有些人文的味道!

  我到过图书馆的"凤凰花咖啡屋",在那里读书上网,安静得出奇,连喝咖啡都得小心翼翼;位于美丽上弦场的公共事务学院的"成智咖啡",其广告让你看了就想去品尝:"曾经有一份醇香的咖啡摆在我的面前,但是我没有珍惜,等到了失去的时候才后悔……";"厦大1921"舒服的沙发座椅,悠扬的轻柔音乐,让喝咖啡的人有一种怀旧的感觉。

  "独酌"咖啡的感觉,往往与心情相关。当心情好、情绪佳时,咖啡屋里浪漫的轻音乐、轻柔的钢琴演奏,咖啡的香醇美味像蓝天白云下的阳光,暖心。当心情不好时,随着咖啡浓香的弥漫和浪漫音乐的浸染,随意翻阅身边的书报,你会发现心情渐渐地平静,甚至有一些感动。这,就是咖啡本身的魅力。

  大学咖啡文化,与书香有关。

(该文载《广西日报》,2010-03-22)

校庆与大学文化记忆

大学校庆,愈来愈成为大学的文化盛宴。

2012年11月3日,我代表厦门大学参加上海海洋大学的百年校庆。百载沧桑砥砺、世纪薪火相传。上海海洋大学的百年校庆非常隆重,来的领导也特别多,规格也特别高,有各级领导和海内外校友、师生代表共一万两千余人出席了庆典。上海海洋大学秉承"勤朴忠实"的校训精神,被誉为"中国水产教育的摇篮",也是新中国第一所本科高等水产学府,现已发展成为一所教育体系完备、办学特色鲜明的多科性大学。

自工作以来,我参加过很多次校庆,有母校的,也有代表学校参加的,每参加一次校庆,热热闹闹之后,总生出一些感慨。这次,是代表厦门大学参加,身份有些特别。其实,所有的大学都非常重视校庆活动。大学校庆"蕴涵着学校独有的文化追求,通过梳理大学悠久的办学历史,总结办学经验,开发大学传统,重塑大学文化"①。大学校庆作为学校成立周年纪念仪式活动,通过举行校庆典礼,编写校史、回忆录,举办校史和办学成果展览、各种学术论坛,发表演说、报告,以及组织各种校庆文体活动等,能够宣传大学辉煌的办学历史和成就,展示大学的形象,描绘更加灿烂的未来,增强在校师生的自豪感和使命感,增进校友对母校的认同感和归属感,增加公众对学校的认知度,扩大学校的知名度和美誉度,积蓄学校再创辉煌的力量。

德国学者阿斯曼认为,所谓文化记忆就是一个民族或国家的集体记忆力,所要回答的是"我们是谁"和"我们从哪里来、要到哪里去"的文化认同性问题。任何一种文化,只要它的文化记忆还在发挥作用,就可以得到持续发展。大学自身的文化传统都是以庆典仪式来表达,通过庆典仪式铭记大

---

① 袁广林.大学校庆:文化与形象的再生产[J].教育评论,2011(4).

学的传统,强化大学的价值观,传承大学的精神文脉。因此,校庆是大学文化记忆的重要形式,大学文化通过这种庆典仪式来体现自身的价值,并走向繁荣。徐复铭认为:"离开了对学校办学历程中文化的追寻和总结,校庆是缺少深度的;同样,在追寻和总结学校文化的过程中没有凭借校庆来加以弘扬和培植,也是遗憾的。"

中国最早的一批大学至今已有百年历史。上海海洋大学前身是1912年由著名民族实业家、教育家张謇和著名教育家黄炎培创办的江苏省立水产学校。这些百年老校,先后经历了戊戌变法、辛亥革命、抗日战争、解放战争等许多波澜壮阔的历史变革。中华人民共和国成立后建立的大学,也历经了社会主义改造、院系调整、反"右倾"、大跃进、"文化大革命"、拨乱反正、改革开放和实行社会主义市场经济等的积淀。丰富的历史变迁蕴藏着珍贵的办学经验、文化传统和人文精神,是大学最宝贵的精神财富。大学传统是看不见摸不着的,必须通过一定的形式把它固化起来。举办校庆庆典仪式,可以传颂大学人追求真理、培育英才的动人佳话,总结办学过程中取得的辉煌成就和教训,展示对未来发展的憧憬与追求,使大学文化代代相承,成为大学的文化记忆,师生和校友一生的瞩望。大学通过这些文化记忆建构起自己的身份,促进文化自觉,进而形成文化自为。因此,大学校庆应该成为大学铭记传统、展望未来的重要载体。

一所大学由小变大,由不知名变得知名,需要几代人的不懈努力。那么,大学校庆的主人是谁?是政府官员?学校领导?群体教师?还是广大校友?我认为厦门大学校长朱崇实对厦门大学校庆的表达真正体现了校庆的内涵:"校庆是全校师生接受爱校教育和增强凝聚力的一次集中洗礼;校庆一定是学生的校庆,是为了学生而庆的校庆。"在校庆仪式上,很多学校过度重视形式,缺乏对内涵的表达,这是造成社会上一些议论的原因。南京大学今年110周年庆典可以成为一个典范,没有主席台嘉宾位,"银发校友"全部前排就座,主持人介绍出席庆典嘉宾时,最先介绍的不是领导,而是两位分别在1939年和1944年入学的年龄最长的老校友……"序长不序爵"的接待原则让这场庆典既隆重典雅,又充满浓浓的情谊,像一场盛大的同学会。

大学是一个具有历史延续性的社会组织,校庆作为一种纪念活动是大学发展过程中的一件盛事。校庆的本质是一种组织文化活动,这与大学所追求的学术性相吻合。然而,目前的状况是,在中国高校"此起彼伏"的校庆浪潮中,引起学术界的众多非议。就我国高校校庆的特点而言,让人非议的地方主要表现在:一是校庆次数频繁,周年庆、五年庆、十年庆、百年庆,校庆连年庆;二是形式主义,忽略学校实际情况,盲目追赶潮流,活动轰轰烈烈,反响平平淡淡;三是动机功利,校庆不仅成为学校增加经费的手段,也成了学校领导展示政绩的平台;四是学术性、文化性不足,在校庆过程中过于夸大学校的影响,不注重对学校办学历程和问题的反思。如果校庆举办过于频繁,就失去了其作为"庆典"的本质含义。怎样把一所大学独特的校园文化、精神和历史渗透到每个学生和老师心中,才是最本质、最关键的。

我想,随着时代的进步,人们价值观的变化,大学校庆也应该回归到大学教育的本质:以加强内涵建设为根本,内修文化,外塑形象,既展示大学良好的办学形象,也为未来发展积蓄力量,这才是大学校庆的最高目标。

(2012年11月6日,写于厦门大学)

"厦大时光"读书的日子

读书人,读书是他的本性,爱书是他的天性。

儿时,父亲说过:喜欢读书的人不会变坏。那时,父亲的话就是真理,因而一直遵循父亲的教导,为了"不变坏"而读书!最后成了"读书人"。

读书人,不是天生就与书店结缘,而是读书、找书、买书,没办法不与书店相约。读了几十年书,买了几千本书,走过近百家书店,这辈子算是与书店结了缘。读书的路还在走,"灯火阑珊处"的那一家书店总让我魂牵梦萦、难以释怀。

突然喜欢上一家书店,不需要任何理由。到厦大的第一天,饭后散步,路过书店一头扎进去,直到书店打烊才被"赶"出来。从此,爱上她,再没有头!

"厦大时光"书店是给读书人开的书店。她位于厦门大学融合东西方建筑文化和闽南特色的群贤楼中,具有中西合璧的建筑风格。书店的旁边,有陈嘉庚纪念馆、校史纪念馆、鲁迅纪念馆,因此,"厦大时光"书店开在这里,已经不仅仅是书店,她代表着一种文化,是一个时代的标志,一种读书人的情结。在书店里,陈列着很多关于厦大的书和纪念品,这是一个有着厦大精神创意物品的陈列空间,一个厦大文化传承的载体,还是一个厦大情结的宣泄地。走进书店,你会发现全白色的室内设计,让书店充满了冷静、理性的质感,也许这正是读书和读书人所需要的氛围。

书店里,满屋弥漫着咖啡香味,原来书店的深处就是"厦大时光"咖啡屋,是为"书虫"们专门开设的。一花一世界,一书一咖啡,在优雅的背景音乐中,读一本能和"摩卡"咖啡的苦涩相匹配的经典作品,那样的感觉出神入化、令人自我陶醉。人到中年后,慢慢地觉悟到,经历、阅历,决定了自己的认知;文化、修养,决定了自己的品位。外在的光鲜,往往不会永久,内心的充实,才会厚重丰满。

爱书人总有爱书的表达方式。阿根廷作家博尔赫斯(Jorge Luis Borges),终其一生与书籍为伴,他对书籍充满崇敬热爱之情。在《通天塔图书馆》里,他写道:在书中"人们都觉得自己是一座完整无缺的秘密宝库的主人,任何个人或世界的问题都可以在这里找到有说服力的答案。""人类行将灭绝,而图书馆却会存在下去:青灯孤照,无限无动,藏有珍本,默默无闻,无用而不败坏。"他将书看得神圣至上,将书店和图书馆看成是藏宝库,人类的精神领地:肉体终将消失,而心灵的产物——书——却会永存。正是基于这种理念,"厦大时光"书店的设计风格,不是为卖书人设计的,而是为读书人设计的,为每一个爱书人提供不同既往的触觉体验,抗拒着网络时代对传统阅读的挑战,保持独特的空间立体感、书香的味道、时间连续性等,回归"书"本身应有的功能和价值。

一次,书店打烊的时候,店员走到我身边,悄悄地耳语:先生,时间到了,明天再来吧。我突然回过神来,哦,在书店?而不是在书中神游的世界里。环顾四周,整个书店就剩下自己和店员,这一瞬间,空间里的书全部属于自己!匆匆整理所带的笔记,歉意地向店员点点头,忽然有一种快乐的落荒而逃的感觉,这感觉有多好啊!

从那次以后,我就改变一种方式:不在这家书店买书,而是到书店来读书。要的就是那种读书的感觉和人文的环境。如果没有其他安排,我晚饭后就到书店,要一杯咖啡,坐在一角,一本书一杯咖啡,在这里感知时光的流淌、书中的神游!

在"厦大时光",我将岳南的《南渡北归》三部作品中的后两部读完①。去年夏天,我带领广西学位与研究生教育考察团到台湾的台湾大学、政治大学等五所著名大学访问时,其中台湾清华大学副校长、教务长陈信文教授专门向我介绍岳南是清华的驻校作家,在台湾有相当的影响。我后来就比较关注他的作品,去年我读完他的第一部《南渡》,在"厦大时光"我静心读完后两部《北归》《伤别离》。读书的过程,就是与民国时期的大师们对话的过程,蔡元培、梅贻琦、王国维、梁启超、陈寅恪、钱钟书等,从这些20世纪大师级人物的身上,我看到了什么是思想的高度、人文的影响,也了解到过去很多埋藏于历史深处的人事纠葛、爱恨情仇,这些故事,让我读来有时豁然开

---

① 岳南.南渡北归[M].长沙:湖南文艺出版社,2011.

朗、感慨万分,有时扼腕浩叹、不胜唏嘘。那时,一大批民族脊梁冒着抗战的炮火由中原迁往西南之地,之后再回归中原,最后因政治局势又分隔两岸,这是百年中国知识分子的流亡血泪史。他们后来的政治选择和人生际遇,让我再次感慨历史的无情和现实的无奈。也让我感慨当今为什么不出大师、培养不出创新人才?我试图在这里寻找历史的坐标和文化的启迪。

读完《南渡北归》,看到书架上梁漱溟先生的《中国文化的命运》①,让我想起来厦大前一周回桂林老家休假期间,曾到桂林老乡梁漱溟陵墓前拜谒。这本书是由他的长子梁培宽整理的文稿,其中三分之二是未曾公开出版的遗稿,十分珍贵,我自然要在"厦大时光"里分享先生的思想。梁漱溟有"中国最后一位儒家"之称,是现代著名的思想家、哲学家,是现代新儒学早期代表人物之一,他的思想博大精深。在该书中,梁先生从中西比较的视角,讨论中国文化的根本精神、对中国民族性格的影响,同时比较中西文化异同,对中国和中国文化诸多问题进行思考,其前瞻性和学术高度令人无人企及。关于教育,梁先生也有许多独到之论,想起以前读过的《教育的出路与社会的出路》,他说:"何谓教育的出路?凡一种教育有成效见于社会,因而社会要求发展此教育,教育有其发展之前途者便是。反之,教育没有成效可见,却为社会制造出许多问题来,招致社会的诅咒,要求其改造,那样教育便是无出路的。"试想一下,70多年前这些精辟之论,不正是针对我们当今的教育而言的吗?梁先生自称"是一个有思想,又且本着他的思想而行动的人",梁先生在山东等地从事乡村建设运动,试图通过对中国传统文化的反思和改造,寻找改造和建设中国的路向,他自觉怀抱中国文化使命,是知识分子最为重要的担当。十分感慨的是,当下,在中国文化知识界,梁漱溟那种风骨已经不在,那种思想深度和学术水平又何在?那种"以天下为己任"的担当又何在?进而反问,我们为什么不可以从这些思想大家中再吸取养分,重塑中华文化之辉煌?

每当我给研究生上课谈到个性化教育的时候,我常常会讲到罗家伦,他是一个奇才,1917年考北京大学,胡适批阅罗家伦的作文试卷,给他满分,但数学得0分,最后蔡元培校长拍板破例录取;1919年,他参与组织五四运动,并在5月26日第一次提出"五四运动",沿用至今;1928年8月,时年31岁的罗家伦首任"国立"清华大学校长;1931年,罗家伦接掌"中央"大学。

---

① 梁漱溟.中国文化的命运[M].北京:中信出版社,2010.

读他的《中国人的品格》①，宛如看到一个激情四射的青年领袖，洋溢着激昂、清新明快的气息。他在给青年的演讲中说："强者的哲学，第一是接受生命，接受现实；第二是不倚赖；第三是接受痛苦，而且欢欢乐乐地接受痛苦；第四是勇敢地在危险中过生活；第五是威严的生，正义的怒；第六是殉道的精神。强者能为理想而牺牲，为正义而牺牲，把自己的生命当做历史。只有这样的人愈多，历史才更丰富，更有意义。"在谈到如何看待社会时，他说："在这紊乱的世界，我们不能老是彷徨，长此犹豫，总持着怀疑的心理，享乐的态度；这必定会使生命空虚，由否定生命而至于毁灭生命"，"我们虽然遇着过人之中有坏的，但是不能对于人类无信心；虽然目击强暴，不能对于公理无信心；虽然知道有恶，不能对于善无信心；虽然看见有丑，不能对于美无信心；虽然认识有假，不能对于真无信心。纯洁的信仰，高尚的理想，充分的热忱，是我们改造世界建设笃实光辉的生命的无穷力量！"我想，他书中的许多闪光点即使在今天也不失其社会价值，也许在我们的大学教育里缺失的正是这种精神和思想。读他的书，常常让我心情澎湃、斗志昂扬！

读干春松的《制度化儒家及其解体》②，进一步了解了制度化儒家在西方文明的冲击下，如何逐步失去了对于中国社会的控制力；读陈平原的《大学何为》③，给人深沉的历史感和人文情怀，会让人思考现代大学的精神追求，思索中国大学可能的发展方向；等等。

多年来，繁忙的工作任务，无形的学术压力，无谓的社交应酬，让自己一直马不停蹄地向前走着，缺乏一个人冷静思考的空间，自己常常有心灵荒芜、思想枯竭的危机感。命运有时会给自己思考的机会，来到厦大，找到"厦大时光"，就是这种机会。她让自己在另外一种生存环境中思索，让思想荡漾在书海里，感受人文的关怀和思想的洗礼，吸纳先哲的智慧，丰富自己的思想，冷静地思考下一步方向。虽然谈不上凤凰涅槃，至少在精神境界和人生领悟方面，能在思考中达到升华；在义无反顾、不断追寻中提升了精神品质。

C.C.科尔顿有句名言："有些人为思想而读书——罕见，有些人为写作而读书——常见，有些人为搜集谈资而读书，这些人占读书人的大多数。"我在"厦大时光"读书的日子应该处于"罕见"和"常见"之间，希望自己能达到

---

① 罗家伦.中国人的品格[M].北京：中国工人出版社，2010.
② 干春松.制度化儒家及其解体[M].北京：中国人民大学出版社，2012.
③ 陈平原.大学何为[M].北京：北京大学出版社，2006.

"为思想而读书"的"罕见"境界。

"厦大时光"给了我读书和思考的空间和机缘,心里很是感激。到时,我会将在书店里我读过的书一次打包,纳入我"自然坊"的书架,珍藏这美好的时光!

(该文载《广西日报》,2010-03-29)

校园戏剧与大学校园文化

一次偶发的事件往往会引起对一个现象的思考,我对校园戏剧的关注就是缘于偶然。

2013年10月27日中午接到厦大校长办公室电话,希望我能代表厦大参加当晚在上海话剧艺术中心举行的第三届中国校园戏剧节颁奖典礼。厦门大学人文学院师生创作并演出的青春话剧《日租房》在本次中国校园戏剧节上荣获最高荣誉——"中国戏剧奖·校园戏剧奖",据说这是目前唯一由国家设立的校园戏剧最高奖。学校获此荣誉,我理所当然要完成任务,下午急匆匆乘飞机赶到上海,由上海的厦大校友会直接接到上海话剧艺术中心,在颁奖仪式前10分钟赶到,真是有惊无险!颁奖仪式结束后,还观看了由上海话剧艺术中心奉献的压轴戏——《资本·论》。

对于话剧,我是个外行。我记得最早接触话剧是中学课本中曹禺的《雷雨》,在课本里、课堂上阅读剧本,侧重思想和内容分析,枯燥乏味,对戏剧实在提不起兴趣,几乎变成了"戏盲"。当代的大、中学生接触话剧,大多也只限于课本,应试教育的无奈更使得学生远离舞台艺术,这就犹如"纸上谈兵",学生严重缺乏实践活动。因此,对大多数大学生来说,话剧仍然是远离生活的一种艺术形式。借这次领奖机会,有机会观看、了解和思考这一问题,让我真切感受到,只有进入剧场,才能耳闻目睹、深切感受到话剧艺术的无穷魅力,再加上舞台布景、服装、化妆、灯光、道具、音响等多种艺术手段的运用,让你无法拒绝现场所激发的审美魅力。

从校园戏剧我想到大学校园文化问题。

大学校园文化建设内涵非常丰富,广义来说,它包括校园物质文化、制度文化、行为文化和精神文化等,它反映大学在长期的办学实践中形成的传统、校风、学风、校园文化活动风格、师生的行为方式及其价值观念,是社会大文化系统的亚文化形态。校园文化代表社会精神价值的主流导向,它具有引领性和超前性。校园文化作为大学教育与发展的软实力和熔铸师生创造力、凝聚力的重要平台,已普遍引起高校的重视。对大学的主人——学生而言,校园文化,实际是大学校园内大学生在课余时间所产生的思想、文学、艺术等精神生活,其主体是大学生,是大学生内心世界的展示,也是大学生思想观念的反应。不同的大学,会有不同的文化内涵和精神特质,这是各个大学形成不同特点的重要原因,也是大学校园文化有别于社会其他文化的重要因素。从广义的文化层面来认识,大学的区别,主要在于学校的历史与文化。

校园戏剧是大学校园文化的一种形式。

随着大学教育的多元化发展,校园戏剧愈来愈受到重视。话剧又是大学生十分喜爱和关注的艺术形式之一,校园话剧更是国内各大高校艺术活动的重要组成部分,是大学生提升艺术素养、增强综合素质的重要艺术形式。校园话剧的排演、交流已成为我国各大高校学生艺术活动的一大亮点。

中国戏剧家协会周光认为:"人格健全是当代大学生重要的教育目标,校园戏剧在培养大学生具有健全人格方面起着重要作用。"除此之外,校园戏剧也许还有若干种作用,其中有利于培养学生的审美能力这一点早已形成共识。校园戏剧通过选用大学生熟悉的,又具有一定的思想性、艺术性、观赏性的剧目,以喜闻乐见的表演形式,将大学生吸引到剧场来。通过观赏,大学生会从身边同龄人的表演中感受到话剧艺术的独特魅力,产生心灵震撼。通过潜移默化,进一步激发大学生对话剧艺术的浓厚兴趣,获得深层而丰富的审美享受,进而产生对生活的感悟,心灵和思想受到陶冶,审美境界也会得到升华。比如,厦大选送的节目《日租房》,取材典型的社会现象和校园生活,通过描绘日租房里的生活状态和呈现四种不同人生,探讨了当代大学生在校园与社会的"临界点"上,对事业、家庭和自我三者关系的迷茫、思考和抉择,主创人员由厦大中文系戏剧戏曲学教授陈世雄带领的博士生组成,编剧、导演、制作统筹、音乐创作、形象设计和演员等都是中文系的本科生和研究生。他们熟悉自己的生活,自己表演自己。当然,作为大学生的观众也在观看自己的生活,容易引起共鸣,正如一位学生观众的评价:"《日租房》中关于校园爱情和现实生活,毕业节点上该继续求学还是工作,工作之后又该如何择业,梦想与现实的冲突,一幕幕活生生的画面展现在观众面前,真实而引人深思。"

当然,话剧取材也可以更社会化,比如,这次戏剧节中,上海交通大学的话剧《钱学森》,是根据新中国"两弹一星"元勋钱学森的传奇经历创作的剧目,鲜活地展现了钱学森的爱国之情、求真之志、奉献之情、创新之魂。上海戏剧学院的话剧《国家的孩子》,通过困难时期国家将内地一些孤儿送到内蒙牧区抚养的故事,表达当时全国上下,包括不同民族、不同地域、不同职业的人们,对于生命的珍爱和付出,引发了观众对于生活、对于苦难、对于人性的深入思考。

据悉,本届中国校园戏剧节是由中国文联、教育部、上海市人民政府联合主办,中国戏剧家协会、上海市文联等共同承办,戏剧节设立的"校园戏剧奖"是目前唯一由国家设立的校园戏剧最高奖。本届校园戏剧节共收到包括台湾地区在内的全国各省(区)的90多所高校报送的132个大小剧目,在为期9天的中国校园戏剧节期间,共计上演23台剧目,举办了3场专家戏剧论坛,观众近两万人次,有效地带动了中国大学校园戏剧艺术活动的开展。

厦门大学人文学院自2004年开设戏剧影视文学专业后,掀起了一股学生创作热潮。现在,已经形成了每年一台毕业大戏、一次DV展播、一次纪录片展播、至少一台话剧演出或电影公映的传统,累积了丰硕的成果和丰富的经验,部分成果还获诸多艺术奖项。因此,厦门大学"中文有戏"的演出,在人文学院的推动下,逐渐发展成为在国内大学颇具影响力的校园戏剧活动之一。在大学开展校园戏剧艺术活动,使学生们在参与演出和欣赏戏剧中不断感知和把握话剧的审美形式,理解和想象话剧艺术意境,体验话剧艺术情感,审美能力不断得到完善。

校园戏剧在大学校园文化建设中理应发挥积极的作用,但校园戏剧的发展应与市场化的商业演出有本质的区别,校园戏剧与商业炒作理应保持距离。在大学里,只有鼓励师生作品创新,在创作思想上有所突破和超越,以故事为载体关注到"人"的精神层面,才能真正达到"独立之人格,自由之思想",创作出多元的、创新的校园戏剧来。我认为,这就更需要思想上、制度上的包容!

我想,有一天,在我们的大学校园里,如果戏剧不再是少部分学生的课余活动,而是成为一种生活方式,有更多的学生了解、理解、参与、热爱戏剧,那大学的校园文化和精神追求就会更加丰富多彩。

(该文收录李晓红.《厦门大学中文有戏演出季评论集》,厦门大学出版社,2013年)

在北大看京剧

刚从长春来到北京。

在长春零下30°的环境下整整忙了一周,完成了教育部组织的对吉林华桥外国语学院的教学工作合格评估,试想报到当天从南宁的20°到长春的零下31°,50°的气温变化,那是怎样的一种冰火两重天的感觉。接下来的一周又要参加教育部组织的对四川西昌学院的本科教学工作合格评估。到北京转飞机,一来休息两天,二来可拜访一下在京的几位朋友。

刚巧,朋友弄到了几张12月18号在北大百周年纪念讲堂演出的京剧票,问我是否有兴趣,我自然要去看看。一方面,去北大百周年纪念讲堂听一次讲座或看一场演出是我多年的愿望;另一方面,说来惭愧,我还从来没有看过一场完整的京剧,对中国传统文化的代表戏剧的了解,几乎是空白。

早早地吃了晚饭,在演出之前赶到北大,北大我来过多次,对于这所中国顶尖的大学,心中一直怀着仰慕和崇敬之情。在中国近代史上,众多的文化大师、思想大师在这里留下了他们的足迹,或从这里走出,直接影响着中国的走向。因此,当今文艺界、科技界、学术界,很多大家都以到北大做一次讲座,开一场演出为荣幸。到北大的百周年纪念讲堂做演讲和进行演出更是一种终身荣耀,因为它不仅仅代表水平问题,更代表政治或文化的官方、学界和社会的认同。

在剧场的外面,有今晚演出剧目的介绍展板。其实,来之前我还不知道今晚演的是什么剧目,对我此行而言,内容并不重要,重要的是形式。剧名叫《珠帘寨》,是一出传统戏剧剧目,取材于杂剧《紫泥宣》和《残唐五代史演义》。唐僖宗中和元年,黄巢起义,唐僖宗逃至美良川,派对李克用有恩的程敬思到沙陀李克用处搬兵。李克用曾因失手打死国舅段文楚而受谪贬,因此,李记恨僖宗,不肯发兵。程敬思与李克用的大太保李嗣源商议,知道李克用惧内,遂程去求李夫人刘银屏,串联李的二位夫人挂帅,传令发兵。并反将李克用点为前战先行官,且又故意提早点卯,使李克用误卯,当场几欲正法,以羞抑之。李克用兵行至珠帘寨,遇到寨主周德威挡路,刘银屏激李克用出战,李克用与其比试,不分胜负,又比试箭法,李箭射双雕,周心服归降,成为李克用的第十二太保。这是关于这出戏的内容和背景的基本介绍,我看了几遍都还不是太明白,心里难免有些不踏实。

进场后,观众满座,主要是北大的师生。今晚的演出单位是北京京剧院,演出前该院的副院长向观众致歉,由于主演杜镇杰在演出之前因身体不适住院,无法完成演出任务。演出之前临时换主角是行中的大忌,常言道:戏大于天!院方一再致歉。同时,宣读了杜镇杰致观众的道歉信,在信中杜为自己不能按计划演出一再表示歉意,并极力推荐临时救场的青年京剧老生杨少彭,从他真诚的表达中可以看出他的敬业精神和职业道德,虽然不见其人,但对他的敬意不禁油然而生!杨少彭是著名京剧表演艺术家杨乃彭的儿子,是杨派传人。因此,今晚是京剧老生杨少彭携北京京剧院优秀演员联袂出演传统名剧《珠帘寨》。

随着锣鼓声,演员出场,主演杨少彭(饰李克用),台步雍容,声调浑厚:"威镇沙陀,平定干戈;朝饮宴,夜夜笙歌,宫中多快乐。太白斗酒诗百篇,长安市上酒家眠。摔死国舅段文楚,唐王一怒贬北番。"将李克用被贬沙陀的原因以及现在的状态做了交代,为后面的戏作了铺垫。随着戏的情节逐步推进,我也慢慢地理解故事的情节和内容。该剧前半部分以唱为主,青年老生艺术家杨少彭凭借其浑厚苍劲的嗓音和老到精练的舞台表现征服了全场观众。

李克用的唱段:"传孤将令,二位皇娘挂帅,十一家太保以为前战先行。带领沙陀国四十五万满汉兵将,随孤兴唐灭巢!"掀起了剧中高潮,台下观众高呼:"好!"掌声雷动。"你方唱罢我方登场",佳腔迭现,唱与演相得益彰,引得观众掌声连连。杨少彭开腔便尽显功力,整个借古讽今的唱段行腔收放自如,显得不浮不拙,节节翻高,博得观众满堂喝彩。现场听观众叫"好"声与电视上看叫"好"的感受完全不一样,剧情即心情。

演出中最具趣味性的是李克用与张慧芳扮演的二皇娘之间的夫妻较量,性格果敢倔强的李克用天不怕地不怕,却唯独怕夫人,生活化十足。在二位夫人面前唯唯诺诺的表现,以及李克用自述"惧内"与"要面子"的唱段,可谓笑料百出、惹人捧腹。这也许正体现出京剧的平民化和草根化的发展趋势。因为舞台旁边有电子字幕介绍,一般观众都能理解唱段的意思。

时间过得真快,将近三个小时的演出一晃就过,我一直处在兴奋的情绪状态中。记得过去每年看春晚,一到京剧出场我就转台,其实这是对京剧不了解、不明白也不愿去学习所致。这次的经历证明,只要自己愿意去学、主动去了解,其实可以挖掘出自己的很多潜力,丰富自己的知识结构。人生就是一个不断学习、自我完善的过程。如果少年不学,到了中年,就正如剧中的珠帘寨主周德威所道:"少年英雄志量宏,文韬武略藏在胸。生平未受皇家用,好似明珠坠土中。"

剧幕结束后,一出剧场,刚好遇到北大电视台记者的随机采访,要我谈谈观后感,我没多想就说:"我来自外地,第一次到北大看京剧,感受颇多,京剧在北大演出,这是面向当今大学生传承中国传统文化的很好平台,也是让大学生了解京剧的很好渠道,希望多多举办类似的文化活动。"这不是套话,而是发自内心的一种真情表达。

其实,对我内心而言,我不仅仅是来看一出京剧,更在意的是到北大看京剧,在北大百周年纪念讲堂看一出著名的京剧。其中的感受不在于京剧本身演出水平的高低,而在于自己对中国传统文化的进一步理解和接受。

"燕园冬里迎来梨园春,名剧京韵生辉象牙塔。"一出《珠帘寨》塑造了宏阔的舞台人生,借诙谐幽默展现了人间百态,让观众在欢笑中品味其中的戏、梦与人生。幕终之后,依然余韵悠长,耐人寻味。

记得,严寒的冬夜,在北大看京剧。

(2010年12月18日,于北京紫竹大厦)

八十年代的那一代

20世纪80年代上大学的我们这代人,绝大多数生于60年代,常常被称为"68一代",即60年代出生,80年代上大学。

60年代出生的这代人处在承先启后的时间点,这代人承载了过去年代的部分苦难,又幸运地遇上开放时代。这注定这一代人比任何一代人的内心都复杂,他们在每个人生选择的关键时刻都要经历内心的巨大考验,因为社会在经历巨大的变革和转型,新的思想冲击也是前所未有的。因此,这代人有着特殊的历史痕迹。在我看来,生于60年代,感受了70年代的那种英雄革命主义色彩,但不再盲目信仰,不再大声喧哗;生于60年代,全程经历了始于70年代末的改革开放,是理想兼顾现实的一代,也是初尝了"文化大革命"苦难和亲历了变革的一代。

这代人正好处于50年代人到70年代人中间的一个阶段,扮演着中间桥梁的作用,承载着这两代人之间价值观的差异,能够兼具50年代人的一些价值判断,又比较容易理解70、80年代人随着整个年代变迁所赋予他们的新价值观。

相对其他年代的人而言,时代赋予了我们这代人三个很重要的东西:一是理想,社会经济发展的停滞和政治的动乱,给少年时期的生活带来压力的同时怀揣着创造美好未来的理想主义,具有强烈的参与意识;二是责任,因为承受着生活的压力,所以迫使自己改变,承担责任的意识就更加强烈;三是感恩,正因为经历了苦难,对生活和社会的变化感受就更加强烈一些,对时代能够给自己带来的发展总抱有一种感恩的情怀。因此,我认为,这代人的经历,使其对责任、理想、英雄、改革有着更理性和清醒的认识。

当年,"文化大革命"结束后,高考制度的恢复和科学大会的召开,使成千上万的知识分子和莘莘学子欢欣鼓舞。郭沫若的"科学的春天来到了",

在无数青年人心中播下了希望的种子。在我们求学的年代,华罗庚、陈景润的事迹激励着学子们发愤读书,为了实现"四个现代化"刻苦攻关。我记得,叶剑英元帅的"攻城不怕坚,攻书莫畏难,科学有险阻,苦战能过关"被到处贴在学校和教室的墙上,这几句话代表着老一辈的殷切期望,成为我们那一代人奋发向上的动力。那时,没有人不相信我们的国家会在未来的二十年里,将超英赶美而跻身世界强国之列。我们非常真诚地拥有这种理想和情怀!

生于60年代的我们这一代人,是无奈的又是幸运的:60年代初出生的时候,正在经历或者刚刚经历三年自然灾害,整个国家的经济发展水平几乎处于原始阶段;60年代中后期出生的时候,或当需要读书的时候,赶上了史无前例的无产阶级"文化大革命",我们的少年成长期是被冠以"红小兵"的名义在动乱中度过的。因此,这代人的基础教育是残缺的,或者说是天生不健全的。好在我们也是幸运的,当我们高中毕业时,遇上了能够通过考试上大学的机会,能够用自己的学习成绩和通过辛勤努力争取上大学的机会;上大学基本不缴费,还有维持基本生存的生活补助;我们大学毕业的时候,工作也是由国家统一计划分配的,不用担心没有工作,只是工作单位的区别而已。当我们刚刚工作挣钱不多的时候,住房是单位分配的,只不过空间狭小而已,但还有等的希望。这是一个幸运的时代!

当然,这代人注定会遇到尴尬。当我们工作之初,社会各行各业急需人才,本科毕业已能够算是不错的"人才"了。几年之后,特别是在高校,遇上强调高学历,本科毕业明显不够了,又不得不埋头啃书、赶考挣学位。等拿下硕士学位的时候,才发现硕士已经过时了,回头一看周边全是年轻的有劲没处使的硕士,正如梁实秋先生在《中年》里说的:"忽然觉得一大批一大批的青年小伙子在眼前出现,从前也不知是在什么地方藏着的,如今一齐在你眼前摇晃,磕头碰脑的尽是些昂然阔步满面春风的角色,都像是要去吃喜酒的样子。"这时候自己年龄也不小了,头上偶尔会长出几根白发。如不向前走还真不行,于是又不得不放下"老生"的架子,白天忙着无奈烦琐的工作,晚上还忙着补习英语,攻下学术的制高点——博士。这时候又发现,父母年老多病,头发斑白,急需我们的照顾;小孩也向竹笋一样一天不同一天,当教育他们的时候,突然发现他们讲的自己听不懂,双方不在一个话语体系内,作为父母,如果错过下一代的成长教育期,那更是大错,因此对儿女的教育也一点都不能马虎。这"上有老下有小"的压力迫使我们不得不"吃苦耐劳"。一边承受着生活和工作压力,一边承受着学术负担,终于将博士帽戴到自己头上的时候,忽然发现自己只是个"土鳖"(国内博士),真正吃香的是"海龟"(国外博士)。但,人到中年,已经没有斗志和精力再去国外"博"了。这时候你不得不相信:一代胜过一代,千万不要与下一代去争,这是历史的规律!我的这种经历,代表着我们这代人中相当一部分人职业发展过程中的尴尬和不安。

也许,60年代的人对成功立业的追求表现得比较明显一些,会更强烈一点。常常有要做成一件事情的冲动,做事不讲名利,不计报酬,这是当年绝大多数人的境界。这一点与70、80年代的人相比,可能表现得突出一些,或许,这是当年的理想主义教育在一定程度上发挥着作用。

毫无疑问,80年代是充满理想和激情的一代。从另外一个角度说,60年代出生的我们这一代,或许是理想失落和迷惑的一代。因为,如果说50年代出生的一代是崇高理想或革命浪漫的一代的话,那70年代出生的就是现实或自然主义的一代,唯有在中间的60年代人,生长在高举着崇高理想又随即失落的年代。既不能也不像50年代人那样,雄赳赳地宣称自己虽然壮志未酬,但是"青春无悔",也不能像70年代人那样敢于张扬个性、追求自我。那到底这一代人的"我"在哪里呢?

"68一代"的成长岁月成为一种历史转折的印记,见证着这一群人的存在,而这代人则承担着历史的意义拼命地生长,成为独特的不可替代的一代。当代诗人马策说过:"每一代人都有历史完整性的企图,可又有哪一代人真正寻找到了所谓历史的完整性?而又有哪一代人放弃过宣称他们所处的时代不是大时代?——回忆的理由其实是有一个,而且只有一个:我们,你们和他们,人人都是怀乡的病人。怀乡是集体宿命。而回忆,是忧郁美学的一部分。"①

当年那一首《年轻的朋友来相会》,勾起我们许多美好的回忆,"八十年代的新一辈",如今已经成为头顶日渐稀疏的中年之辈,其中相当一部分人成了时代的经济、社会和文化精英,或者说是中坚力量。其实,对这个阶段的人,梁实秋先生有非常生动的描述:"钟表上的时针是在慢慢地移动着的,移动得如此之慢,使你几乎不感觉到它的移动。人的年纪也是这样的,一年又一年,总有一天你会蓦然一惊,已经到了中年。"

---

① 马策.回忆是一种怀乡病[N].南方都市报,2005-09-19.

30年前我们曾畅想"再过20年我们来相会,那时的山那时的水,那时祖国一定很美,但愿到那时我们再相会,那时的春那时的秋,那时硕果令人心醉",我们当年想象中的生活不知有多么美好。曾经的美妙梦想,如今也许有的"硕果令人心醉",也有的早已烟消云散,但每每想起流逝的岁月,心头总会有些惆怅,可能这就是"忧郁美学"的一部分。

多年之后,人到中年,我常常觉得,感情是不是随着岁月的流逝逐渐淡漠?感动是不是随着年龄的增长而越来越少?现在的生活为什么总少了一些感动?生命里为什么缺失了一些激情?岁月的流逝,可以让人淡忘走过的路程和经历的事情,但不管如何,昔日大学里留下的青春印迹却永远难以忘怀。

(2014年3月2日写于南湖畔)

理科生读点人文

我的大学生活,是在唱着"我们是八十年代的新一辈"中度过的。我本科专业是生物学,如果问我大学期间的最大收获是什么?我认为,作为理科生,自己有幸读了不少人文学科的书籍。在高中阶段,文理分科很早,为了高考,一般理科生不会花太多时间用来学习文科知识。上大学后,也许是由于自己爱好,除了完成听课、实验外,利用课余时间,我选读了一些文学、哲学、艺术等人文学科的书籍,这些书籍使自己在拓宽视野、提升素养等方面终身受益。

八十年代的大学,刚刚对外开放,各种思潮涌动,文学,自然是影响面最广的文化载体。自己读过马尔克斯的《百年孤独》、塞林格的《麦田的守望者》等被誉为"孤独"题材的系列作品。不是刻意玩深沉,更多的是来自那个年代文学的影响和思考,或者说是八十年代一种与生俱来的"使命感",一种大时代、大思考的"使命感"。在图书馆排队阅读是那个年代的常态,《十月》《收获》等小说刊物是当时最热门的读物。

诗歌,是八十年代最流行的文学载体。朗诵舒婷的《致橡树》成为每一场晚会必上的节目,除了舒婷外,还有顾城、北岛等一群青年诗人,慢慢形成新的诗派——朦胧派,让大学生们欣喜不已。时隔多年,现在读顾城的"黑夜给了我黑色的眼睛,我却用它来寻找光明",北岛的"卑鄙是卑鄙者的通行证,高尚是高尚者的墓志铭",同样能被其热情和豪情所打动,在文字中,更能体会到经历过沧桑之后的厚重。自己也写过若干诗,满满的两大本笔记本,有抒情的、有诉求理想的,还阅读并珍藏莱蒙托夫、歌德、雪莱、普希金等人的多本诗集。诗,已经成为八十年代大学生的浪漫和难以挥去的记忆。

那个年代的大学,"萨特的书你读了没?"就和"今天你上网了没?"一样的平常。在校园里,不管是文科专业,还是理科专业,都流行着西方哲学思潮！也许是那个年代对知识的渴慕，使在大学里的青年无法不把自己推上学习的高潮，所以那时的图书馆总是爆满，萨特、弗洛伊德、尼采……被争相诵读，虽然他们的著作晦涩难懂、似乎不食人间烟火。但在那段岁月里，我读着那些凌空高蹈的句子，是那么的执著。经常与兴趣相投的同学对哲学著作疯狂地传阅着、断章取义地理解着、半懂不懂地讨论着。何况，如果你能背出一大段萨特或尼采的语录，那么你立马会获得周边众多男女同学的仰视。

当时有一套非常有影响的"走向未来"丛书，丛书涉及社会科学和自然科学的多个方面，包括了外文译作和原创著作，其中，《增长的极限——罗马俱乐部关于人类困境的研究报告》《人的现代化——心理·思想·态度·行为》《新的综合——社会生物学》等对自己有较大影响。另外，未来学家托夫勒的《第三次浪潮》、奈斯比特的《大趋势》以及瓦西列夫的《情爱论》、李泽厚的《美的历程》都是我十分喜欢并用心读过的书籍。当时还盛行过"三论"——系统论、信息论、控制论，其中《熵：一种新的世界观》中的"熵"也让自己与大多数人一样坠入云里雾里。

学科有文理工之分，但生活是没有学科之分的。我想，作为理工科学生，能够在有限的大学四年中，多读一些人文书籍和听一些人文讲座，无疑有助于个人素质的提高！在这纷繁浮躁的现实社会和信息化的个人生活里，最缺乏的是人文情怀，没有了这种情怀，生活将失去色彩。儿时，父亲说过：喜欢读书的人不会变坏！若干年后，我才觉得父亲的话不但哲学而且诗意。

(该文载《南方周末》，2014-09-05)

四、大学校长

蔡元培（1868—1940）

  一个成功的大学校长被视为大学的灵魂,是大学的象征,校长对一所大学的创建、运行、发展具有举足轻重的作用。大学校长是否就是一所大学的灵魂?那还得看,这个校长有没有自己的独立灵魂?这种灵魂在我看来,就是自己的办学思想和理念。

校长与大学

很长一段时间,我想写一写校长与大学。这基于两方面原因:一是这个命题很有意义,也是社会关注的一个热点;二是自己也做了多年、多所大学的副校长、校长,有一些切身的体会和感悟。

著名教育家陶行知说:"校长是一个学校的灵魂,想要评论一个学校,先要评论它的校长。"也有人说过,"有什么样的大学校长,就有什么样的大学",选好了一个大学校长,就选好了一个大学的未来。一个成功的大学校长被视为大学的灵魂,是大学的象征,校长对一所大学的创建、运行、发展具有举足轻重的作用。大学校长是否就是一所大学的灵魂?那还得看,这个校长有没有自己的独立灵魂?这种灵魂在我看来,就是自己的办学思想和理念。

在中国近代大学历史上不乏一些著名校长。

一提大学校长,我们往往会想到北大校长蔡元培先生,毛泽东评价他是"学界泰斗,人世楷模"。他提出了"囊括大典,网罗众家;思想自由,兼容并包"等办学思想,铸就了"北大精神"。

清华大学校长梅贻琦先生那句著名的论断"大学者,非谓有大楼之谓也,有大师之谓也",成为大学经典的办学思想。他在抗战期间作为西南联大常务委员会主席,以其卓越的办学才能,克服各种困难,艰苦办学,包容不同学风、观点的师生,使三所大学"八年之久,合作无间"。在近现代中国大学史上,在遍布世界各地的清华校友心中,梅贻琦是他们"永远的校长"。

厦门大学校长萨本栋,抗日战争爆发后,厦大迁往长汀山区,没有电,师生只能靠油灯照明,电机工程出身的萨本栋把自己的汽车拆了,把发动机改成发电机,亲自安装电路,就这样在劫难之际,他带领厦大奋发向上,成为"南方之强"。

南开大学校长张伯苓执掌南开30年,先后创办私立南开中学、南开大学和南开小学等，亲自制订"允公允能，日新月异"校训，南开系列学校成为中国近代教育第一个成功的范例。他明确提出办大学要本土化，他说："吾人所谓土货的南开，即以中国历史、中国社会为学术背景，以解决中国问题为教育目标的大学。"

浙江大学校长竺可桢，在第18届浙大毕业典礼上，他留下了《大学生之责任》的赠言："现代世界你们得认清三点：知先后；明公私；辨是非。浙大校训是'求是'，我们应该只知是非，不管利害。"他用一生践行着他的办学理念——"求是"精神，即奋斗、牺牲、爱国和开拓创新精神，这是他和他的大学最高的追求。

学者程斯辉在《近代著名大学校长的精神风骨》一文中总结出大学校长的特质，在近代大学校长群体中，那些著名的大学校长之所以成长为教育家，他认为："根本还是由这些校长的内在素养，尤其是他们所具有的人文素养及其在治校办学过程中得到发挥决定的。"因此，一个优秀的大学校长所具备的素质：渊博的人文知识，大学校长的知识是渊博的，其中的著名校长可谓学术大师；崇高的人文精神，将人文知识内化为对人的关怀，对人之价值的尊重，对人之生命的敬畏，对人之尊严的珍视，在对学校进行管理的过程中自然地表现出崇高的人文精神；博大的人道情怀，这种人道情怀是以尊重人、相信人为基础，进而升华为对人类的爱，在办学治校过程中，则表现为对学生、教师及对学校和对教育的爱；睿智的人和意识，以博大的人道情怀理解包容、尊重爱护不同个性的师生，进而得到他们的理解与爱戴，努力营造彼此融洽的氛围。

世界著名大学成就了一批大学校长，历代大学校长铸造了一批著名大学。

世界任何一所大学都有其办学方针，关键看方针是不是这所大学自己的。2009年，我曾经带领高等教育考察团走访过美国的一些名校，在我访问这些名校的过程中，除了开展与大学的合作交流外，我更加注重考察大学和校长在不同时期的办学理念，这些世界知名的大学都有自己独到的办学思想和教育理念。

哈佛大学的校训是："与柏拉图为友，与亚里士多德为友，与真理为友"，"课程要适应社会发展的需要"。由此校训出发，大学是追求真理的最重要领地，是说真话和自由说话的圣殿。第23任校长科南特在总结哈佛大学办学思想时说的"大学的荣誉，不在它的校舍和人数，而在于它一代又一代人的质量"，是历代哈佛校长坚守的理念。

麻省理工学院(MIT)提出:"培养学生具有创新精神",由此创造了MIT的创新人才培养体系,为世界高等教育开拓了新的领域。第16任校长苏珊·霍克菲尔德(Susan Hockfield)提出"用技能解决全球迫在眉睫的问题",倡导世界大学的科技合作和创新。

威斯康星大学的查尔斯·范海斯(Charles Richard VanHise)校长提出"大学必须为社会发展服务"的思想,奠定了大学社会服务的第三大职能。威斯康星大学开创的大学直接为社会服务的办学理念,确立了大学除人才培养、科学研究外的第三种职能——社会服务,被后人称为"威斯康星思想",成为世界高等教育发展史上的里程碑。

斯坦福大学校长土库曼提出新的办学理念:"大学应是研究与发展的中心",现代工业发展最主要的资源是人不是物,应紧靠大学建立科技园区。正是在这种理念的指引下,硅谷科技园区得以创办。斯坦福带动了硅谷电子工业的发展,而硅谷造就了斯坦福大学的辉煌,硅谷的成功大大推动了世界信息工业的发展和变革。

耶鲁大学提出"以学生为中心",斯密特德(Schmidt Jr.)校长在1987年的迎新典礼上说:"我非常自豪地对你们说:你们就是大学!"正是在这一理念的引导下,耶鲁大学强调:"教育必须为不可预测的未来培养学生。"与此相适应,耶鲁大学为学生的发展营造了世界首屈一指的好环境,成为青年们向往的学府。

这些著名大学在办学理念上都有自己的侧重,这是这些大学的历任校长在长期的办学实践中逐步形成的,大学的办学理念与大学校长的办学思想有着密切的关系。

这些名校虽然各自的办学思想不同,校长也不同,但有一点是共同的,就是"以人为本"的办学思想,这种思想已经成为这些大学、校长的最根本的办学思想,不会因为政府更迭和校长变化而改变。这种"以人为本"的办学思想和教学理念的产生是大学发展的根本,它以人为中心,突出人的发展,把教育与人的自由、尊严、幸福紧密联系起来。它立足于发挥人的积极性和创造性,重视人的价值的发挥,注重人的素质的提高,真正做到人尽其才。

关于大学校长问题,武汉大学原校长刘道玉提出校长专家与专家校长的区别:"校长专家即教育家,是以承认校长这一职务是一门学问为前提的。校长专家的特点是,具有广博的专业知识,懂得教育科学和教育工作规律,有较强的决策与管理能力,能联系群众,作风民主等。专家校长与校长专家的区别是明显的,前者是治学,后者是治校。"并正式提出要实行大学校长职业化。大学校长职业化,这将是我国大学校长遴选必然的发展方向。

美国耶鲁大学校长理查德·莱文(Richard Levin),于1993年上任,治校成就斐然,他从自己亲身的体会中,认为一位有影响的校长应该具备8种素质:将大量的时间集中在主要的行动上;制定远大而且能够实现的目标;制定引领大学前进的远景;敢于冒险;不为初次失败所阻挠;知道什么时候采取自上而下或自下而上的方式来影响变革是最适当的;为副职们选择强有力的领导者;制定激励机制,以确保员工个人目标的实现与学校的成功发展相结合。2010年,他在评价中国大学教育时指出:中国大学教育缺乏两个非常重要的内容,一是缺乏跨学科的广度,二是缺乏对于评判性思维的培养。这一针见血地道出了目前中国大学教育的问题所在,解决这两个问题也许正是中国大学校长应该担当的历史责任。

中国现代大学校长到底应该具备哪些素质?我认为有这么几方面。

坚定信仰与人格魅力。大学校长必须要有坚定的政治信仰、崇高的道德与人格魅力,必须具备政治家的素质。蔡元培校长的"外和内介、守正不阿;勇于任事,敢于负责;宽容大度,民主平等;严于律己,廉洁奉公",正是我们今天的大学校长应该学习的品质,也正是当今大学校长应该追求的精神。同时,"真正的理想主义者,必定是一个现实主义者"(赵汀阳),大学教育本身就是一个理想主义的事业,没有理想主义精神,就无法在现实的种种矛盾、困惑中坚守自己的执著。

渊博精深的专业知识。我们今天的大学校长,接受过精英教育,一般都是本学科的领头人,从事过教学与研究工作,获得过一定的成果。其中有相当一部分从国外深造回国,虽然不一定学贯中西,但在专业知识方面的造诣不容置疑。但具有丰富的专业知识不代表能做好大学校长,校长的学科专业对大学的发展有一定的作用,但起决定作用的是校长本身的办学理念和他所具备的开拓、务实、创新的精神。作为大学校长,本学科专业的学术研究不应该成为自己的工作重点,应该"以学校的利益为最高的利益,做一个心无旁骛的职业化校长"(刘道玉)。

内涵丰富的人文精神。不管是文科或者理科出身的校长,都应该具备内涵丰富的人文精神。丰富的自然科学知识,涵养着科学精神;丰富的人文知识,则涵养了人文精神。大学校长具有人文科学知识,有助于更深刻地认识人、理解人,有助于更全面、准确地认识社会,把握社会的发展趋势。由于基础教育过早地分文理学科,导致当今的大学校长文理交融不足,知识的结构不尽合理,学术视野单一,这是当今大学校长们知识结构的"先天不足"，是我们需要弥补的一课。

勇于创新的开拓精神。当今世界科技发展日新月异，经济和社会发展突飞猛进，大学不再是象牙塔，大学与社会和经济的发展紧密相连，没有创新开拓、勇于担当的精神，就无法带领大学面对这变化着的世界。同时，新的形势也要求大学校长要有较强的决策与管理能力，有较强的组织和协调能力，懂得经营大学。

平等民主的工作作风。蔡元培到北大任职的第一天，校役们依惯例排队在校门口毕恭毕敬地向他行礼，不想蔡元培当即也脱帽向他们鞠躬还礼，以后，蔡元培每进出校门都向校役们脱帽鞠躬还礼。在"大学行政化"泛滥的今天，在官本位意识渗透到社会每个角落的今天，也许，蔡元培式的民主平等作风正是我们今天大学校长应当学习、必须学习的作风。校长的成功主要依靠的是非权力性影响，这种影响与大学校长自己承担着怎样的大学使命、自身的视野以及人格是密切相关的。

热爱师生和教育的品格。热爱教育，才能热爱大学的主人——学生。没有学生就没有大学存在的理由，不管我们今天如何强调大学科学研究和社会服务的重要性，人才培养的对象——学生，永远是大学的主人。因此，热爱学生，是大学校长最基本的品质，试想一下，如果大学校长不热爱他的学生，他能把这所学校办好吗？如果将大学办成一个盈利机构，学术被异化，教育行政化把校长与师生之间变成了"官民关系"，这还是大学吗？因此，大学校长要懂得大学教育的科学和规律，大学校长必须是教育家。

当然，一位成功的大学校长也许不仅仅具备这六方面基本素质，但具备了这几方面他将是一位合格的大学校长。

大学成就着校长，校长铸造着大学。

大学兴则国家兴，大学强则国家强。大学是人类永恒主题的守护者，大学校长应该是人类理想的坚定实践者和追随者！当今的中国大学校长，更应该传承我国近代著名大学校长的精神风骨，从世界著名大学及其校长的办学理念中吸取营养，按照现代大学的办学规律，建立健全现代大学制度，坚守自己的办学模式、教育理念和文化追求，让道德和荣誉与之并肩，超越功利，追求完美理想。

(2013 年 7 月 27 日，写于桂林)

校长与学生

  大学是因学生而存在的。

——朱崇实

  我在厦大工作的时间只有半年,按计划希望能对朱校长做一次专题访谈。

  朱校长很忙,除了学校的日常事务外,还有大量的公务活动,与他约定访谈的时间还真不容易。朱校长爱学生是有名的,学生也十分喜欢他,每次出席学生活动,只要他一进场,学生都会欢呼,气场十足。因此,我今天访谈的主题就一个:校长与学生!

  "大学是因学生而存在的。"这是朱校长开门见山说的第一句话。

  "现在我们有些教授由于科研任务重,不上本科生的课,这就忘记了作为大学教师的基本职责,忘记了自己大学老师的身份。所以,我一直强调,教授必须上本科生的课,并将此作为重要的考核指标。"

  后来,我到教务处了解到,厦门大学教授上本科生的课,每年达80%—90%,这在"985"高校里是不多见的。

  我们谈到厦门大学学生免费吃饭(米饭免费)。

  一谈到这件事,朱校长非常得意。2008年,决策这件事并不容易,为了说服大家,他亲自去市场进行了调研,对大米的价格做了精心分析。免费吃饭的好处有几方面:一是让学生在厦门大学学习期间在生活上感到公平,让来自贫困家庭的学生吃饱饭,保护了这些学生的自尊,让学生感觉到学校的温暖,这点非常重要;二是会让学生养成节约的习惯,自己花钱买饭不觉得怎样,但学校免费提供的米饭,如果还浪费,学生自己就会觉得不好意思,其他同学也会来监督;三是对学生的一种爱校教育,学生毕业若干年后,还会记得学校给他的关怀,对学校会有一种情感回报。这就是大学教育的成功!

基于此,学校从 2008 年开始,每年额外拿出 800 万补贴用于学生免费吃饭。"免费米饭",不仅为贫困学生节省了饭钱,还培养了学生的文明用餐习惯;也体现了校方体恤学生的态度,一视同仁的平等态度蕴涵着尊重。这一措施实施了几年,在全国高校引起了很大反响,厦大是目前唯一一所免费吃饭的高校。

另外一个话题是,"校长有约"早餐会,校长与学子共进早餐。

"校长有约"早餐会从 2010 年开始,已经进行了十多次了。学生们通过网络平台预约,系统随机抽取参与者。校长每次与 20 名左右青年学子共进早餐,坦诚交流。这项活动旨在发挥校长对学生学术指导和人生导航作用,解决学生在学习和生活中遇到的困难,让更多的同学了解学校的现状和发展前景,充分体现了"想学生之所想,急学生之所急,分学生之所忧,解学生之所愁"的以生为本的办学理念。早餐会上,同学们谈问题,提意见,问困惑,机关有关部处负责人也与会,解答和解决学生提出的问题。"我会认真听取、详细记录同学们的发言并一一作答,这是校长与学生平等交流的很好方式。"朱校长说。

朱校长说,学生认为,在大学读书期间能面对面地、平等地与校长边吃边聊殊为难得,要利用好这个机会多向校长发问。所以,他们个个都做足了功课。有的认真梳理自己要反映的问题,有的向同学广泛征集意见和建议。朱校长认为,这是听取学生意见的一个很好渠道,因此,每次他都会认真对待。

"在前两届研究生毕业典礼上,我说过:'学校是世界上最宽容的地方。当学生时,在校园里表现得散漫一点、个性化一点、说话出格一点,甚至犯一些错误,学校都可以接受。'大学真的是学生一生中最幸福的时光,现在我仍然这样认为。"朱校长高兴地说。

我参加的几次校长办公会,有几次议题就是学生来信反映的问题,比如:学生在校园的自行车问题、学生保送研究生问题、教室使用问题,甚至食堂拥挤问题等等,事无巨细。朱校长常说,学生的事,绝对不能大意。

我慢慢明白,朱校长为什么这么深受学生爱戴。

(2012 年 10 月 22 日,写于厦门大学)

大学校长与大学的发展

这是我第一次参加厦门大学校长办公会,厦大是每周五上午定时召开校长办公会,参加校长办公会,才算真正介入和观摩学校的决策。办公会由校长朱崇实主持,办公会的形式大同小异。我更关注的是厦大校长办公会的决策过程和内容。

此次办公会其中一项决定,是设立萨本栋铜像,并同意按照校本部陈嘉庚铜像样式复制两尊铜像,分别设立在翔安校区和漳州校区。设立铜像与其说是纪念陈嘉庚、萨本栋先生等,不如说是一种大学文化传承的载体。陈嘉庚和萨本栋是厦门大学发展历史上的两个关键人物。在新校区建设过程中为在学校发展史上起关键作用的历史人物塑像,既是对他们所作贡献的尊重,同时也是学校的一种文化传承以及对学生的一种爱校教育。

厦大人尊称陈嘉庚先生为"校主",这是最尊敬也是最有凝聚力的话语。从1893年开始,陈嘉庚建设起举世闻名的集美学村,1919年,他开始筹办厦门大学,认捐开办费100万元,1921年4月6日,厦门大学在五老峰下正式开学。1936年,厦大已发展成当时国内科系最多的5所大学之一。1937年陈嘉庚因企业破产,无法负担厦大经费,遂将其所创办的厦门大学献给国家,同年厦门大学由私立改为国立。陈嘉庚为了厦门大学倾注了大量的精力和财力,他做出了"宁愿公司崩盘,不能停办厦大"和出卖大厦办厦大的壮举,显示的是一种胆略,一种担当,这也是厦大人如此尊崇校主的原因之一。1937年7月6日,萨本栋被任命为国立厦门大学第一任校长。萨本栋接受任命的第二天,卢沟桥事变发生了。地处厦门前沿的厦门大学受到了严重的威胁,为了师生的安全起见,翌日学校暂迁到当时的公共租界鼓浪屿上课,重要的图书、仪器、标本等也尽量先移到鼓浪屿。10月间,萨本栋经与有关方面研究后,决定将厦门大学内迁到闽粤赣交界的山城长汀,于1938

年1月17日在长汀复课。所有图书、仪器设备也赶在1938年厦门沦陷之前移出。经萨本栋艰苦奋斗,惨淡经营,厦门大学在长汀时期形成了勤奋、朴实、严谨、和睦的好风气,校务蒸蒸日上,学生的学业成绩显著提高,厦门大学不仅成为祖国东南区唯一的最高学府,且为国内最完备的大学之一。1944年6月,萨本栋接受美国国务院邀请赴美讲学,由于身体健康等原因,萨本栋在美国讲学期间,请辞厦门大学校长之职。1949年1月31日,还不满47岁的萨本栋逝世于美国加州医院。他在教育上的最大贡献是在抗战的艰苦时期发展壮大了厦门大学,发扬光大了陈嘉庚的爱国办学精神。

所有世界一流大学的闪光历程,无不与一连串享有盛名的校长和关键人物的名字紧密联系在一起。校长对治校成功与否起着不可忽视的作用。没有非凡才能的校长不可能推动大学向前发展。而真正能成为大学发展原动力的校长,一般而言,都具有较强的管理才华、社会活动能力、大胆改革魄力、批判和创新精神、务实献身精神等。不论是公立高校,还是民办高校,凡是有所作为的校长,都具有较高的管理能力。时代发展到今日,随着市场经济体制的建立和完善,大学逐步面向社会自主办学,校长的管理能力在某种程度上影响着学校的办学效益和办学水平,进而影响着大学的发展。因此,校长的角色从"学者"向"管理者+学者"的转变,再从"管理者+学者"向"经营者+管理者+学者"的转变,是不同时代大学发展的需要。萨本栋担任国立厦门大学校长所处的时代,虽然厦大是国立大学,但那是国家饱受战乱的年代,国家对大学的投入可想而知,因此,校长所具备的办学思想、管理能力和资金筹集能力就显得尤为重要。对照今日,我国公立大学长期以来依靠政府的政策和财政资助,"等"的思想根深蒂固,校长是否具备筹资能力似乎无关紧要。然而,随着大学投资体制的逐步多元化,以及大学办学自主权的日益增加,对校长管理能力、筹资能力的要求将会越来越迫切。

萨本栋在特殊的艰难时期,艰苦创业,对厦门大学的建设和发展作出了积极的贡献。萨本栋去世后,厦门大学为纪念萨本栋对学校的贡献,请求将萨本栋的骨灰安葬在厦门大学校园内。在校园的建南大会堂路口,左有鲁迅石雕,位置十分醒目,右是萨本栋墓园,悄悄隐蔽在一片小树林里。我曾经专门寻找并参拜过萨本栋墓园,也认真读过由文学家郑朝宗教授执笔撰写的碑文《萨公颂》,碑文首句即"公治校七年,成绩斐然,众口交颂",正文中将萨本栋抗战时期治校的事迹归纳为五个"可颂":率全校师生急迁闽西山区长汀,途遥路险,而开学必需之图书、仪器、文件、标本,均得安全转移,迅速复课;亲自擘划、监督营造新校,旧房、衙署、文庙、废园广加改造,学校范围赖以扩充,学生人数较前倍增;不辞辛苦力肩教学重担,所授课程门数之多、分量之重甚于一般教授,又为适应国家需要,因陋就简增设土木、机电、航空三系,延聘国内知名学者以造就人才,苦心经营,促其成长;注意学生品德教育,确保校内安定秩序。……校园内绝不许设立同乡会,对各地来者一视同仁;既悉心治校,而又严于律己,勤政之余,继以力学……抗战时期,人民生活艰苦异常,公亦自奉如常人,食少事繁,积劳成疾。这五个"可颂"集中概括了萨本栋对厦门大学的历史功绩。

在厦门大学校园里,除了萨本栋墓园外,另外塑萨本栋铜像以示纪念,更显他对厦门大学所作出的历史伟绩。

(2012年10月12日,写于厦门大学)

被历史淹没的大学校长

——林文庆的大学情怀

> 在那个时代,林文庆是兼通双语、学贯中西的新加坡华人杰出典范,为中国和新加坡的发展作出了贡献。在现代社会,我们需要更多像林文庆博士那样学贯中西的双语人才,来加深和扩展同中国的联系。
>
> ——新加坡内阁资政 李光耀

在历史的长河中,不知道有多少人和事被淹没在无情的岁月里。

来厦门大学之前,我的确对厦大老校长林文庆不了解。不但我不了解,几十年来,连厦大人对他也不了解,他在中国大学发展史上几乎是一个有意无意被忘记的大学校长。我查了一些资料,与同一时期其他大学校长相比,他就显得十分寂寞了,比如:北京大学校长蔡元培(校长任期1916—1927,1929—1930),蒋梦麟(任期1930—1945);清华大学校长罗家伦(任期1928—1930),梅贻琦(任期1931—1948);南开大学校长张伯苓(任期1919—1948)等,这些大学校长的社会影响和历史地位在中国大学发展史上赫赫有名,这些校长的办学思想和办学理念也常成为学术界研究的对象,他们的故事也常被人们津津乐道。相对而言,林文庆的办学思想和对厦大的贡献在相当长的一段时间被淹没在历史的长河中。直至这几年,史海钩沉,他的事迹,以及他对厦门大学的历史贡献才从历史的长河中发掘出来,还其本来面目。在这段时间,我仔细看过有关厦大校史资料和关于林文庆研究的有关史料,对他在厦大建设初期和在20世纪二三十年代中国大学的艰难岁月有了更多的了解。

选了一个周末,我特地去鼓浪屿,目的就是去看看似乎十分神秘、与厦大有着千丝万缕联系的梦琴别墅,也就是林文庆任校长期间,在这里居住了

16年的别墅。按照书上记载的信息,我找寻了半天,才找到笔架山上的梦琴别墅,可惜大门紧锁,没有对外开放。好不容易找到,我非得进去看看。于是,也顾不得那么多了,只好放下斯文,采用学生时代惯用的办法:翻墙而入。哇,好大的一个山庄。原来院子里有一看护者,了解原委后,也许对她来说很少有人对别墅主人如此了解和关心,她非常热情地将梦琴别墅的所有居处打开让我参观。去年,为迎接厦大90周年校庆,学校特别对别墅进行了修缮。据说,别墅是按林文庆的意图设计的,卧室、书房、琴房分配得十分合理,温馨可亲。别墅设有特别宽敞的副楼,可用于宴饮、会客、聊天,风雨无忧。别墅的花园很大,栽种着各色花草,浓密的榕荫,掩映着别墅的前庭以及那颇有特色的花岗石道。我信步登上园心亭,俯视整个花园,弯曲的小径和选种的树林,把别墅装扮得更有乡间情致,在这幽静优雅、独具匠心的桃花仙境,有一种安逸的归依感,这时我体会到林文庆那种别致的优雅和高贵的气质,没有很深的人文修养无法设计出人文和自然如此深度融合的天然别墅。林文庆在此居住了16年,他在这里按照陈嘉庚的意志,运筹厦门大学的建设和发展,可以想象当年梦琴别墅名师荟萃、高朋满座、纵论天下的辉煌!

林文庆(1869—1957),福建海澄县人,生于新加坡,先在福建会馆附设学堂读私塾,后升入新加坡莱佛士学院,1887年因成绩优异,获英女皇奖学金。毕业后,赴英国爱丁堡大学攻读医学,获内科学士和外科硕士,受聘剑桥大学研究病理学,后又获香港大学名誉法学博士学位。他是一代名医,又是著名企业家,他是立法议员,又是社会改革家和教育家。1921年4月,陈嘉庚创办厦门大学,第一任校长邓萃英上任不久即辞职,陈嘉庚遂聘请林文庆当校长。与此同时,孙中山也聘请他担任要职,但最终他还是选择担任厦大校长。一直到1937年,陈嘉庚因企业面临破产,虽然"卖大厦,办厦大",但最终仍无力支撑厦大,将厦大捐献给政府,将其改为国立大学,政府任命萨本栋为国立厦门大学校长,林文庆才依依不舍辞职回新加坡。

他在厦大任职16年,呕心沥血,建校立章,参照欧美大学设置大学组织、课程结构、聘任教授等。他建造了一幢幢教学、科研大楼和宿舍,配置了丰富的图书及实验设备,聘请了大批著名的教授和学者,为厦大倾注了自己的全部精力。他提出教学与科研并重,国语及外语并重。在他主持下,厦大的海洋生物研究取得了具有国际水平的成果,加上文、理、法、商及教育等科的教学、科研的成就,使厦大赢得了"南方之强"的赞誉,使厦大成为当时全国闻名的私立大学。他是一个"尊孔校长"（鲁迅语），学校经常组织尊孔祭孔活动，孔子生日全校放假，"以示恭祝"；他用《大学》中的"止于至善"四个字作为厦大的校训，以培养"仁人君子"；1926年，厦大成立国学研究院，林文庆亲自兼任院长，自称"对于国学，提倡不遗余力"，林文庆花大力气从北京聘请一批著名学者到国学院任教。1934年，陈嘉庚经营的企业在世界经济危机的袭击下宣告破产，厦门大学也濒于关闭，林文庆只身南渡，为大学筹募经费，使厦大渡过难关。他为厦大发展作出了不可磨灭的贡献。在繁忙的校务期间，他醉心于著作，在1929年完成《离骚》的英译工作，由印度著名诗人泰戈尔（R. Tagore）作序出版；他的主要著作有《从内部发生的中国危机》《新的中国》《东方生活的悲剧》等。

　　但他的名字，在相当长一段时间消失在中国大学发展史中，甚至在厦门大学也难寻他的遗迹。之所以这样，与他在任内所发生的一些事件有关。在他任内发生了两次学潮，第一次学潮在1924年5月，起源于他辞退4名文科教授而不做任何解释，引发老师和学生的抗议，并发生校方与学生对抗，由于他和陈嘉庚的坚持，导致欧元怀等9名教授带200多名学生离开厦大，到上海另起炉灶，创办大夏大学。引发第二次学潮是从国学院的教授离走开始，1927年，在国学院任教的鲁迅、林语堂、顾颉刚、孙伏园、沈兼士等著名学者，由于与国学院的部分大牌教授的办学理念不同，学校理科与文科教授观念的冲突，加上他们本身之间原有的恩恩怨怨，导致他们先后离走，学生由此抗议，"由挽留鲁迅而掀起驱逐刘树杞——改革校政运动"，促使大学秘书和理科主任刘树杞被迫辞职，黯然去武汉，随后主持筹建国立武汉大学。这些事件的发生，或多或少与他的管理有关，但相当长一段时间，人们将鲁迅离开厦大归结于他与校长林文庆之间的矛盾与冲突，但"这实际上是一个被人为夸大了的误会"（严春宝）。在鲁迅的日记中对林文庆评价的确不高，但他寥寥几句的评语一直影响着人们对林文庆校长的评价，甚至厦门大学过去的校史对他都很少提及。现在回过头来看，两次学潮的最终结果，创办了大夏大学和在过去的基础上组建了国立武汉大学，未必不是好事。时间过去了几十年，人们重新梳理历史的轨迹，才逐渐客观认识林文庆的历史功绩。于是，厦大才人抛开历史的包袱，解开枷锁，重新定位自己的校长，在厦大校园内修建了"文庆亭"，以纪念这位为厦大作出历史贡献的校长。

　　1937年，林文庆离开厦门大学，回到新加坡，那是他一生中很失意的岁月。但他一直关注和惦记着厦门大学的发展，毕竟他为厦门大学付出了一生中最好的年华。他一生牵挂厦大,直到1957年元月在新加坡去世,终年88岁。林文庆在临终前立下遗嘱,将厦门鼓浪屿笔架山这幢他住了16年的"梦琴别墅"和遗产的五分之三捐赠给厦门大学。

　　林文庆的命运让我想起另外一位同时期、命运相似的大学校长,那就是担任长达23年复旦大学校长的李登辉(1913—1936)。他俩很相似:同样是福建人,同样是南洋华侨,同样在新加坡接受基础教育,同样为大学建设亲赴南洋募捐。其中李登辉有三句话可以反映他对复旦的贡献:一生只做一名教师,一生的心血聚集在教育上,一生只当复旦的校长。学界认为,复旦的办学传统、人文底蕴和复旦精神,几乎都是由李登辉的个人魅力所传承下来。但是,同样在相当长的一段时间内,一顶"资产阶级教育家"的帽子,让他在同时期的大学教育家群体中,被历史遗忘了、被复旦淡忘了!让人感慨岁月和历史的无情。

　　不觉到了傍晚,厦门的晚秋总带着一点清凉,淡淡的夕阳,映照在这孤傲山庄上。站在梦琴别墅二楼的宽大阳台上,远眺着夕霞下鼓浪屿的日光岩,回望着这曾经辉煌、极具贵族气质的梦琴别墅,想起别墅主人的激情岁月和坎坷命运,我不禁思考了很多……

（该文载《人文国际》,2013年第7期）

五、学术对话

潘懋元先生周末沙龙

  先生的周末学术沙龙在学界很有影响,只要先生在家,先生的学术沙龙必定在周末准时开始,春夏秋冬、寒来暑往,20多年从不间断,品茗谈心,学术、生活、时事畅所欲言,在这种融洽的氛围中,先生的人格潜移默化感染着学生,并逐步形成了他独特的讲授方法和育人方式。正所谓:淡若清气,桃李满天下;雅如馨兰,书中任岁月。

清气若兰　厚德泽人
——访著名教育家潘懋元先生

　　厦门的夏天也许比内地的城市来得更早一些,阳光明媚,蓝天白云,海风温和,赏心悦目。

　　这次到厦门,除了参加教育部组织的对厦门理工学院本科教学工作合格评估外,专程拜访我国著名教育家、高等教育学奠基人、厦门大学教授潘懋元先生也是我这次厦门之行的任务之一。与先生联系上后,我来到先生海边的家。一进门,就听到先生爽朗的招呼声:哈哈,是什么风把你吹到厦门来啦!一听到这热情的招呼声,顿时倍感亲切、无拘无束。先生的客厅就是书房,三面墙都是书架,放满了书,一部分还堆放在沙发和茶几上,满屋子除了书香就是茶香。

　　先生精神矍铄、声音洪亮,一坐下来,先生连问了我三个问题:忙什么?干什么?写什么?我一一做了汇报。三句不离本行,直接就进入主题。一听我来参加教育部的教学评估,先生马上就说:教学评估是依据《高等教育法》开展的一项工作,是必须做的,上一轮评估所引发的一些争议,在这一轮合格评估中作了很多改进,这是很大的进步,任何一种制度都不可能十全十美,应该在教育实践中不断完善。记得2001年在华中科技大学的高等教育质量研讨会上先生提出"当前高等教育质量下降这个命题,包涵一个真命题和一个假命题",按照精英教育的质量标准,高等教育质量下降应当是一个真命题,但按照大众化教育阶段多元化的教育质量观,高等教育质量下降是个假命题。同时,他指出:解决高等教育质量虚假下降的对策是转变教育质量观,采取多样化的招生方式与评价标准。当时这些观点在学界还有一些争议,现在回头来看这些观点一一被高等教育实践证实其正确性。我笑着说:先生具有超强的战略眼光。他听后哈哈大笑:我只是陈述一个事实,高等教育研究必须要有前瞻性。

先生突然问我在厦门什么时候工作结束,能不能参加他后天带博士研究生到漳州开展的关于职业教育的调研。听后有一种受宠若惊的感觉:这是多好的一次学习机会!但十分遗憾那时我工作任务还没结束。谈到为什么要关注职业教育,他说:现在的高等职业教育在学校数量和学生规模上差不多占了高等教育的半壁江山,是中国高等教育一支重要的力量。中国需要有像清华、北大那样仍然保持精英教育的一流大学,更要有众多的为大众服务的地方院校,既要有培养研究型人才的研究型大学,也要有大量的培养应用型人才、职业技能人才的职业院校。这次调研的目的就是了解当前高等职业教育的现状与问题。我不禁感叹:作为93岁高龄、在国内具有泰斗地位的大家,还这样不辞辛劳、亲力亲为带队调研,心生由衷敬意!

话题谈到前几天的高考,先生对目前的高考制度也很不满意:为了高考的顺利进行,全国上下动用了大量的社会资源,从一年一度常规性的高考衍化成一场高考运动,这是极不正常的。现在的高考制度,按照分数高低录取学生,大学选拔不出按专业要求所需的人才,学生所学也非自己感兴趣的专业,造成了人才培养的"扁平化",人才缺乏个性,目前这种考试制度亟须改革。说到高考制度改革,他还说广西的高考改革曾经走在全国的前面,最早的无纸化录取、试行二次高考(本、专科分考)都是在广西先行的,可惜"二次高考"的实施由于缺乏制度性保障没有持续推行,但为后来的高考改革作了实践探索,积累了经验。

听说我调任到广西广播电视大学工作,他说:广播电视大学面临新的转型,搞开放大学,关键在于两个字:开放!要从过去的以学历教育为主,转变成以学历教育和非学历教育并行,抓住继续教育的大环境将开放大学做大做强。作为高等教育的研究学者来说,从过去关注围墙内的大学,转为现在关注围墙外的大学,应该是一件好事。先生的教导,我默默记在心上!

在聊到我在"写什么"这个话题时,我呈上我的新作——《区域高等教育发展论》。这本新作是先生特别为我作的序,因此,书出版后我一定要面呈于先生,我在书的扉页恭敬写上"清气若兰,厚德泽人",表达我对先生崇高的敬意。先生认真看了看书,非常高兴。请先生写序的人不少,但他十分慎重,对学术要求很高,为了写该书序,先后几次致电给我讨论相关问题,并审阅了该书全部章节,如此重视和认真,既让我心存感激,又不敢轻易怠慢。

先生在《序》中写道:"2005年,我曾为贺祖斌教授在其博士学位论文基础上所形成的《高等教育生态论》一书写序,谈我对该书的学习心得。当时我和几位研究生,正在研究高等教育可持续发展的理论与战略问题,他所阐发的高等教育生态观给我们重要的启发,使我们的研究获得了方法论的支持,并加深了对高等教育可持续发展的理论认识,提高了发展战略的研究水平。"结合我这本《区域高等教育发展论》,他评价道:"两本著作,一本是以社会生态学的原理与方法研究高等教育问题,一本是从区域经济学的原理与方法研究高等教育问题,所体现的不仅是多学科观点的研究方法,还可看到两门不同学科在高等教育发展研究上的结合。"

其实,在20世纪90年代有幸认识先生后,在学术上一直与先生有往来,多得先生的指导。2001年在桂林召开全国高等教育研究会常务理事会,先生是理事长,我又在桂林,那次会议交由我来协办,会议开得很成功;2001年、2005年我先后主持的两项教学成果项目所召开的国家级鉴定会议,都是先生作为组长组织鉴定的,对取得的成果给予了很好的评价和建议,2001年《地方高师院校课程体系模块建构与实践》获自治区级一等奖,2005年《地方高等学校教学质量保障体系的建构与运行》获国家级二等奖、自治区级一等奖。2005年我的《高等教育生态论》出版时也是先生作的序,并在多种不同场合对我使用的高等教育生态学研究方法给予很高的评价和鼓励。先生对晚辈的提携和厚爱让人感动不已!我的每一步学术成长都离不开先生的指点和关爱,先生严谨的治学态度、前瞻的学术视野、渊博的人文知识,更是深深地影响了一代代聆听过先生教诲、拜读过先生大作的后生晚辈。

我问先生,周末的学术沙龙还开吗?他大声说:开!每星期六晚上都开。先生的周末学术沙龙在学界很有影响,只要先生在家,先生的学术沙龙必定在周末准时开始,春夏秋冬、寒来暑往,20多年从不间断,品茗谈心,学术、生活、时事畅所欲言,在这种融洽的氛围中,先生的人格潜移默化感染着学生,并逐步形成了他独特的讲授方法和育人方式。正所谓:淡若清气,桃李满天下;雅如馨兰,书中任岁月。

时间过得真快,原计划半小时的拜访,我们一聊将近两个小时。在我告辞时,看着先生那慈祥的目光、温和的微笑,我忍不住上前拥抱住他,紧握着他的手,心中默默地祝福着:健康、平安!

(该文载《广西日报》,2012-06-29)

基础学科人才培养与创新
——从厦门大学三位科学家谈起

各位专家,早上好!这些天全国各地都在降温,各位专家来到厦门肯定有别样的感觉,依旧是夏天的天气,我本来想用"阳光明媚,天高气爽"来形容厦门的天气,可惜今早上一出门就下起了小雨,只能说明"贵人出门遇风雨",厦门就这样以迎接"贵人"的天气欢迎大家。

第三届全国基础学科(化学类)拔尖学生培养试验计划研讨会在厦门召开,并邀请到全国各大名校化学教育方面的专家在厦门共聚一堂,我们感到十分荣幸。在此,我谨代表厦门大学对大家的到来表示热烈的欢迎!

在这里,我如果去谈化学教育,那是班门弄斧,贻笑大方!我倒是想起了从厦门大学培养出来的三位科学家,从他们身上我想谈一谈大学基础学科的本科教育与创新问题。

我们都知道,在化学、物理、数学三大基础学科领域里,有三位著名科学家,一提起他们的名字,如雷贯耳,无人不知!他们就是卢嘉锡、谢希德、陈景润。但他们在哪里接受的本科教育未必每个人都清楚。今天,我十分荣幸地告诉大家,这三位大家都是在厦门大学读的本科。在厦门大学校园里,有专门为他们建造的三尊塑像,这也说明他们在厦大人心中的位置。下面,我占用大家一点时间,分别说说他们的故事。

首先,我先讲卢嘉锡。他是物理化学家、化学教育家,物理化学学科及结构化学学科领域的奠基人之一,组织上还有一个评价,就是他是一位科技组织领导者。他先后担任过中国科学院院长、中国科学协会副主席、中国化学会理事长、中国农工民主党中央主席、第八届全国人大常委会副委员长、全国政协副主席。这些职务是他学术上和政治上所取得成就的一种标志。

卢嘉锡，1915年10月出生于厦门市，1930年进入厦门大学化学系，1934年毕业，留校任化学系助教三年。1937年考取中英庚款公费留学生，进伦敦大学学习，两年后获物理化学专业哲学博士学位。1939年秋，到美国加州理工学院，从事结构化学研究，期间，他在结构化学方面取得系列成果，1945年获得美国科学研究与发展局颁发的"科学研究与发展成就奖"。1945年冬，年方30岁的卢嘉锡受聘到母校厦门大学化学系任教授兼系主任，期间还应聘浙江大学任教授。1950年后，他历任厦门大学理学院院长、副教务长、研究部副部长、部长和校长助理、副校长等职。此时，厦大的化学学科在全国重点大学崛起。1960年任福州大学副校长和中科院福建物质结构研究所所长。1981年，卢嘉锡出任中国科学院院长，任职近六年。卢嘉锡还有一系列国际荣誉和学衔：1984年被选为欧洲文理学院外域院士；1985年当选为第三世界科学院院士，后被任命为副院长；1987年荣获比利时皇家科学院外籍院士称号等。我们看得出，直到2001年病逝，卢嘉锡一生从事科学研究，他没有受到太大的政治影响和冲击，这在政治动荡的岁月中是十分难得的。

下面我再讲一讲第二位大家——谢希德。

谢希德，1921年出生，享年79岁，物理学家，福建泉州人，1946年毕业于厦门大学数理学系。后留学美国，获麻省理工学院博士学位。1952年10月回国到复旦大学任教，历任现代物理研究所所长、副校长、校长等职。她还当选过两届中央委员，第七届上海市政协主席。1980年当选为中国科学院数学物理学部委员，1988年被选为第三世界科学院院士，长于表面物理和半导体物理的理论研究。撰有《半导体物理学》《固体物理学》等专著4部。她的成就在学术上和政治上都了不得！我查阅过她的一些资料，她出生不凡，她父亲谢玉铭毕业于燕京大学并留校任教，后到美国芝加哥大学攻读物理博士学位，1937年卢沟桥事变后，谢玉铭举家南下，应邀在湖南大学任教，期间谢希德分别考上浙江大学、湖南大学，因时局动荡没能如愿。1942年父亲应聘为厦门大学数理系教授，并兼任系主任、理学院院长和教务长，当时厦大成为东南首屈一指的大学，谢希德随后考入厦大数理系。她于1946年毕业，来到上海市沪江大学任助教，后到美国深造。另外，她被美、英、日、加等国的13所大学分别授予名誉科学博士、名誉工学博士和人文科学博士。在我的印象中，除了胡适先生一生获得35个各类博士学位头衔外，她在大陆学者中是首屈一指的了。

我讲的第三位,就是我们熟知的陈景润。

陈景润,中国著名数学家,1933年出生,享年仅63岁,作为一位著名数学家,实在是可惜。他在"哥德巴赫猜想"的研究成就,获国家自然科学奖一等奖。1953年,陈景润厦门大学数学系毕业,毕业后一年左右时间在北京四中任教,因口齿不清,被拒绝上讲台授课,只可批改作业。为了心爱的研究,他辞职回到福州老家,生活困顿,当时厦大王亚南校长到福州出差,得知情况后,将他调回厦门大学当图书馆的资料员,还担负为数学系学生批改作业的工作。1957年,得到华罗庚赏识,将他调入中国科学院数学研究所从事数论方面的研究。在中科院,在"哥德巴赫猜想"研究方面取得震惊世界的成就。我记得那个时候,徐迟的《哥德巴赫猜想》发表后,那个边走路边看书,撞到电线杆还说对不起的数学家就成了我们那一代人追求的榜样,其热情程度绝不亚于现在的"追星"。他的一生是不幸的又是幸运的,不幸的是没有安心从事研究的环境和出国深造的机会,加上当时恶劣的生活条件、动荡的时局,都是扼杀陈景润研究的现实因素;幸运的是遇上了王亚南和华罗庚,可以这么说,没有他们陈景润不可能在国际数学界崭露锋芒。

我今天讲这三个属于厦大的人物,他们各自代表了一个时代:30年代、40年代和50年代。他们的命运有相同点,也有不同点。相同的是,他们都是福建人,都有闽南人那种"爱拼才会赢"的勇于创新、勤劳朴实的品质;他们都是厦大人,都受到厦大"自强不息,止于至善"校训精神的熏陶,都具有自强不息的奋斗精神和追求完美的理想主义。不同的是,他们成长的背景和时代不同,所受的家庭教育不同,成长的经历不同,所接受的西方教育不同。时至今日,我们的大学本科教育与那个时代相比是进步了还是退步了?我不敢说,但他们接受的教育和成长经历是值得我们今天大学本科教育思考的。

一是国际化视野。卢嘉锡厦大毕业后,到伦敦大学学习并获得物理化学专业哲学博士学位,后到美国加州理工学院师从几位大师做了几年研究。谢希德,厦大毕业后,留学美国,获麻省理工学院博士学位。这样的研究经历无疑对他们后来的研究起到决定性的作用。陈景润虽然没有机会出国深造,只是应邀到美国普林斯顿高等研究院讲学,但他研究的视野是这个学科的国际前沿,他研究哥德巴赫猜想和其他数论问题取得的成就,至今仍然在世界上遥遥领先,被称为哥德巴赫猜想第一人。因此,本科拔尖生的培养必须要有国际化视野和学科国际化背景。

二是人文素养。卢嘉锡的父亲就是一名教书匠,设塾授徒,家境清寒,但他幼时随父读书,禀赋甚高,因此,他家学渊源,诗词颇有根底,并擅长对联,具有相当的国学功底。谢希德的父亲,燕京大学毕业,获美国芝加哥大学博士学位,又从教燕京大学、湖南大学、厦门大学等几所著名大学,谢希德同样家学渊源,从小受到良好的家庭教育。从小养成的人文素养,不但为他们后来在科学领域取得骄人成绩,同时也为他们从事社会活动贮备了必要的素质,让他们在各个领域中如鱼得水,各领风骚。

三是学科交叉。卢嘉锡在厦大学习期间,除主修化学外,同时修毕数学系主要课程,毕业后在化学系任助教的同时,兼任中学数学及英文教员,有很深的数学和英文基础。谢希德的数学功底也很了得,她出版的专著《群论及其在物理学中的应用》,现已成为国内许多大学研究生的教材,使学生较容易掌握群论这样抽象的数学工具,受到师生们的好评。因此,不同学科的知识交叉为他们在学科研究方面提供了广阔的研究视野。

四是个性化教学。陈景润的特长不在于讲课,他做中学老师,口才不好,不受学校喜欢。整天搞研究,生活自理能力很差,社会交往能力不足。但他善于研究,爱研究,他的特长也在于"研究",他对数学的热爱达到一种"痴迷"程度。好在有王亚南这么有包容心的校长,好在有华罗庚这么爱才的科学家。如果按我们今天对人才的评价标准,像陈景润这样的人物很难在科学界崭露头角。因此,我们的本科教育一定要注重个性化教育,挖掘每个人的特长和优势,因材施教,鼓励个性发展,才会出拔尖人才。

各位专家,厦大办学90多年,培养出许许多多各个领域的领军人物,我今天只是借厦门大学培养的三位科学家的成长经历和个人成就,谈自己对本科基础人才培养的几点看法,不对的地方,请大家指教。

下面,我还是回到我们今天会议的主题,介绍一下厦大的基础学科人才培养情况。

陈嘉庚先生,在厦大我们尊称为"校主",他在厦大建校之日起就提出"研究高深学术,养成专门人才,阐扬世界文化"三大办学宗旨,并初定"自强不息,止于至善"为校训。就是基于这样一种使命,学校一直以开展精英教育为己任,把培养具有崇高理想,又能脚踏实地之人才作为恒久的追求。刚才上面讲的三位科学家,就是在这种学风教养之下成长起来的。近年来,围绕拔尖创新人才培养,学校开展了一系列本科教育改革,恢复三学期制,实施弹性学制、重修制度、双学位教育、本科生导师制等,为拔尖创新人才培养创造了更为个性化的外部环境。近年来,学校先后在化学、生物、海洋、数学、经济等 8 个基础学科启动国际化拔尖学生培养试点。本计划充分利用国内外优质教育资源,借鉴一流大学拔尖创新人才培养的成功经验,在若干基础学科动态选拔特别拔尖的本科生,量身定制个性化的人才培养方案,聘请名师授课,配备全程育人导师,提供一流的学习条件,依托科研平台,创造一流的学术环境与氛围,重视多元化的课外科研训练。在生源、师资、氛围、培养模式、培养条件等方面,大胆创新,开辟拔尖创新人才培养的新渠道,目前全校共有 186 人入选拔尖计划。

我也希望以这次会议为契机,认真学习各兄弟院校的先进经验,进一步推动厦大的基础学科拔尖学生的培养工作。同时,我也希望大家在会后,到厦大去走走,到这所号称中国最美的大学看看,也许你在厦大校园里的某个地方会找到为什么能培养出这三位大师的答案。谢谢大家。

(2012 年 11 月 17 日,在厦门大学担任校长助理期间,代表学校出席教育部在厦门举办的"第三届全国基础学科拔尖学生培养试验计划研讨会",该文是在会上以"基础学科人才培养与创新"为题发表的主题演讲。见:贺祖斌.基础学科人才培养与创新[J].湖南人文科技学院学报,2013(3).)

高等教育生态系统及其管理

尊敬的潘先生、各位老师、各位同学,大家好!

与其说今天的论坛是一个学术报告,不如说是一个学术汇报,借这个平台向大家汇报一下我这些年关于"高等教育生态"这个命题的研究进展,也期望得到大家的指教。

我今天主要向大家报告关于高等教育生态的三个方面内容:一是高等教育研究的新思维——生态系统;二是高等教育系统生态危机——生态失衡;三是高等教育生态系统管理——生态承载力。

我们都知道,现在学术领域里要研究某个方面的政策走向就从最近的中央文件和国家政策里寻找一些信息,那我们就从十八大报告里研究。十八大报告有一个新的提法就是"五位一体"总布局:经济、政治、文化、社会、生态文明建设,并提出"把生态文明建设放在突出地位,融入经济建设、政治建设、文化建设、社会建设各方面和全过程,努力建设美丽中国,实现中华民族永续发展"。据统计,在十七大报告里提到"环境""生态"是28处,在十八大报告里是45处。这就反映了一个新的变化:国家对生态和环境越来越重视了。过去,由于对环境和自然认识不足,为发展经济,提倡"改造自然,战胜自然,人定胜天",结果使我们的环境和生态遭到极大的破坏,现在,"保护自然,尊重自然,恢复自然"的观念慢慢地深入人心,"生态文明"成为一种新的发展理念。

生 态 思 维

我讲的第一个内容,就是高等教育研究的一种新的视角——生态思维。生态危机的出现和生态学的发展为生态哲学奠定了坚实的基础。生态哲学为分析和解决问题提供了新的思维,使我们可以从生态的视角研究现实事物,观察现实世界,并建立起系统整体性的生态观。用生态观分析高等教育系统的生态特征及其与环境的关系,认识高等教育系统对其生态环境的依存性,将进一步奠定高等教育可持续发展战略的理论基础。

  作为社会子系统的教育系统,尤其是高等教育系统赖以生存与发展的生态环境,必然会受到自然、社会等环境的影响。这些影响已引起了许多人的关注。第二次世界大战以来,高等教育系统不断受到价值观念、宗教习俗、政治运动、科技发展、入学高峰、质量下降、经费不足、人才紧缺与外流等生态因素的威胁,"教育危机"的风暴席卷全球,如美国的"68"学潮、中国开始于1966年的"文化大革命"中的"教育革命",这些都是教育危机的典型表征,教育危机给高等教育系统带来严重的打击和破坏。

  菲力普·库姆斯(P. H. Coombs)在颇具影响的《世界教育危机——系统分析》报告中分析教育存在的不平衡主要表现在以下几个方面:"一是日益过时的陈旧课程内容与知识增长及学生现实学习需求之间的不平衡;二是教育与社会发展需要之间的不相适应;三是教育与就业之间日益严重的不协调和不平衡以及社会各阶层之间严重的教育不平等;四是教育费用的增加与各国将资金用于教育的能力和愿望之间日益扩大的差距等。"库姆斯同时还指出,在一些发展中国家的教育中还存在追求数量而损害质量,盲目引进不适合本国国情和教育目的的外国教育体制的严重问题。

  高等教育系统的生态环境同样令人担忧。"教育体系受着内部和外部两方面的压力。内部压力来自体系内部的失灵与矛盾,外部压力在我们这个时代特别坚强有力。这种压力正在采取新的形式,开始无规则地向前演进,未来行动的方向主要将从外在因素中推演出来。"[①]环境危害在紊乱地扩张,高等教育所处的自然环境、文化环境同样处于生态学上的不平衡状态。面对21世纪的严峻挑战和大学职能的不断扩展,世界各国都面临着"高等教育的道德危机、质量危机、经费危机、管理危机;大学精神的失落、大学思想的泛滥、大学观念的陈旧、大学制度的僵化、大学形象的扭曲、大学使命的钝化、大学文化的缺失、大学目标的偏移……"[②]高等教育的压力来自两方面:一方面社会环境对高等教育职能要求所形成的压力与社会的理性

---

  ① 国际教育发展委员会(UNESCO).学会生存——教育世界的今天和明天[M].北京:教育科学出版社,1999:117.
  ② 刘贵华.大学学术生态研究[D].上海:华东师范大学博士学位论文,2002.

批判日益加大对高等教育的压力,要求它能主动地适应迅速变化的外部环境;另一方面高等教育本身教育性和学术性的特质,要求培养全面和谐发展的人才、创造知识直接服务社会。然而,在以市场经济和工业生产为基础的工业现代化发展中,高等教育既受益于个人主体性的充分发展,又受困于个性的恶性膨胀;在短时间内高等教育的急剧发展在满足民众对高等教育需求的同时,又使高等教育系统内部超越自身的承载力而破坏系统的平衡,最终导致高等教育发展的生态危机。引发高等教育生态危机的最根本表征是生态失衡,教育生态系统中的平衡与失衡,主要表现在教育生态系统的输入输出以及结构与功能上。目前我国高等教育系统出现的生态失衡已经影响到我国高等教育的发展。我国高等教育系统的生态问题及其影响主要表现在高等教育生态承载力、生态区域发展、生态环境等几方面。

  高等教育系统的规模扩张使高等教育生态系统负载加大,同时引发与教育质量的冲突。高等教育大幅度超常规地扩张,而高等教育系统的生态资源承载力和生态环境承载力还未来得及提供足够的容纳能力,也没有足够的资源从外界输入,这时对系统的破坏超过了高等教育的生态承载阈值,使发展规模与系统的生态承载力不协调,最后必然导致高等教育系统的生态失衡。从1999年开始,国家对高等教育的发展作了政策调整,高等学校招生规模的扩大随着高等教育大众化的步伐加快,高等学校存在的矛盾日益突出:一是师资紧缺,生师比迅速提高;二是教学资源日益紧张,教学仪器设备、图书资料、生均设备值达不到办学要求。随着高等教育的规模迅速扩大,如不能及时采取措施提升系统的生态承载力,或者适度控制过大的发展规模与过快的发展速度,将造成规模与质量、结构、效益的不协调,就不能使高等教育系统内部四者的关系处于动态平衡之中,就不能使高等教育持续、稳定、健康地发展。

  高等教育系统的生态区域发展不平衡,导致高等教育系统的区域结构失衡。这主要表现在我国高等教育在东、中、西部三大生态区域发展的不平衡上。从当前我国高等教育的区域结构状况来看,在高等教育资源的区域分布、教育投入直至教育质量方面,三大生态区域明显失衡。另外从高校的类别构成、办学的层次以及办学经费等方面来看都存在巨大的差距。随着生态区域文化和经济发展的不平衡,高等教育生态区域失衡的问题还将越来越突出,这种生态区域差距在很大程度上影响了西部地区的人力资源建设乃至整个社会的可持续发展能力和区域竞争力。

高等教育系统生态环境的变化将影响高等教育的发展。高等教育生态环境是一个以高等教育为中心,对高等教育的发生、发展和存在产生制约和控制作用的多维空间和多元的环境,它由自然环境、社会环境和规范环境等组成。高等教育系统与生态环境的输入和输出之间存在不平衡,教育资源的输入不足导致能量供给不足,从而影响人才输入的质量。在以各种制度形式存在的社会环境中,高等教育与经济、政治、科技、文化等生态因素之间的不协调发展会造成高等教育系统总体上的不平衡。我国高等教育制度生态环境高度集权的管理特点使我国高等教育缺乏自主性、创新性,它将制约着高等教育的生存和发展。

另外,除以上存在的生态承载力、生态区域发展、生态环境等问题外,高等教育的结构问题、高等教育的适应性问题、高等教育的质量问题等均会造成高等教育系统的生态失衡,进而在客观上影响高等教育的发展,甚至会引发高等教育的生态危机。因此,客观上迫切需要运用生态哲学的观点和视角对高等教育生态系统进行研究,促使其均衡发展。

生态平衡

我讲的第二个内容,就是高等教育生态系统失衡的具体表现和实现生态平衡的途径。

高等教育生态系统中的平衡与失衡,主要表现在两方面:一是高等教育生态系统与其环境进行物质与能量的输入与输出,一方面教育资源供应的不足,会影响高等教育生态系统的生存与发展;另一方面教育的滞后,即教育的发展落后于社会的发展,将会造成高等教育系统与社会之间的冲突和矛盾,最终导致教育自身的功能失调。二是高等教育生态系统自身结构与功能的失衡,主要体现在各类高等教育区域布局是否合理,高等教育的数量与质量关系是否合理,高等教育系统的育人功能及其教育内容与受教育者的实际需要是否协调等诸多方面。目前我国高等教育内部之所以出现种种问题,我认为一个重要的缘由是高等教育系统的生态失衡造成的,生态失衡已经影响到我国高等教育的发展。主要表现在以下几方面。

第一,高等教育发展区域失衡。在高等教育资源的占有、教育投入直至教育质量方面,东西部明显失衡。若不加以调整,这种区域失衡问题还将越来越突出。区域失衡也关系到教育公平问题。比如2012年,北京大学计划招生3495人,在北京计划招生614人(7.3万考生,录取率84.5/万),河南108人(82.5万考生,录取率1.3/万),山东72人(55万考生,录取率1.31/万)。另外,中国优质教育资源所在地与非所在地差距巨大,比如中山大学2011年计划招生8000人,在广东计划招生3650人,占比为45.6%,在广西计划招生183人,仅仅占2.28%;浙江大学2011年计划招生7500人,在浙江计划招生2268人,占比30.3%,但在云南仅招26人,占比0.35%。这就是区域间的差距引起的教育不公平。

第二,科学教育与人文教育失衡。在高等教育生态系统中,教育内容与受教育者的实际所需是否协调是检验高等教育育人功能平衡与否的重要内容,而目前科学教育与人文教育的不均衡已经导致高等教育育人功能的失衡。人的素质是综合性的,其提高有赖于实施全面的教育,教育包括科学教育与人文教育。然而,现实状况是这两种教育已发生分裂或失衡,并严重影响到社会的进步和人的全面发展。随着科学技术迅速进入生产领域,带给人类物质上的极度满足和心灵上的极大震撼,使科学文化逐渐取得了文化典范的意义,导致文化生态系统平衡的失调。这也是科学教育和人文教育失衡的体现。以上现象在高等教育中表现得十分突出,人文教育和科学教育的失衡,导致当代大学生人文素质总体水平不高。

第三,规模扩张与教育质量冲突。如果高等教育的发展不顾其生态承载力而大幅度超常规地扩张,将导致高等教育生态系统失衡,同时也极大地影响办学质量。1999年中国高校开始扩招,办学规模不断扩大,一直到现在,中国几乎每3天诞生一所大学,足足持续了12年之久,这在世界高等教育发展史上从来没有过。随着扩招的持续,高校存在的矛盾日益突出:一是师资紧缺,生师比达不到基本要求,部分新专业已达30:1;二是教学资源日益紧张,教学仪器设备、图书资料、生均设备值达不到办学要求。但规模发展不能以牺牲质量为代价,无论从静态的发展状况还是就动态的发展进程来看,数量和质量都是衡量、把握高等教育发展的两个基本指标。高等教育发展要按照自身规律,以长期、持续、稳定地维护数量、质量、结构、效益协调发展为目标,力求四者在高等教育系统内部处于一种动态平衡状态,使高等教育持续、稳定、健康地发展。

第四,学术生态与制度规范矛盾。学术生态与制度规范矛盾表现在:学术失范——目标庸俗、行为失范、学术腐败;学术偏差——重科研轻教学;重行政轻学术;重理论轻实践。

高等教育生态平衡主要是指高等教育系统的综合平衡、运行高效、功能优异及其与社会环境的良好协同。要实现高等教育系统的生态平衡,我认为必须在以下几方面实现协同发展。一是高等教育系统与环境相互适应。高等教育系统与教育环境的相互适应是实现生态平衡的前提,包括高等教育适应社会和社会适应教育两个方面:高等教育要根据环境要求不断改革,培养适应社会发展的人才;要通过改革高等教育外部环境,为高等教育发展提供良好的社会环境。二是高等教育自然性与社会性相互耦合。通过对高等教育的本体自然与社会化的调适和超越,推动高等教育系统向生态平衡过渡和发展。三是高等教育主体与客体相互共生。要实现高等教育生态平衡就必须使教育主体与教育客体共生,首先是要实现教育主体的社会化,即教育者必须先受教育;其次,要实现教育客体的终身化,形成学习化社会。四是高等教育结构与功能相互协调。要提高高等教育功能就必须优化高等教育结构:调整高等教育的层次结构,比如研究生、本、专教育,即高校找准在高等教育系统中的生态位,走适合自身发展道路;根据经济发展需求调整高等教育学科专业结构;调整高等教育生态区域布局结构。

生态承载力

我讲的第三个内容,就是如何对高等教育生态系统进行管理,在这里,我用了一个核心概念,就是生态承载力。

多年来我们一直在强调高等教育质量问题,但是评价高等教育质量的标准是什么?如何来认定高等教育质量是在提高还是在下降?对此我们只能作出一种经验式的判断,一直缺乏科学的评价。高等教育系统生态承载力概念的引入,就有可能对高等教育的质量进行科学的、量化的评价。

高等教育系统像自然生态系统一样存在相应的承载力,一旦高等教育的发展规模超出一定教育资源和相应环境的承受能力,那么它的资源供给和再生能力就受到破坏,系统将失去平衡。因此,高等教育生态承载力是衡量高等教育发展速度和规模的规划尺度和重要指标。

在生态系统中,由物质循环和能量流转的相互作用,建立了自校稳态机制而无需外界控制,但生态系统的稳态机制是有限度的,当系统承载力超过稳态限度后,系统便发生转变,从一种稳态走向另一种稳态,但稳态的变化是渐进的,美国生态学家奥德姆(E. P. Odum)将这种变化称作"稳态台阶"，即人类的活动不应超越生态系统的承载限值。生态承载力指生态系统的自我维持、自我调节能力，资源与环境子系统的供容能力及其可承受的社会经济活动强度和具有一定生活水平的人口数量。

进而推论，高等教育生态承载力是什么？我认为，高等教育生态承载力应理解为高等教育生态系统的自我维持、自我调节能力，以及教育资源与环境子系统对具有相应质量标准的发展规模所能承载的供容能力。它是衡量高等教育发展速度和规模的一个很重要的指标，也是在一定时期内确定高等教育发展规划的尺度。我认为应从以下几方面了解这一概念：一是高等教育要维持一定质量标准和规模的发展，必须要有相应的教育资源和能支持其发展的办学环境，这就是高等教育系统能够维系平衡的生态承载力。二是高等教育的发展受到高等教育系统的教育资源（比如：投入、师资、设施等办学条件、生源质量和学术氛围等）供给能力和高等教育发展环境（比如：政治、经济、文化和对高等教育的需求等）的支持能力的限制。三是一旦高等教育的规模发展超出一定教育资源的承受能力，那就像自然生态系统一样，它的资源供给和再生能力就受到破坏，系统将失去平衡，其培育质量将难以维持。四是高等教育的规模发展如缺乏与其生存环境相应的财力投入、政策支持和文化发展需求的外在压力，也很难使高等教育得到均衡持续的发展，其质量标准也将受到影响。

同时，高等教育生态承载力具有以下几个特点。一是客观性。在一定时期，高等教育资源的供给能力与环境的容纳能力是一定的，高等教育系统的生态承载力是相对稳定的。二是可变性。通过运用一些社会调节机制和手段，如加大投入、改善条件、增加师资等，提高高等教育系统的教育资源供给能力和高等教育发展环境的支持能力，系统的生态承载力便会提高，高等教育系统生态承载力是可变的。三是多层性。高等教育生态承载力体系在不同层次、水平、类别上，生态承载力不尽相同。

如何来认识高等教育生态承载力呢？可以从资源承载力、环境承载力两个方面来解读。

高等教育资源承载力是高等教育生态系统发生发展的基本条件，也是高等教育生态系统与社会生态系统进行物质、能量、信息交换的基本内容。有如下观点：第一，高等教育资源承载力，从广义上说，是指达到一定质量和具有一定规模的高等教育所需的人力、物力、财力、信息等资源；从狭义上说，指高等教育办学资源承载力，即高等教育系统中达到一定质量和具有一定规模的高等教育所需的直接货币投入和人力与物力投入。第二,高等教育资源承载力分为最大资源承载力和适度资源承载力。最大资源承载力是一定质量和规模内通过各种手段等可达到的资源承载能力;适度资源承载力是一定质量和规模内在不危害生态系统前提条件下的资源承载能力。

关于高等教育环境承载力,我认为是指一定时期政治、经济、文化水平为一定质量和规模的高等教育提供的能力。高等教育的发展依赖于一定的外部环境,当高等教育的发展与外部环境的承载力相适应时,它能促进政治、经济、文化水平的发展,反之将打破高等教育系统与其环境的生态平衡,环境承载力将限制高等教育生态承载力,因此环境承载力是高等教育生态承载力的约束条件。比如政治环境承载力,即高等教育管理机制、政策法规等;经济环境承载力,即经济发展水平、高等教育投入等;文化环境承载力,即各种与教育相关的精神文化总和。

另外,还有一个概念就是高等教育生态弹性力,是指高等教育生态系统的可自我维持、自我调节及其抵抗系统外的各种压力与冲击的能力。我认为,可从以下几方面加以认识:一是生态系统有自我调节与自我恢复能力,在内外扰动或压力不超过其弹性限度时,生态系统在偏离原来状态后可恢复到原来状态,这就是生态系统的"弹性力";二是高等教育生态系统的弹性力是有限度的,如果外界的作用力使生态系统偏离原来的平衡点太多而超过了系统的弹性限度,那么生态系统就从一种状态改变成了另一种状态;三是如欲把握高等教育生态弹性力就要把握高等教育发展规模的"度",系统的弹性力高,表明高等教育可承受的外界压力和冲击能力就高;四是高等教育系统生态弹性力的内涵包括弹性强度和弹性限度。

我觉得讨论高等教育生态承载力,很有意义。在高等教育发展过程中,生态承载力是衡量其发展速度和规模的重要指标,应从增加办学资源和提高环境承载力入手来提升高等教育生态承载力,同时也要注意高等教育生态弹性力的变化,寻求资源利用与生态系统可接受阈值之间的动态平衡点,以保证既能提高高等教育生态承载力,又不对高等教育系统产生破坏与影响,实现高等教育生态系统的动态平衡。在讨论高等教育系统生态承载力时,我觉得有两个问题值得进一步探讨:一是生态承载力的运用领域,是一定区域的高等教育系统,一个大学,还是学术组织?二是生态承载力的衡量标准和参数设定。这两个问题在我的研究中一直没有很好地解决。也希望大家提出更好的建议。

以上所讨论的是我这几年对高等教育生态几方面的初步研究,研究成果主要体现在我出版的专著《高等教育生态论》中,同时发表了有关高等教育生态研究方面的二十多篇论文,在这些研究的基础上,去年我又出版了《区域高等教育发展论》,正如潘先生对这两本书的评价:"两本著作,一本是以社会生态学的原理与方法研究高等教育问题,一本是从区域经济学的原理与方法研究高等教育问题,所体现的不仅是多学科观点的研究方法,还可看到两门不同学科在高等教育发展研究上的结合。"我在这里要特别感谢潘先生,他对我的研究一直给予很大的鼓励和帮助。

对高等教育生态研究而言,因为它是一种新的方法、新的视角,肯定存在很多问题,正因为有问题才更需要大家一起来进行探讨,我迫切希望大家对我的研究给予批评和指导。谢谢大家!

(2013年1月7日应邀在厦门大学"第22期厦大高教论坛"所做的学术报告,部分内容参考贺祖斌著《高等教育生态论》,广西师范大学出版社,2005年)

大学教师发展与评价

今天在厦大举办"本科高校教学改革与教育管理研修班"有其特殊的意义。厦门大学高等教育学是国家级重点学科,在全国高校有极其重要的影响,聚集了一大批高等教育学方面的著名专家学者。厦大为这次研讨班做了精心安排和准备,邀请潘懋元先生、邬大光教授、别敦荣教授、叶取源教授等前来授课,这些教授都是高等教育研究领域的大家,他们将系统地讲授高等教育改革与发展、高校教学改革与课程建设、高校专业调整等相关内容,并与各位学员就相关内容进行研讨。我十分荣幸应邀承担这次"本科高校教学改革与教育管理研修班"的教学任务,我今天讲的专题是"大学教师发展与评价",其实,对我来说,这也是我在厦大一次难得的学习机会。另外,由于是讲课,所讲内容除了介绍我自己的研究成果外,有部分内容是引用国内学者公开发表的一些研究成果,让我们共同分享,因此,在这里有必要事先说明一下。

第一个问题,让我们了解一下美国大学教师发展的基本情况及其给我们的启示。

美国最初的大学教师发展形式始于1810年哈佛大学的学术休假。在20世纪70年代之前这一直是大学教师发展的主要形式。20世纪60年代早期,密歇根大学等一批院校开始设立大学教师发展的专门组织机构,称为"教师发展中心""教学中心"等。由于当时高等教育服务对象的层次和范围出现巨大差异,帮助教师适应学生变化、提高教学质量成为教师发展的主要任务,期间大量教师发展组织机构建立,教师纷纷参加各种项目和活动,经费来源多样且十分充足,人们将这一现象称之为"大学教师发展运动"。此后,教师发展组织仍不断增加,教师发展活动在高校中越来越普遍。90年代,美国大学生的多样性比高等教育历史上的任何时期都要突出,大学教师需要在教学、学习方法、技能和技术上具有更大的灵活性。大学教师发展活动的指向由重视教师"教"的能力和水平的提高转变为实现学生"学"的能力的增强。越来越多的高等教育管理者认识到大学教师发展是实现高校各项目标的关键,大学教师发展活动出现前所未有的繁荣局面。进入21世纪,大学教师发展工作者以及院校都面临着更高的期望,大学教师发展活动如何得到最好的发展以及如何改革以满足大学教师和院校的要求成为教师发展活动的主题。美国大学教师发展从19世纪初至今经历了从萌芽到逐步兴盛和不断繁荣的过程,期间经历了从教师个体发展向教师集体发展,从单一目标向多维目标,从自发的活动到形成有组织的机构,经费来源从单一的、不定期的院校拨款到有基金、协会、政府以及院校的支持的变化。这一历史变迁的过程也证明了其参与和应对变化并促进高等教育发展的能力。云南大学徐延宇研究认为,美国大学教师发展已经成为院校管理和实践工作中一个极为重要的方面,受到教师、院校管理者的重视,也成为理解和研究美国高等教育取得巨大成就不可忽视的方面。①

美国大学教师发展给我国大学带来什么启示?

从管理向服务、培训向发展转型。从管理转向服务,从培训转向发展也是以人为本的体现。昨天,潘懋元先生跟大家讲到高等教育改革与发展,其实关于大学教师发展问题,早几年他就做了深入研究,他认为:大学教师发展和教师培训是两个有着密切联系的不同概念,教师培训着重从外部的社会、组织的要求出发,要求大学教师接受某种规定的要求、规范;而教师发展着重从教师主体性出发,自我要求达到某种目标。当然,教师发展离不开某种形式的教育、培训,但更为重要的,是教师的自主性和个性化。② 长期以来,我们将各类高校和各级教育主管部门提高大学教师能力的活动称为培训,强调开展培训的动因主要是满足高等教育和高校运行的需要。这种突出组织需要的培训理念必然将大学教师培训作为一种主要的管理手段,而非满足教师自身成长和发展的需要。推动我国大学教师发展,要密切关注教师的工作需要,优化教师的工作环境,提高工作效率。大学教师发展是教师内在能力的增长,是教师科研、教学和社会服务水平和质量的提高,是教师向更加优秀、更为杰出的研究者、教学者和专业人员的转化。因此,发展是内

---

① 徐延宇. 美国高校教师发展的特点与启示[J]. 高等工程教育研究,2008(3).
② 潘懋元. 大学教师发展与教育质量提升——在第四届高等教育质量国际学术研讨会上的发言[J]. 深圳大学学报:人文社科版,2007(1).

生的，体现的是教师自我成长的需要，是教师在面对外在环境变化和挑战时的主动回应。大学教师发展注重的是以教师的成长需要作为出发点。从大学教师的特点来看，发展比培训更能增强教师的各方面能力，服务比管理更能适应实践的需要。

构建大学教师发展综合服务机制。大学教师发展是提高教师的科研、教学能力的一项复杂、综合的工程，有必要建立综合的大学教师发展服务体系。目前，我国大学教师培训形式有很多种，包括高级研讨班、国内访问学者、在职攻读硕士学位、短期研讨班和讲习班以及出国进修等。大多以提高教师科研能力为主要目的，涉及提高教师教学能力的只有岗前培训、单科进修和骨干教师进修班等少数形式。而参加培训的教师多数是年轻教师。实际上，所有职业阶段和年龄阶段的教师都有发展的需要。中年教师面临转型，需要澄清学术职业的价值；资深教授要确定新的学术目标等。这些都需要通过教师发展活动为他们提供必要的支持。

积极推进教师发展的专业化。要有组织地开展教师发展研究，从理论上深入研究我国大学教师发展的特点和规律。教师发展工作者还要能对大学教师发展活动进行研究，运用理论研究成果指导实践工作。因而，进入大学教师发展领域应形成正式的人口，如研究生阶段的专业教育、专业继续教育。因此，培养一支专业的大学教师发展工作者队伍是提高我国大学教师发展质量的必由之路。

第二个问题，谈谈如何走自己的教师教学发展中心之路。

去年，教育部提出引导高等学校建立适合本校特色的教师教学发展中心，积极开展教师培训、教学改革、研究交流、质量评估、咨询服务等各项工作，提高本校中青年教师的教学能力，满足教师个性化发展和特色人才培养的需要。国家和省建设高等学校教师教学发展示范中心，承担教师教学发展中心建设实践研究，组织区域内高等学校教师教学发展中心管理人员培训，开展有关基础课程、教材、教学方法、教学评价等教学改革热点与难点问题研究，开展全国高等学校基础课程教师教学能力培训。这是我国一项重要的新的教师发展政策。从政策实施的进程看，教师教学发展中心的建设尚属进行时，而非完成时。建设与发展教师教学发展中心的总体战略构想及各项具体问题尚待摸索和解决。

加强教师协作。大学教师培训内容总是根据不同时期高等教育事业改革发展对大学教师队伍建设的任务和要求制定的。这种价值观引导教师发展,是一种外在的要求,难于满足教师个性化、专业化发展。因此,教师教学发展中心组织定位相当关键。教师教学发展中心引领教师走向卓越,在协调外部动力与内在动力时,应当更加凸显教师发展的内在动力,使大学教师持续、健康地发展。教师教学发展中心基本上定位于教师互助组织,外在条件的改善,不可能代替教师之间在学术组织的自主交流。华南师范大学王中向认为,教师发展中心是一个"跨部门、跨学院、跨学科的教师交流平台",一个既非职能部门亦非教学单位的非行政化组织;中心将教师或紧密或松散地联系在一起,使大学恢复为由学术团体和学科专业组成的学术共同体,回归大学本质和学者精神,彰显了作为学术共同体组织的特性。[①]

关注质量问题。国家为有效提升高等教育教学质量进行了一系列的改革,政策推动及相关措施的实施,为教师教学发展中心的建立和发展奠定了基础。但建设教师教学发展中心面临的最大问题是能否吸引教师主动参与并自主发展?当前的高等教育系统中,作为大学根本使命的教学,遭遇日益严重的遮蔽,教学学术备受漠视,在大学教师的学术事务中日益边缘化。在大学里重科研轻教学的现象成为阻碍教师教学发展中心发展的最主要因素。因此,为有效激励教师主动参与发展,免于教师教学发展中心流于形式,亟须推进教学学术发展制度建设,特别是以价值认可制度作为支撑。这是教学学术摆脱在学术评价制度中被边缘化状态、回归应有地位的必由之路。

彰显发展特色。当前,正在由管理教师向服务教师的理念转变,教师教学发展中心刚起步,积淀尚欠深厚,教师发展的质量尚待整体提高,特色尚待积极培育。教师教学发展中心须借鉴国外大学模式,开展教师职业生涯规划与教师职业发展,对待不同类型高校的教师,要根据不同定位给予不同的发展机会,提供与其发展相适应的、有所侧重的多样化、个性化、内容丰富的教师发展项目。

在这方面,厦门大学教师教学发展中心在全国大学中做了一个很好的榜样,教育部公布的全国国家级教师教学发展示范中心名单中,厦门大学教师教学发展中心榜上有名,成为首批入选全国30所国家级教师教学发展示范中心之一,且名列第一。我想大家在学习期间一定要抽时间到中心去参观一下,必将有所收获。厦门大学之所以能得到大家的公认,我认为有几点

---

① 王中向.我国高校教师发展的新探索[J].湛江师范学院学报,2012(1).

经验值得借鉴,这些经验将对刚刚兴起的大学教师发展中心建设起到非常好的示范作用。

有一个好的领头人。著名高等教育学家、厦门大学副校长邬大光教授是该中心的负责人,他的专业背景为高等教育,是我国首批培养的高等教育学博士,长期从事高等教育研究,科研成果丰硕,多年从事学校管理工作,曾担任教务处处长,一直分管学校本科教学工作,对教学管理、人才培养和教师发展有着深刻的理解。

有一个优秀的团队。厦门大学是国内较早关注和重视教师发展的高等学校。教师发展中心是依托教育研究院高等教育研究和教师发展研究的学科优势,在整合学校人事处师资培训职能、教务处教学研究与质量监控职能基础上组建起来的一个专兼职人员相结合,集教师发展、教学理论研究、青年教师教学培训和社会服务于一体的教师发展促进组织。中心成员以教育研究院的研究人员为主体,同时聘请了部分有较高学术造诣和丰富教学实践经验的国家级、省级教学名师为兼职人员,形成了一支结构合理,既能从事理论研究,又能进行教师培训的研究力量。

有一个好的规划。教师发展中心制定了一个切实可行的"十二五"规划:以"教师发展中心"为基础,建立完善的教师发展培训服务体系;以"教师发展中心"为平台,建立科研潜质向教学能力的转化机制;以"教师发展中心"为依托,建立本科教学质量自我评估的预警机制;以"教师发展中心"为依托,建立厦门大学教师发展研究数据库;以"教师发展中心"为桥梁,建立"海峡两岸高校师资交流培训基地"。

第三个问题,再谈谈大学教师如何规划好自身的发展。

我认为,教师的职业精神气质是个体已有的精神气质与职业活动有机地融为一体而形成的。大学教师的自信是对自身学识的高度认同,同时,作为研究者必定要有一个遵从学术自由与独立的工作环境,有一种追求学术自由的孤独气质和追求真理的怀疑精神。因此,大学教师必须具备独特的精神气质、崇尚自由的气质和承担社会责任的气质。大学教师的学术职业使命是传道、授业、解惑,因此,大学教师要成为"人师"、教师、学者。教师的专业发展目标应为:以内修为基础,通过自觉的、系统化的专业发展,提升专业水平、促进群体发展,进而成长为身份神圣、学术自由、组织自治、行为自律的以学术为业者。

但是,当前大学教师的学术职业存在诱惑及偏差:一方面,学术失范——目标庸俗、行为失范、学术贿赂、学术腐败。另一方面,学术偏差——重科研,轻教学;重行政,轻学术;重理论,轻实践。因此,在大学教学中,出现低效教学——"三无"教学:无趣、无效、无用;职业倦怠。这些都是目前大学教师职业发展中遇到的问题。

教师专业发展应如何走自己的发展之路?有两方面应该注意,一是专业服务承诺——表现在教学、科研、服务等方面。二是专业伦理规范——专业团体内部伦理,比如学术诚实等;社会伦理职责,比如培养人才等;专业价值合法化;专业自治;等等。

第四个问题,关于大学教师的教学评价。

关于大学教师教学评价,我想结合自己多年的大学教学评价的实践和体会谈自己的认识。目前我国大学教师教学评价存在的问题,主要体现在理念上重视近期利益,模式上偏重定量评价,内容上偏重量化的成果,形式比较单一,程序不规范等。由于这些问题的存在,目前我国大学教师教学评价不仅难以起到鉴定教学水平、有效激励教师的作用,而且有时候还会人为地造成大学教师人际关系紧张。随着教学评价功能的日益凸显,大学教师教学评价已经广泛开展,在大学教师教学评价实践中需要分析并解答几大关键问题——"为什么评价""谁来评价""怎样评价"。

关于大学教师对教学评价应形成相应的共识:评价最重要的功能是促进教学变革、提高质量,评价是教师履行其专业职责的重要方式,有效的教学评价依赖于对学生学习的了解,有效的评价需要多种信息和多样化方法,评价教学的根本准则是学生学习的质量,评价是一种学习工具和促进变革的载体,有效的评价需要适宜的外部环境的支持。

学生对教师的教学评价,我认为应该是学生评价、同行评价、领导评价、教师自评等几种评价方式中最可信的一种评价方式。多年的学生评价教师也给我们带来一些启示:一是信度良好:学生对教学的评价主要是对教师而不是对课程的评价;采用学生评价,教师可能会在一定时间内愚弄部分学生,甚至会永远愚弄部分学生,但不可能在所有时间愚弄所有的学生。二是效度一般:相关分析表明,学生评价结果是衡量教学效果的有效指标,但只能说效度一般,教师并不是简单地分为好或坏,是好或是坏与特定的学生有关。三是某些因素可能会影响评价结果:课程特点——不同类型课程有一定的影响;学生特点——不同类型学生对教师有不同评价;教师特点——好的教学与好人有相同之处,但不是一回事;研究成果的高低不一定能反映教学效果;年轻、教学经验少的教师通常得分较低,但不能完全说明他们的教学水平不高。

大学教学评价,离不开大学质量文化的影响。质量文化是指高校在长期的教育教学与管理过程中积淀而成的,以教学质量为核心的各种办学理念、价值观念、管理思想、行为模式、制度规范、教风学风等的集合。高校教学质量文化的结构分解为物质行为、组织制度和精神道德三个层次,因此,教学质量文化建设有几大原则——人本化原则、全面性原则、整体性原则、持续性原则、创新性原则、示范性原则等。在教师评价文化的形成上,我认为,在评价方案的设计上,不应该仅由少数专家、管理人员来制定评价目标、准则和方法,而要让教师真正参与其中;加强与教师的沟通,必须从高高在上的审视者转变为倾听者、对话者和信息的提供者,逐步形成有效的大学教师的评价文化。

最后,结合自身的管理实践和经验,我想谈谈我对大学教学管理的个人感悟和体会。

作为大学教学管理者,不管是基层的一般管理干部,还是学校分管教学的 CEO,由于教学管理的复杂性、多面性和专业性,必须坚守"服务至上"的理念。第一,制定职业规划:"预则立,不预则废",在大学从事教学管理,需要有一个长远的专业规划,把职业做成专业,再将专业做成自己的事业。第二,在管理中提高个人管理能力:要做到"眼高手低"——境界要高,脚踏实地;"讷言敏行"——少夸夸其谈,多敏捷行动;"善思多作"——要善于思考,多开展理论性的总结。第三,在管理中提高自己的研究水平:把"以管理带研究,以研究促管理"作为一种管理文化,注重管理文化的培养:管理、服务、研究、创新。第四,注重团队精神的建设:在优秀团队文化建设中,顶层设计看想法,中层推进看办法,基层实践看做法;在团队建设中,成功者往往去找方法,失败者往往去找理由;观念比能力重要,策划比实施重要,行动比承诺重要,选择比努力重要。

(2012年10月23日应邀在厦门大学教育研究院主办的"本科高校教学改革与教育管理研修班"所做的专题报告)

"后评估"与大学质量保障

教育部于2003年启动的"五年一轮"的普通高等学校本科教学工作水平评估到2008年9月基本告一段落,在这一轮评估中有589所高等学校接受了评估,这在中国高等教育发展史上是一件值得大书特书的大事,它为中国高等教育大众化进程急剧发展时期改善办学条件、增加办学活力、提高办学质量等起到不可替代的作用。不可否认,在这一轮评估活动结束后的一段时期内,各高等学校或多或少会出现一些由于评估引发的特殊现象,笔者暂且将这一时期称为"后评估"时期,将出现的特殊现象称为"后评估"现象。在"后评估"时期,如何对出现的"后评估"现象进行分析并采取相应的对策,将影响到高等学校评建成果的巩固、教学质量保障长效机制的建立等问题。我今天就"后评估"现象内涵、特征等进行分析,并就如何在"后评估"时期建立高等学校教学质量保障长效机制进行探讨。

"后评估"内涵、特征

首先,我谈第一个问题,"后评估"现象的内涵、特征。

这是一个新的命题,我认为,所谓"后评估"现象,是高等学校根据评估指标要求对各评价项目开展目标建设,并在接受评估后一段时期内(1—3年内),出现的有关教育教学具有明显评估活动特点的"后遗"现象,它具有持续性、发展性、转移性、倦怠性等特征。从广义上讲,这个时期的高等学校教学改革与发展应当看做是评估后整改阶段的有机组成部分。这个定义是否准确,我们可以进一步讨论。我想,它有以下几个特征。

持续性。即在评估活动结束后,在迎接评估期间学校所建立的各种管理和规范的有效延续现象。在迎接教学评估的过程中,各高等学校根据评估指标要求,强化了学校管理,建立和制定了各种规章制度,特别是对教学过程中的各个环节进行改革和建设,建立了有效的管理制度。比如,建立完善合理的课堂教学和实验教学质量评价体系,对教师授课质量进行多维的综合考评;建立本科毕业设计(论文)质量检查制度,对选题数量及质量、毕业设计(论文)的质量以及相关文件进行监控;建立毕业生质量跟踪调查制度,定期对毕业生参加工作后的情况进行调查、统计、分析和总结;建立本科评估各种相关指标的数据库,对学校的办学条件、师资状况以及教学状况进行动态跟踪,随时对学校的办学弱项进行整改;建立实验教学管理制度和实验开放式管理制度,从传统的验证性实验过渡到设计性、综合性实验。这些教育教学管理制度和形成的各种规范,在评估结束后,将有效地延续。

发展性。各高等学校对本科教学评估相当重视,都以评估为契机,将其作为学校新的发展平台。近几年,我国经历了从精英教育到大众化教育转变的时期,通过教学评估可以确保本科教学质量没有因大规模扩招而产生滑坡。教学评估对教育行政部门而言是政府转变职能、加强宏观管理、督促学校办好教育、提高教育教学质量的重要手段,同时也是对高等学校的教育教学质量进行控制的有效方式。通过评估也将进一步促进政府加大对高等教育的投入。

各高等学校将本科教学水平工作评估作为质量生命线,将其看做是学校的历史责任,是学校的发展需要,是高等教育发展的需要。当然,评估也是应对激烈的竞争环境和高等教育发展态势的需要。通过评估,实实在在提高教学管理水平,提高教育质量,增强学校的凝聚力,充分调动教师教学、学生学习的积极性,对高等学校今后快速发展打下了非常坚实的基础。高等学校通过教学评估后将进入一个新的发展平台。

转移性。指学校投入精力和中心的转移。任何一项活动都有它的周期性,评估活动结束后人们的关注点和兴奋点将会转移。在迎接评估期间,学校对教学工作给予了高度的重视和超常规的投入,包括领导、教师、学生的精力投入和经费的投入。不可否认,学校的发展涉及很多方面,评估结束后,学校将会寻找新的发展点,比如学科建设、博士硕士等学位点的争取和建设、学校更名等,其综合性的投入将会转移到新的发展点。比如高校图书馆"后评估"现象:突击采购大量图书,文献质量和馆藏资源特色得不到保证;评估后大量削减购书经费或停止买书,馆藏文献"青黄不接"等。

倦怠性。对运动式的评估方式情绪倦怠。教师职业倦怠是指长期工作在高度压力下的教师,在情绪、认知、行为等方面表现出精疲力竭的状态。倦怠性越强,其心理健康状况越差,长期的压力和倦怠不仅造成教师生理和心理上的不适,同时也影响着教学水平。教学评估从准备工作开始,采取了层层动员、查漏补缺、限期整改等措施,而且随着评估结果的目标期望值越来越高,全校上下都承受着相当大的压力,评估的准备工作使教师原有的工作习惯和规律被打破,无形中增添了教师、干部工作的负荷,使教师承受着较大的心理压力。而评估的各种指标达标要求,也使教师出现疲惫状态。评估结束后,教师群体中出现了职业倦怠现象。这种现象集中表现为出勤不出力,在岗而不尽责,责任感和进取心不强,作风松弛,效率不高等。

质量保障机制构建原则

其次,我谈第二个问题,"后评估"时期质量保障机制建立原则。

"后评估"时期所存在的问题,倘若不及时扭转、克服其负面影响,势必对学校的发展不利,同时进一步损害教师队伍的工作积极性,造成工作动力与热情匮乏。"后评估"时期需要解决以下几方面的问题:如何保持学校在迎评中形成的发展态势的可持续性;如何保持评估期间建立的教学质量管理机制的长效性;如何避免评估疲倦情绪的负面冲击;如何平衡学校各项工作的均衡发展;如何提高新教师教学水平和教学设施利用率;如何建设学校的质量文化。如何处理好这些问题是解决"后评估"现象的关键。

建立"后评估"时期教学质量保障长效机制,必须坚持以下三大原则。

以内为主,以外促内。在"后评估"时期,以高等学校内部保障教学质量体系为主体,以外部教学质量保障来促进高等学校内部教学质量保障体系建设。通过外部教学质量监控手段来促进学校内部的教学质量保障体系的进一步完善。

制度为先,过程为重。建立完善的教学质量管理制度是保证教学质量的先决条件,在评估过程中各高等学校制订和重新修订了大量教学管理制度,在"后评估"时期,要把制度作为保障条件,更重要的是教学质量管理过程,强化管理过程是落实质量目标的重要手段。

目标明确,手段多元。本科教学工作的目标就是提高教学质量,培养高质量的人才。目标是明确的,保证教学质量的手段是多元的。可以通过传统的管理方式对教学计划、方案、课堂、实践、毕业论文等诸多环节进行质量控制,也可以通过校园网等现代信息手段对教师教学进行评价、对教学信息进行管理,实现教学质量保障手段的多元化。

如何建构质量保障机制

再次,我谈第三个问题,"后评估"时期质量保障机制实施的措施。

"后评估"时期教学质量保障长效机制实施的措施主要在于构建高等学校教学质量内部保障体系。要以质量为中心,以全员参与为基础,着力构建一个能提高高等学校研究质量、维持质量和提高质量相统一的内部质量保障体系,并形成长效机制,通过质量管理的软件和硬件相结合进行有机运作,来促进学校教学质量的提高。

第一,确立教学质量保障长效机制的管理内容。明确管理内容是高等学校教学质量保障长效机制建立和有效运行的前提条件[①],在"后评估"时期着重要强化管理的内容有如下五方面。

教学计划管理。教学计划是高等学校保证教学质量和人才培养规格的重要文件,是组织教学过程、安排教学任务的基本依据。教学计划管理包括教学计划的制订和实施。各高等学校的教学计划在评估之前会进行一轮认真的修订,并遵循一定原则,按照科学的程序,围绕教学内容,根据新的办学思想和办学定位进行了修订。并在保持相对稳定的同时,根据社会、经济发展对人才的要求适时地进行修订完善。教学计划制订以后,在"后评估"时期关键就需要对其进行落实,以确保教学计划的指导作用能得到有效发挥。

教学过程管理。在教学质量内部保障体系中教学过程的管理是教学活动最核心、最重要的管理,包括以教师为主导、以学生为主体、师生相互配合的教学过程的组织管理和以校、院系教学管理部门为主体进行的教学行政管理。在"后评估"时期具体表现在:主讲教师资格的认定,教授上本科课程的制度落实,教师教学工作、教学质量和学生学习质量等环节的管理。

教学辅助管理。高等学校为了达到评估指标所提出的办学条件的要求,在评估之前一般都会加大投入,使各项条件达到或超过标准。经过评估后,绝大多数高等学校都拥有了充足的图书资料、先进的教学技术和多种教学手段、完善的教学设备设施、足够的教学场所,但如何提高图书资料、教学

---

① 贺祖斌.高等教育大众化与质量保障[M].桂林:广西师范大学出版社,2004:85.

设备的使用率,并提高教学管理人员和后勤人员的服务质量是"后评估"时期值得关注的问题。

课程考试管理。评估指标要求对学生的考试试卷的质量进行抽查,各校都非常重视,并重新修订了相关的考试管理制度,建立科学的考试工作程序和制度,建设试题库,严格考试过程的管理,进行必要的试题及试卷分析,做好考试工作总结。在"后评估"时期如何有效地落实和贯彻这些制度是需要重视的问题。

教学工作评价管理。进行评估后,高等学校对教学工作的评价都十分重视,但如何在日常管理中坚持评价制度并形成规范性管理,通过对教学信息的收集和整理,从总体上把握学校的基本教学情况,并及时将有关信息反馈到相应部门,以促进教学工作协调、优化,是"后评估"时期关注的重点。

第二,保证教学质量保障长效机制的有效运行。"后评估"时期,建立教学质量保障长效机制、提高教学质量是评估的终极目标,在进一步明确教学质量保障长效机制的管理内容后,使教学质量保障长效机制得以有效运行才能发挥其积极作用,针对教学质量保障运行机制中的各个子系统应采取以下七项相关措施。

强化教学决策指挥。教学工作决策指挥系统在体系中处于核心地位,由分管校长负责,校教学指导委员会、学术委员会、各院系领导、教务处和有关教学管理部门组成。这种模式的决策指挥系统在评估期间曾经发挥了高效和积极的作用,在"后评估"时期仍然行之有效,其职责是进一步分析社会发展需要的变化,对学校办学的目标如人才培养规格及办学方向进行定期评价;制定教学质量标准和政策;组织实施教学质量管理活动;纠正偏差,协调关系,促进各方面充分发挥潜能,确保人才培养的质量达到预期目标。

加强教学组织运行。组织运行系统由校、院(系)、教研室三级运作模式组成。层次合理、职责明确、权限分明的保障组织是系统的基本保证,"后评估"时期要逐级负责,分工协作,发挥整体效益。校级教学运行过程的质量保障,重点放在涉及面广的主要基础课程和主要教学环节上,并对全校整体教学状况进行定期和不定期的检查;院系和教研室教学过程的质量保障,重点放在教师的教和学生的学方面。另外,组织运行系统需要依靠科学的教学管理制度,它是教学质量保障的根本依据和基础,在"后评估"时期要进一步完善并落实制定人才培养总目标、教学改革方案、教学质量规范、课堂教学规范、实践教学规范、教学管理规范、学籍管理规范、教师工作规范等。

完善教学评价体系。教学质量保障工作的实际操作,是通过各类评价来实现的。因此,学校在接受教育部本科教学评估后,要依据本科教学工作水平评估的指标要求,根据不同的对象、目标建立各级各类科学的评价体系,包括过程评价、条件评价和经常性与随机性的教学评价。教学工作评价是宏观调控教学工作的重要手段,包括校、院系总体教学工作评价,专业、课程和各项教学基本建设评价,教师教学质量和学生学习质量评价等。为了确保评价质量,可以成立校、院系教学工作评价小组来开展工作,并加强评价机构与队伍的建设,定期评价、诊断教学以及与教学有关的活动的输入、过程和输出。

健全教学信息制度。掌握与控制教学信息流的流向,及时获得各种信息的反馈,并运用现代科学技术进行教学信息的采集、分析、归纳,将有利于决策指挥系统对教学质量及时进行分析、判断、决策和指挥。教学信息系统是以教务处为中枢,由各级领导、专家、教师、学生信息员等组成的校内信息网络。通过信息网络,及时、准确地反映教学活动中的各种信息,以便对教学实施过程及时进行有效调整,同时不断分析人才市场的需求信息,为学校提供决策的依据,以便及时调整人才培养质量的目标与规格,明确人才培养的目的性与增强适应性。"后评估"时期,各校建立了相关的教学数据分析报告,比如本科教学工作的年度分析报告、教师教学工作年度分析报告、毕业生就业情况及用人单位反馈年度分析报告、教师的绩效评估年度分析报告、教学状态基础数据库年度分析报告等,这些分析报告的建立和完善有利于教学信息的掌握和宏观决策。

加强支持保障建设。尽管在评估期间,学校对支持保障系统的办学条件进行了超常规的投入和建设,但教学条件建设是一个长期的过程,在评估结束后也不能忽视条件建设。教学基本条件建设包括师资队伍建设、管理队伍建设、专业建设、课程建设、教材建设、图书资料建设、实验实习基地建设和教学手段现代化建设等。教学条件是影响教学质量的决定性因素。支持保障系统由学校教务、人事、财务、学工、设备、后勤、图书馆等教学管理和服务部门构成。该系统提供实现教学目标所需要的必备条件,提供必要的人、财、物的支持,支持和保障高校教学管理的正常高效运行。

加强质量文化建设。质量文化是组织内部成员的质量行为模式及由此体现出来的质量价值观念和质量价值规范。① 对高等学校而言,质量文化是在长期的教育教学实践过程中影响人们行为的传统习惯、行为准则、思维方式、价值观念等的总和。它既是一种管理文化,也是一种组织文化,它具有精神性、社会性、集合性、独特性和一致性等一切文化具有的特征。② 由于主客观原因,高等学校质量文化建设长期以来没有得到应有的重视。因此,质量文化建设是"后评估"时期高等学校发展的一项重要工作。应该从以下几方面开展质量文化的建设:确定适合高等学校自身的质量文化建设的目标,在学校营造质量文化建设的氛围,在教学和管理中强化质量文化的意识,建立健全质量文化建设的各种制度。其中,育人环境建设是质量文化建设中的重要内容,它与教育教学一样是决定学生发展的重要因素。优美舒适的学习环境、严谨务实的教风、勤奋刻苦的学风、高品位的校园文化氛围以及活跃的学术氛围的建设,对提高教学质量具有重大影响,因此,在"后评估"时期要延续评估期间所建立的教学环境,并逐步形成富有自身特色的高等教育质量文化。

建立仲裁督导制度。仲裁督导系统由校教学委员会和学术委员会组成,根据约束机制原理对教学实施过程和质量保障过程进行监督,对学校教学、学科建设、科学研究、教师的学术权益等方面有争议的总结性评价结果进行仲裁。

"后评估"时期的质量保障是高等教育评估中面临的一个新问题,如何在这一特殊时期加强质量的管理和建设,并形成一种长效机制,需要从理论上和实践中进一步探索。

(2008年10月,教育部在珠海举办"高等学校内部教学质量保障体系的建设研讨会",该文是大会的主题报告,首次提出"后评估"时期概念,引起与会专家学者的热烈讨论和关注。见:贺祖斌.后评估时期高等学校教学质量保障长效机制的建立[J].中国大学教学,2009(3).)

---

① 陈俊芳.质量改进与质量管理[M].北京:北京师范大学出版社,2007:67.
② 〔美〕威廉·A.哈维兰.文化人类学[M].瞿铁鹏,等译.上海:上海社会科学院出版社,2006:78.

地方大学与区域经济发展
——答《广西日报》记者问

2012年2月,广西人民出版社推出贺祖斌教授的《区域高等教育发展论——广西省域经济与区域高等教育发展研究》并召开专题学术研讨会,会议期间,贺祖斌教授接受了《广西日报》记者的专访。

● 记者:贺教授,首先对您的著作《区域高等教育发展论——广西省域经济与区域高等教育发展研究》出版并召开专题学术研讨会表示热烈祝贺,请您谈一谈该著作完成和出版的一些目的和意义。

● 贺祖斌:该课题是我主持的国家社会科学基金资助项目——"西部省域经济结构与区域高等教育发展研究"的物化成果,在课题组成员共同努力下,完成了预期研究计划。

本项目以地处西部的广西为研究案例,运用区域经济学、高等教育学的原理、方法和思维针对广西省域经济结构与区域高等教育的适应性、区域高等教育对省域经济发展的贡献、区域高等教育的结构等内外部环境问题进行具体系统分析,寻找影响区域高等教育系统发展的省域经济发展水平、教育资源、地方高等学校核心竞争力等生态因子,并试图通过构建区域高等教育系统生态承载力调控模型及控制系统,使省域经济结构与区域高等教育达到一种动态平衡、相互促进、共同发展。同时,对区域高等教育对省域经济发展贡献度与效率进行量化研究和有效预测。

研究的意义在于分析省域经济发展不平衡对区域高等教育在人才培养、类别、发展速度和规模、投资渠道等方面的区域性差异影响,揭示西部省域经济与高等教育发展之间的关系。丰富高等教育学科的研究内容,建构可持续发展的高等教育战略理念。同时,为解决省域经济发展不平衡对区域高等教育所带来的影响提供理论依据;为解决实践中存在的省域经济与区域高等教育发展不适应问题提供理论支持,为教育行政部门对西部省级区域高等教育发展提供决策依据;分析了导致区域经济结构高等教育生态失衡的因子,并加以调控,使高等教育生态系统保持平衡。

• 记者:在研究成果中,所提到的"省域经济"应如何理解?与"区域经济"有什么区别?

• 贺祖斌:你提到一个关键问题了,这也是该成果的一个创新之处。对于"区域经济"我们容易理解,它在经济领域中是一个常用的概念。区域经济是指一定地域空间内由各种生产要素有机结合而成的各具特色的经济结构、经济运行机制和模式,即一个特定自然、社会地域中各种经济类型的总称。区域经济划分的核心是差异,即把同类型划分为一区,不同类型分别划区。这种同质与异质是指与经济和社会相关的各种要素与变量,其内容包括:自然资源的丰缺程度、资本的丰缺程度、人力资源及技术水平的丰缺与层次、原有经济技术发展水平、对外开放的便利程度、交通便利及信息交流程度等。

省域经济是区域经济的一个重要组成部分和特殊表现形式,是由区域经济引申出来的一个概念,属于区域经济的范畴。它是以行政区划为基础形成一定空间范围,在我国主要涵盖了省、自治区和直辖市。省域经济是以特定的省级行政区划为地理空间,以省级政权为调控主体,以市场为导向配置资源,是具有鲜明地域特色和功能完备的区域经济。区域经济和省域经济既有区别也有联系,省域经济是区域经济中的一个重要层次,其总和构成了中国经济。从本质上说,区域经济是为资源的优化配置而谋求合理的空间结构。而省域经济应当是区域经济的重要组成部分,是以省级行政区划内的国土为载体的经济体系,对内,它应打破小的条块分割,在全省范围内实现经济资源的优化配置;对外,它应形成自己的特色产业,在更大的区域内进行分工协作,进而创造更大的比较效益。省域经济具有相对的独立性和系统性,更具有较强的专业性、开放性和地方政府主导性等鲜明特征。

本研究是以广西作为一个"省域经济"研究对象,所涉及的当然是广西的区域经济和高等教育发展。

• 记者:在研究成果中谈到"省域经济"与"区域高等教育"有密不可分的关系,如何理解?

• 贺祖斌:我认为,要研究省域经济与区域高等教育之间的关系,关键是要回答以下两个问题：一是高等教育与区域经济发展的适应性问题，即高等教育的结构、环境、布局等内在环境因子是否与外部的政治、经济、环境等因子存在动态平衡；二是由于省域经济发展存在着不平衡性，如何使区域高等教育发展与省域经济发展达到优化协调的状态。因此，对省域经济与区域高等教育的适应性进行研究将有利于做好区域高等教育规划与发展。

区域高等教育作为区域社会上层建筑的组成部分，它的产生和发展必然为省域经济发展的水平所决定。虽然区域高等教育的发展水平取决于省域经济、区域文化、区域人口和自然环境等多种因素，但省域经济起着关键和核心作用。我国经济发展的区域化有不断加强的趋势，我国高等教育管理模式已经由中央统一管理向中央和地方共同管理，以地方统筹为主的管理模式转变。在这种形势下，省域经济的发展水平对区域高等教育的决定作用将更趋明显。因此，省域经济不但是区域高等教育发展的物质基础，而且也是决定区域高等教育发展的规模、速度和结构的首要因素。

- **记者**：根据您的研究结论，您认为广西区域高等教育对省域经济发展的贡献如何？
- **贺祖斌**：大学的人才培养、科学研究和社会服务等三大职能，决定了大学为区域经济发展服务的功能。首先，我们针对广西区域高等教育对省域经济发展贡献做了量化研究，针对广西1978—2006年教育、经济、人口发展等相关数据，运用因果关系分析方法对广西高等教育与省域经济增长之间的关系进行了实证检验，研究结论如下：广西高等教育发展促进实际经济增长；广西实际经济增长率促进高等教育增长率；广西高等教育与经济增长相互促进、共同发展。其次，参照国内外关于教育对经济增长贡献研究的方法，测算出1990—2005年间广西教育对经济年平均增长率的贡献为9.418%，其中高等教育对经济增长率的贡献为0.686%。这个数据低于同期的全国平均水平，并不高。

广西教育尤其是高等教育对经济增长贡献低，我认为原因主要有：首先，由于自然地理条件、历史、经济等方面的原因，广西劳动力人口受教育的总体水平偏低，高等教育发展水平不高，人力资本存量较低，加上广西人才流失严重，每年大量毕业生涌入大中城市或发达地区，导致广西整体人才素质下降，影响了经济社会的发展。其次，高等教育学科专业结构不合理，专业的层次结构比例失调，如广西北部湾建设中急需高层次应用型、技术型人才，而广西这方面人才缺乏；专业的科类结构不够合理，如文科内部，基础学科学生数较多,应用型文科学生数量偏少;适应科学发展的新兴学科、边缘学科比较薄弱,复合型、应用型学科少,难以满足地方经济发展需求。再次,对高等教育的投入不足,人才引进的政策不能完全落实到位。在经济社会发展中,广西的高素质、高能力人才缺乏,严重制约了经济发展。

● 记者:北部湾经济发展是我区经济发展的战略重点,您认为北部湾经济发展对大学教育有哪些影响?

● 贺祖斌:2008年国务院颁布了《广西北部湾经济区发展规划》,随着广西北部湾经济区开放开发步伐的加快,北部湾经济区成为广西区域经济发展"新高地"。作为我国区域经济发展的"后起之秀",北部湾经济区的强势崛起,推动了广西整个区域经济的高速发展。同时,广西北部湾经济发展对人才的数量、质量以及培养人才的核心因素——专业设置和建设,都提出了新的要求,这些都是影响高等学校专业结构调整和布局的重要因素。我们依据广西北部湾经济发展的现状及趋势,对广西北部湾经济发展对人才以及专业的需求进行了预测分析,并依据广西北部湾经济发展对人才及专业的需求,较全面深入地分析了广西北部湾经济发展对广西高等教育专业纵向结构、横向结构和地区结构的影响。研究表明,适应北部湾经济发展的急需专业的影响主要体现为石油化工、林浆纸、钢铁和铝加工、能源、粮油食品加工、海洋、现代服务、物流、高新技术等九大产业对急需专业的影响;适应北部湾经济发展的对外开放专业的影响主要体现为经济区现代服务业和物流产业两大产业对急需专业的影响。

我们从政府层面和学校层面出发,提出了适应广西北部湾经济发展的广西高等教育专业结构战略调整的对策:加强专业调控机制建设,建立与优势产业相适应的专业体系和专业布局;加强专业建设,提高专业与经济区发展的适应度。

● 记者:我注意到课题研究使用了一个新概念,就是高等教育系统的"生态承载力",关于广西区域高等教育系统生态承载力,如何进行调控?

● 贺祖斌:是的,这属于跨学科研究,用生态的视角来审视高等教育,其实,早在2005年我就在《高等教育生态论》中提出了这一概念。高等教育系统是社会大系统中的一个子系统,可将其视为一个独立的生态子系统,它除了具有一般生态系统的特征外,还具有独特的生态特征。同时,高等教育系统也与其他生态系统一样存在着生态承载力问题,即一定的高等教育规模对应着一定的教育资源承载力和与其相应的环境承载力。一个健康的高等教育生态系统是稳定和可持续的,一旦高等教育的规模超出一定教育资源和相应环境的承受能力,其资源供给和再生能力就会受到破坏,系统将失去平衡。

我们围绕在省域经济发展中作为区域高等教育系统的生态承载力调控问题进行研究,目的是调控其生态承载力与省域经济发展处于动态平衡状态的合理阈值。在借鉴关于生态承载力综合评价法的基础上,构建高等教育系统生态承载力的调控模型,从高等教育生态系统的生态弹性力、资源与环境承载力及承载压力度三方面着手,结合相关的数学模式建立了高等教育生态系统的生态承载力三级评价体系。将高等教育系统生态承载力调控模型应用于广西高等教育系统进行测试,研究表明:广西高等教育系统的生态弹性度为处于较稳定状态;广西高等教育系统资源承载力分值为处于中等承载状态;广西高等教育系统资源承载压力度为处于中压状况。为此,针对三级评价结论提出了提高广西高等教育系统生态承载力的弹性度、办学资源承载力和办学环境承载力的建议性对策,为省域经济和区域高等教育发展保持动态平衡提供了理论上、数量化的政策建议。

- 记者:您的研究成果,对广西的区域高等教育发展有哪些建议?
- 贺祖斌:我们的研究成果主要是针对广西,因此对广西的区域经济发展和高等教育发展提出了相关的建议,比如:根据广西经济结构的内部特点调整高等学校的布局,形成与北部湾经济区、西江经济带、桂西地区三类区域经济相对应的三类区域高等教育布局的观点,这是一个新观点,为解决实践中存在的区域经济与区域高等教育发展不适应问题提供了理论支持;提出了区域高等教育对省域经济发展贡献度的观点,从而使高等教育与经济发展关系由定性分析走向定量分析,其中一些数学模型的使用更使研究结论的科学性和可靠程度提高,为解决区域高等教育发展对区域经济发展贡献率问题构建了一个合理的测算模型;构建了区域高等教育系统生态承载力调控模型,建立了高等教育系统生态承载力综合评价方法,为高等教育的可持续发展提供了一种新型评价方式,为政府教育管理部门及高校制定高等教育发展规划及相关政策提供参考;分析了广西省域经济与区域高等教育发展有关数据,内容涉及省域经济与区域高等教育相关性、适应性、广西高等教育的贡献度、高校竞争力、高等教育生态承载力等各个方面,为政府根据省域经济发展制定高等教育发展战略提供了决策参考;等等。

这些建议,有的已经作为政策性依据被自治区政府及其教育厅、北部湾经济区等地方政府相关部门所采纳,作为区域高等教育结构调整和科学布局的政策咨询依据。

- 记者:非常感谢贺教授接受我们的采访,我们期待着您越来越多的成果问世。
- 贺祖斌:谢谢您的采访。

【新闻链接】

《区域高等教育发展论》出版并展开学术研讨
广西日报 2012-02-24

日前,广西人民出版社推出高等教育学专家贺祖斌教授等著的《区域高等教育发展论——广西省域经济与区域高等教育发展研究》并召开专题学术研讨会,参会专家学者对该书学术创新精神及原创性给予高度评价。

针对这一国家社会科学基金资助项目"西部省域经济结构与区域高等教育发展研究"的核心成果,厦门大学教育研究院博士生导师别敦荣教授认为:该成果拓展了高等教育与区域经济增长关系的内涵,论证了区域高等教育对区域经济发展的贡献度,为政府部门制定与经济发展相适应的高等教育发展战略规划提供了理论支撑,是近年来区域高等教育研究方面少见的全面系统深入研究省域高等教育与经济发展之间关系的一个成果,其价值不只是一般理论意义上的,更重要的是其实际应用价值。(何明 供稿)

大学生就业的困惑与选择
——答《大学》记者问

  大学生就业难,最近几年被社会各界广泛关注。2009年有610万大学毕业生作为城镇新增就业的主要力量进入劳动力市场,更加迫使我们要加强对大学生就业市场的思考。在就业市场中,大学生、农民工、城镇下岗失业人员是三大就业群体。近年来受到金融危机的影响,大学生就业难问题更是雪上加霜。应中央教育科学研究所《大学》杂志社之约,贺祖斌教授就"大学生就业问题"接受了记者的专访。

  ●记者:今年遭遇全球金融危机的影响,造成工作职位缩减,全球失业人数猛增2000万,达到2.1亿。这种严峻的经济形势,使得2009届高校毕业生面临前所未有的挑战。教育部部长周济在2009年全国普通高校毕业生就业工作会议上表示:"当前经济形势变化对一些地区、行业的高校毕业生就业已经产生一定程度的不利影响。"您如何看待金融危机冲击高校毕业生就业问题?

  ●贺祖斌:今年金融危机对就业市场的冲击,在很大程度上减少了就业岗位,高校毕业生的就业压力明显增大。但这种影响是结构性的影响,对不同专业影响不同,外贸、房产、金融、物流等专业受冲击最大,而受国家拉动内需的宏观调控政策影响,基础建设、能源电力等行业反而有些企业大幅吸纳人才。据2009年本科专业大学生就业率排名统计,排在前三位的分别是:地矿类、测绘类、海洋工程类。另外,金融危机下大学毕业生迫于生活压力,通过考研、出国等方式继续深造,延缓就业,有的甚至降低就业要求,将就业重心下移。总体上看金融危机对大学毕业生的就业能力提出了极大的挑战。面对如此严峻的就业形势,高校毕业生、大学、政府三者应齐心协力,推动毕业生充分就业。例如政府要规范就业市场,加大政策引导,为高校毕业生就业提供通畅的信息平台;高校要适应市场所需,改进人才培养模式。但解决问题的关键在于大学毕业生自身。为了寻找更好的就业发展机会,大学生必须要了解整个劳动市场,了解职位的职责要求,同时必须改进自己的展示方式,提高展示自我的能力,而大学毕业生的技能、态度和实践能力恰恰是高等教育人才培养中的薄弱环节,是市场经济最需要而大学毕业生最缺少、最不足的。面对金融危机的冲击,大学毕业生应该重新自我定位,突出自身优势,迎接市场挑战。

● **记者**:"610万"成为历年中国高校毕业生人数的新高点,求职人数的激增、经济增长的放缓,使得今年应届高校毕业生在就业问题上面临着更大的难题。那么,您如何看待大学生就业难的问题呢?

● **贺祖斌**:我们要客观看待高校毕业生就业与高等教育大众化的关系。不可否认,近些年来高校规模不断扩大,招生人数日益攀升,导致了毕业生人数剧增,就业难度加大;此外,扩招在一定程度上导致了毕业生专业结构失衡,影响了教学质量、毕业生质量。的确,高校在大众化进程中,如果只重规模而轻质量,忽视结构的适应性,那必然严重影响大学毕业生就业。但是,从根本上来说,就业难问题与高等教育大众化之间并不是一种必然的因果关系。就业是民生之本,高校毕业生就业工作涉及千家万户的切身利益,成为政府高度重视的热点,也成为全社会普遍关注的热点话题。同时,还直接影响到我国高等教育的发展,影响到我国社会人力资源和经济发展。然而,就业的主体(大学生)和就业的客体(用人单位)在就业过程中感觉是不一样的:大学生普遍认为就业很难,找到一份让自己满意的工作不容易;而大部分企业认为实践能力较强、综合素质较高的大学生不是太多,而是太少。另外,就业难的问题,难在观念上,难在思维方式和就业意识上。

要解决目前的问题,高校自身就必须改革:改变传统的精英就业观念,大学生应根据社会变化和自身情况找准自己的方向和目标;高等学校要不断改进和完善办学理念,分层培养研究性和应用型人才,提高大学生的就业能力。

● **记者**:在日趋严峻的就业形势下,政府、学校、个人三方在大学生就业中所扮演的角色和应负担的责任引发了广泛的讨论。有人认为政府应起主导作用,为大学生提供有利的就业政策和环境;有人认为学校应起主导作用,为大学生就业提供有利的指导;有人认为大学生应是主体,解决就业问题关键是靠个人能力的提高。您认为呢?

• 贺祖斌:大学生就业问题涉及社会、高校和每个学生,它是社会稳定与发展的重要指标,是一个整体工程和系统工程。从要素分析的角度来说,与高校毕业生就业相关的各方主要包括毕业生、用人单位、高校、政府等。其中,毕业生和用人单位是主体,政府起主导作用,高校负责培养输送与社会经济发展相适应的毕业生。只有在政府的强力推动下,用人单位对高校培养的毕业生表示满意,毕业生对用人单位的状况表示满足,才能保障就业状态可持续发展。

因此,大学生就业问题需要全社会共同努力加以解决。无论政府、高校,还是用人单位以及学生个人都要扮演相应角色和承担相应的责任。首先,政府在促进大学生就业中担负着统筹安排与总体规划的责任,政策引导与就业保障的责任。其次,高校要以市场为导向,优化学校专业结构、课程设置,改革人才培养模式。再次,学生个人要合理调整就业期望值,转变就业观念,提升就业能力。同时,三者之间还需要互动,政府和学校需要共同努力,齐抓共管,拓宽就业渠道,完善就业体制,实施积极的就业政策,规范就业环境,为大学生提供广阔的就业市场。政府、学校与学生要形成三者一体的网络系统:政府连同社会建立相应的就业信息反馈机制,及时地反馈人才需求信息;高校能够根据社会的发展和社会的需求,及时调整人才培养计划和课程设置,提高毕业生的整体素质和实践能力;而大学生本身能根据社会的发展和专业的要求,明确自己的发展定位,提高自身的实践和创新能力。只有这样,各尽其责,才能形成良性循环的就业机制。

• 记者:"降低就业期望值"是近几年提倡的缓解大学生就业压力的一个就业观念。高校就业工作中就常常动员毕业生不要因为过高的就业期望而错失很多别的机会。这种做法在一定程度上是有必要的,但并不能解决所有的问题,而且毕业生的就业期望值是否真的过高也众说纷纭。您如何衡量和评价毕业生的就业期望值问题?

• 贺祖斌:毕业生的就业期望值是一种对自我价值的估量,是对自己多年求学投入的时间和物质的回报的一种期望。合理的就业期望值应该是人尽其才,适当的人在合适的工作岗位,所做的工作与自身的能力相匹配,符合个人和社会发展的需求。

我认为"就业期望值"是一种自我调节器,可以随着自己能力的提高和市场需求的变化在不断博弈中寻求最佳值,因此,我认为在实际工作中提倡

"合理调节就业期望值"要比单纯提倡"降低就业期望值"合理得多。实际上,也有相关研究指出,毕业生在求职实践过程中,其价值观就处于从就业期望值到合理就业期望值再到个人实际就业值的转变过程。可以说"合理就业期望值"是过渡到个人实际就业值的关键环节,也是调整当前不恰当"就业期望值"的努力方向。由于没有工作经历和经验的积累,毕业生应将自我认知期待和社会需求实际相折中形成合适的就业期望值,但不少毕业生往往很难正确把握这个度,容易走向极端,或者自我评价过高,目空一切;或者妄自菲薄,望洋兴叹。这两种心态都容易对学生的求职造成负面的影响。首先,"合理调节就业期望值",引导大学生在就业之前对自己形成合理的定位,避免怀抱过于理想的、不现实的就业期望值去择业。其次,要根据个人就业能力的实际状况确定合理的就业薪酬,避免过高或过低衡量个人劳动价值。第三,要提倡大学生学以致用,发挥专业所长,凭自己的真才实干,积极主动地将自己的"高期望"转变成为现实。另外,一些欠发达地区、生产一线、民营企业人才短缺,毕业生应该把它们也纳入"就业期望",在这些地方更能施展自己的才华。

● **记者**:各级政府鼓励和支持高校毕业生自主创业,对高校毕业生给予税收优惠政策和创业经营场所安排等扶持政策,并且给予小额贷款及一些社会补贴政策。但从实际情况看,目前高校毕业生在自主创业方面还存在一些瓶颈,如缺乏启动资金、缺乏市场经营经验、心理承受力弱、创新能力不强、所学知识与实际联系不紧密等。对此,您如何看待?

● **贺祖斌**:毕业生自主创业将成为未来高校毕业生的一个重要选择。自主创业的优惠政策经历了一个从无到有、从少到多的发展历程,从注册登记、资金支持、人事档案制度及创业教育与培训等方面都给予了优惠,客观上是有利于促进毕业生创业和就业的。当然,在大学生创业的现实过程中,仍存在一些困难。具体分析有两大影响因素。

第一,毕业生自身因素。有些毕业生谨小慎微,不敢挑战风险,缺乏创新意识和冒险精神。还有些毕业生片面以为缺少创业资金和社会经验就会失败,从而放弃了创业,实际上并没有充分做好创业准备。

第二,外部环境因素。我国大学生创业制度建设起步晚,创业环境建设不完善,在创业服务等方面给创业者带来不便。而且高校内对创业教育重视不足,创业培训教材、师资力量等欠缺的难题尚未解决。大学生创业作为一项系统工程,离不开政府的政策支持、高校的创业教育以及和谐社会环境的营造。首先,政府要发挥重要职能,实施扩大就业的发展战略,促进以创业带动就业,同时,应该做好顶层设计,构建大学生创业支持体系:完善创业扶持政策,改善大学生创业环境,健全创业服务体系,加强创业培训和孵化基地建设。其次,高校要通过组织开展丰富多样的创业活动,激发大学生积极创业的精神,锻炼创业的优秀品质。

同时,高校内部需要加强创业教育。当前有些高校创业教育缺乏与滞后,创业课程的建设还有待进一步完善,还需要将创业教育、创业课程纳入整个课程教学体系中,培养学生的创业意识和创业能力,为大学生自主创业提供平台。

● 记者:随着研究生扩招,毕业研究生数量逐年增多,往年这些"皇帝的女儿"现在也愁嫁了。各高校就业指导中心提供的统计数据显示,今年研究生的就业情况不理想。研究生具备高学历为何走不上就业的阳光道?您如何看待研究生就业市场中的价值重建问题?

● 贺祖斌:高投入的教育当然希望高回报的岗位,研究生择业期望值高是可以理解的。但由于受研究生择业目标短期化、择业趋向功利化的影响,多数研究生择业集中在热门专业和大城市一些待遇优厚的行业,从而导致局部供过于求。而一些基层单位或者边远地区急需人才却又得不到高层次人才,其实那里蕴藏着较大的就业空间。这种就业市场供求的结构性不平衡,势必造成教育成果的贬值和人力资源的浪费。要解决这些问题,首先从研究生个人来说,增强个人的竞争力起决定性作用。要通过提高专业理论水平、科研能力、业务能力,树立良好的职业道德以及建立和谐的人际关系,全面提升个人综合素质和竞争力。

我认为,作为研究生培养单位,一方面,要引导研究生重构理性的择业价值观念,处理好眼前利益与长远利益的关系,克服择业功利化和择业目标短期化的倾向。第二方面,增强社会的实践力度,如积极开展以就业为导向的专业实习、实验、参观、社会调研等,将教学内容与社会需要结合起来,提高硕士研究生就业教育的有效性。第三方面,加强对毕业研究生的就业指导和专业化的就业服务工作。加强对研究生的就业政策和择业道德指导,加强专业化培训,努力提高专业素质;密切跟踪企事业单位用人情况,加强双方之间的沟通与联系,为研究生就业提供有实效的咨询和服务;完善毕业生就业指导与服务体系,建立畅通的就业信息网络,引导毕业研究生在国家就业政策允许范围内选择职业。

另外,价值重建依赖于个体的世界观、人生观,是影响择业观形成的重要内因,研究生在重建择业价值观念时,要处理好眼前利益与长远利益的关系,最大限度地发挥研究生的专业学科优势,把发挥自己的聪明才智与服务社会结合起来。此外,继续深造、出国留学、自主创业等也是选择。

● 记者:媒体发布的《2009年大学生就业状况调查》显示,在校大学生认为能够找到合适工作的比例不到10%;对找到工作感到忧心忡忡的大学生比例达到33.2%;感到就业形势严峻、很难找到工作的比例也达到了15.4%。很多大四学生变得越来越焦虑、迷茫和无助。您认为应如何调适大学生就业过程中的心理问题?

● 贺祖斌:大学生在就业过程中难免会遇到一些困难和挑战,甚至是挫折和失败,为了减少这些不利因素给大学生心理带来的冲击,高校、社会、大学生都应关注这些心理问题,积极采取措施,减少负面影响。因此,心理调适就发挥着很大的作用。

由于当前的就业形势十分严峻,大学生就业心态受到不良信号的影响,会出现过度焦虑、恐慌、自卑与自负等就业心理问题,一旦程度加重就会严重影响正常的生活起居和人际关系等。面对这些问题,高校要关注大学生的就业心理,通过良好的心理调试,来减少大学生的心理挫伤和过激行为,减少心理不平衡带来的冲击,帮助他们建立健康的就业心理。我认为心理调试主要有三步:一是树立灵活就业、自主创业的就业观念。二是全面、正确、客观地评价自我,进行合理的自我定位。三是做好充分的就业准备,如制定合理的职业生涯规划,掌握扎实的专业知识和熟练的专业技能,积累一定的工作经验等。总而言之,切实解决毕业生的就业心理问题,提高就业率,这对促进高校发展、社会和谐无疑具有重要意义。就业是大学生认识和适应社会的一个过程,在求职过程中遇到困难甚至经过几次挫折才最后成功是正常的;在就业中遇到许多心理冲突、困惑,产生一些不良情绪也是不可避免的,没有必要对此过度担心、害怕,关键是如何自我调适心态。

因此,毕业生要正视现实社会的严峻性和挑战性,完善自己的心理素质,强化竞争意识和开放意识,树立正确的择业观,在求职就业过程中找准自己的职业坐标。

● 记者:目前,各高校都建立了自己的就业指导机制,但其有效性参差不齐。比如,毕业生获取就业信息渠道比较窄;缺乏专业的就业指导教师和优质的就业指导教材;就业指导课形式单调,只是在学生大四阶段开设,没有将就业指导贯穿于大学全过程。因此,您如何看待建立有效的大学生就业指导机制?

● 贺祖斌:就业指导是学生走向社会时所要进行的必要教育。当前"以人为本"的教育理念下的大学生就业指导主要有两层含义:一是以学生为本,以一种长远发展的眼光来指导学生就业和进行职业生涯规划;二是以就业指导的人员为本,加强就业指导的队伍建设,培养高素质的就业指导人员。

就业指导不是一项工作的代名词,而是针对选择职业和实现就业所进行的教育、引导、咨询和服务等工作。就业指导工作最为关键的作用是要为大学生提高综合素质,获取可持续发展的终身就业能力提供切实的指导与贴心的服务。其内容庞杂、信息丰富、技术难度大,既要面向市场,又要面对学校的办学实际,同时也要兼顾学生的个性特点,只有形成有效的机制才能更好地把这个工作做好。为了建立高校大学生就业指导有效机制,必须加强就业指导的队伍建设,培养和造就一支"职业化、专业化、专门化、信息化"的就业指导队伍,这样才能使就业指导工作顺应时代发展的要求。对高校而言,应建立"齐抓共管、上下联动、全员参与"的就业指导组织机构,邀聘专家学者组建和扩充学校就业指导的兼职队伍,加强就业指导人员的培训,等等。除了高校责无旁贷外,政府在促进大学生就业工作中也要担负起统筹安排与总体规划的责任,以及政策引导与就业保障的责任,并与学校、学生形成三位一体的网络系统:政府连同社会建立相应的就业信息反馈机制,及时地反馈人才需求信息,大学生本身要根据就业指导和专业发展的要求,学会合理确定职业期望值,转变就业观念,以提升就业能力为主要方向,提高自身的实践和创新能力。只有这样,大家各尽其责,才能完善大学生就业指导工作体系,形成良性循环的就业机制。

● 记者:官方发布消息称,截至 7 月 1 日的统计数据,高校毕业生就业率达到 68%,同比基本持平。一些高校自己通过各种途径对外公布的就业率,更是达到了 80%—90% 以上。一些学生在网上披露学校为了提高就业率而发生学生"被就业"现象,在自己完全不知情的情况下突然"就业了"。这则新闻再次引起舆论对高校毕业生就业率造假的声讨。您如何看待"被就业"现象?

● 贺祖斌:由于在统计过程中存在弄虚作假的现象,就业率的公信力已经受到不小的伤害。为了提高就业率而"被就业",已经违背了"就业率"自身的功能。"就业率"本身是高校评估的一个重要标准,是教育机构制定大学生就业政策的参考依据。由"被就业"现象引发的就业率造假问题,不仅误导公众对教育的评价,也误导就业政策的制定,给大学生、高校、社会都造成一定的危害。各种现象和证据显示,掌握着教育资源的高校、政府主管部门都成了虚高就业率的大力推手,问题的源头在于高等学校由于缺乏独立性,在资源上过分依赖于主管部门和地方政府,而主管部门和地方政府又简单地以"就业率"作为政府部门确定高校拨款、招生计划的指标。由此看来要避免"被就业"现象的出现,应从以下几方面入手:政府主管部门不能用就业率作为考察高等学校教育质量的政治指标,避免对高校评价时进行简单的数据攀比,明确在大学生就业问题上各方的不同职责;高等学校在人才培养上,要加强适应性改革,建立有效的就业机制,提高毕业生的就业能力。问题的源头在高校,但解决问题的关键却在政府主管部门,应该让就业统计数据真正为提高高等教育质量服务,而不是为部分人的政治功利服务。

鉴于此,目前一方面要逐步淡化由行政主管部门施加于高校的就业率指标压力,以减轻高校就业率造假的冲动。另一方面,需要建立一套更科学、更权威的高校就业率统计体系。这样才能更有力地保障高校就业率的真实性。

● 记者:在当前的就业形势下,"就业鸿沟"问题日益凸显,主要体现在"大学毕业生找不到合适的工作,而企业找不到合适的人才"。"就业鸿沟"现象使人们开始认识到,当前高等院校专业和课程设置等与市场需求脱节,大学教育过于重视专业知识的传授,而忽视了对大学生未来职业观念、学习方法及专业技能等方面的系统培养。您如何看待"就业鸿沟"问题?

● 贺祖斌:我认为,大学生"就业力"不足是造成"就业鸿沟"的关键原因。就业力是指个人在经过学习过程后,能够具备获得工作、保有工作,以及做好工作的能力。而提高大学毕业生的就业力与高校课程体系之间有着密切的联系,培养就业能力在很大程度上依赖于课程,因此大学课程应适应市场需求,具有与时俱进的特点。大学为培养人才而设,而培养什么样的人才,是需要通过课程设置来实现的。人才的培养规格与大学的课程结构有着固有的、内在的和必然的对应关系。目前,我国高校课程对提高大学生综合素质的实效性仍显不足,这既与大学生素质结构要求和培养目标的定位有关,也与课程建设有关。大学课程改革是大学教学改革的重要内容,课程又是大学生培养的核心内容。因此,应通过课程改革,提高大学生培养的质量,使培养的人才与市场需求相一致。以就业为导向进行大学课程改革是促进大学生全面发展的有效途径,应根据用人单位和社会市场变化的趋势,及时进行课程改革,有效地提高学生的综合素质和就业能力。

同时,在课程改革中还要突出强调就业指导课程的改革问题。由于高校对大学生就业指导课程的重视程度还不够,课程内容缺乏系统性,而且就业指导的师资队伍也欠缺专业化,从而导致高校就业指导的有效性缺失。这一领域的问题会直接影响到大学生就业管理工作的效果,所以我们需要,从教材到师资队伍,再到教学形式等全方位构建高校就业指导课程体系,进一步完善就业管理工作,真正把工作的成绩落实到学生的利益上,为大学生提升就业力、充分就业营造良好的外部环境。

另外,大学不应该是脱离社会的独立王国或者是象牙塔,而应该成为社会的中心,与社会需要进行对接,根据人才市场的就业需求,改革专业设置和课程结构,以培养满足社会经济发展需要的高素质专门人才。

(应中央教育科学研究所《大学》杂志社之约,就"大学生就业问题"接受记者的访问,参见《大学(学术版)》,2009年第11期)

追寻大学理想　守护精神家园
——访国务院特殊津贴专家贺祖斌教授*

　　他，自诩为共和国的"68代"；
　　他，笃志向学，尊崇学术，是高等教育生态研究的拓荒者；
　　他，用自己的真才实学为教育改革和发展建言献策；
　　他，以人文情怀和学术睿智关切和思考着高等教育。

"68"代：理想、责任、感恩

　　用贺祖斌的话说，他是典型的"68代"——生于六十年代，八十年代上大学的一代人。

　　"我们八十年代成长起来的这代大学生，有着共同的文化特质：理想、责任、感恩。"这一代人，在童年时期，见证了国家由于政治动荡和经济社会发展停滞所带来的苦难和曲折，感受到改革开放初期的百废待兴，怀揣着创造未来的美好理想，具有强烈参与改革的责任意识。同时，深感时代赋予自己的机会来之不易，对国家和学校的培养满怀感恩，总希望有机会能够发扬自己所长回报社会。他自豪地说："大学时代纯真的理想主义对自己的学术道路有着深深的影响。"

　　1983年，18岁的他考入了广西师范大学生物学专业，但勤学好问的他，并不拘泥于本专业学习。受八十年代"文化思潮"以及开放、开明的时代风尚的影响，像当年许多大学生一样，他开始接触各种西方哲学思潮，阅读了

---

* 2014年6月5日接受《科技日报》记者王博睿的专访。

一些国外以及中国传统文化和教育书籍,吸收了一些西方文化和教育思想,也深受杜威实用主义教育学思想和萨特存在主义哲学思想的影响,力图从历史文化的书籍中寻找自己的精神家园。我问他对这段"文化狂热"岁月有什么感受?他只淡淡说了一句:"读了不少书,对扩大自己的视野很有好处!"

他在学习、能力和思想等多方面的出众表现,赢得老师和同学的信任,他出任学校学生会常务副主席,积极参与和组织学校的各种学生、社团活动,成为大学生的"代言人",这些经历使他的组织协调能力得到很大的锻炼和提升。那时,怀着"以天下为己任"的激情,他经常在报刊上发表一些有关教育改革方面的文章,对教育学专业的兴趣远大于他的生物学专业,大学时代开阔的阅读面和对教育的兴趣,为他后来从事高等教育研究奠定了很好的基础。在唱着"我们是八十年代的新一辈"的歌声中,他大学毕业,获得理学学士。由于在学习、工作等方面表现优异,留校工作。在回忆这段岁月时,他充满感情地说:"那是一个充满激情和理想的时代,在一生中留下了难以泯灭的青春记忆。"

他说"人生最大的幸运莫过于自己的兴趣与职业结合在一起",工作之初,从事高等教育研究就是他的兴趣所在。但兴趣不能替代专业,为了进一步加强对教育理论的系统学习,他攻读了广西师范大学课程与教学论专业(教育管理方向)硕士研究生,并于2000年获得教育学硕士学位。孜孜不倦、坚持不懈是他的个性,他说"自己天资并不聪慧,靠的是勤奋努力"。为了提高学术研究水平,2001年他报考了华中科技大学教育科学研究院高等教育学专业博士研究生,师从我国著名高等教育学家文辅相先生,在攻读博士学位期间,在导师指导下,他将自己本科阶段的生物学科和硕士阶段的教育学科结合起来,逐步确立了自己的研究方向——高等教育生态,在这一领域,他找到了高等教育研究的突破口,并取得了系列研究成果。

特殊的成长年代赋予贺祖斌鲜明的时代烙印,丰富的学养和敏锐的学术思维,让他在学术的道路上形成自己独特的研究领域。他的学术之路历经了理学学士、教育学硕士、教育学博士的不断跨越,每一步都走得很扎实,每一步都走向更精、更专,并取得了突破性的研究成果。他笑着说:"正是我拥有生物、教育的跨学科的专业优势,才在高等教育生态这一交叉学科取得一系列研究成果,并形成自己独特的研究领域。"因此,他常常以自己的学术经历为例,鼓励他的学生开展跨学科研究,认为这样在学术研究上更能够取得突破和创新。

学术至上:追求本真和卓越

贺祖斌说:"学术应当追求本真和卓越。"

2004年,博士毕业之后,他对高等教育的思考与研究从未停步,而且不断深入。他开始拟订自己的学术研究规划,在十年之内完成他在高等教育研究领域独具特色的"三论"——生态论、发展论、质量论。他似乎找到了航标,有如"撑起的一支长篙,向青草更青处漫溯"。

2005年,贺祖斌出版了他的《高等教育生态论》,这是我国第一部研究高等教育生态的学术专著,他用生态学的视角和思维对高等教育进行了全新的诠释。他将高等教育学与生态学相结合,在国内最先提出并论证"高等教育生态承载力"等新命题,并得到学术界的高度评价和认可。他认为:"高等教育系统具有与自然生态系统一样的生态特征,同样具有生态承载力,高等教育生态承载力是高等教育生态系统的自我维持、自我调节能力,以及教育资源与环境子系统对具有相应质量标准的发展规模所能承载的供容能力。"同时,他认为高等教育发展必须建立在相应的生态承载力基础之上,短时间内高等教育急剧发展可能使高等教育系统超越自身的生态承载力而破坏系统的生态平衡,最终将导致高等教育生态危机的发生。他对始于1999年的中国高等教育"跨越式"发展给高等教育可能带来严重的质量问题提出了理性的警示,这种"超速"的发展结果势必对高等教育生态系统产生破坏与影响。这些观点的提出,在学术界引起了反响和关注。我国著名高等教育学家、厦门大学潘懋元教授对其成果作了这样的评价,认为:"该研究丰富了中国高等教育发展理论,同时为高等教育问题的分析增添了一个新的研究视角,为有关部门和高等学校的决策提供了重要参考。"华中师范大学董泽芳教授认为他"首次提出并论证'高等教育生态承载力'等新概念,填补了高等教育生态研究的空白"。

功夫不负有心人,经过几年的研究,2011年,贺祖斌完成了他主持的国家社会科学基金项目——"西部省域经济结构与区域高等教育发展研究"。全国哲学社会科学规划办在《成果验收情况报告》中给出了这样的评价:"该成果有较高的应用价值,提出了区域高等教育对省域经济发展贡献度的观点和相关建议，为解决省域经济发展不平衡对区域高等教育所带来的影响提供了理论依据，并为教育行政部门如何发展西部省级区域高等教育提供了决策参考。"鉴定等级为"优秀"。在此基础上，他出版了《区域高等教育发展论——广西省域经济与区域高等教育发展研究》，该成果为政府制定与经济发展相适应的高等教育发展战略规划提供了重要的理论支撑。他创造性地提出了广西北部湾经济区、西江经济带和桂西地区三类区域高等教育布局的思路，为广西高等教育发展新布局提供了理论和实践依据。植根广西，服务广西，是他学术研究的一大特色。更为难得的是，他的研究并不仅仅停留在学术层面，他还积极参与到广西教育发展政策、规划的制定中，他的部分研究成果被政府采纳，为广西高等教育的发展作出了实际贡献。也正是由于这些成果具有较高的应用价值，《区域高等教育发展论——广西省域经济与区域高等教育发展研究》荣获广西第十二次社会科学优秀成果奖一等奖。

高等教育质量问题一直是贺祖斌关注和研究的重点，由于这些年高等教育规模迅速扩大，高等教育专业结构趋同，带来了教育质量下降和结构性失业等问题。提到这一点，贺祖斌表达了忧虑："我们的高等教育应该更多地关注质量问题。"在过去的几年中，他已经完成研究计划中"三论"中的"生态论"和"发展论"，今年出版了他的"质量论"——《高等教育质量论》。对于高等教育质量保障体系建设，他一直有着自己独到的见解和长期实践，早在2004年他就出版了《高等教育大众化与质量保障》专著，该研究成果获得第五届高等教育教学成果国家级二等奖，这本身就是对他研究成果的肯定。同时，在高等教育评价方面，结合他的教育管理实践开展研究，取得系列研究成果，在国内同行中获得好评，并得到教育部的肯定，早在2001年就被教育部特聘为全国普通高校本科教学工作评估专家组成员和教学评估课题组成员。多年来，参与了教育部和各省组织的国内60多所高校的教育教学评估，积累了大量的教育评价实践经验和学术研究理论成果。

正是因为学术上追求本真和卓越的态度，使得贺祖斌学术成就硕果累累。多年来，他出版《高等教育生态论》等论著15部，发表论文120余篇，多篇论文被《新华文摘》等权威刊物转载。获国家级教学成果奖二等奖2项，省级教学成果一等奖4项，广西社科优秀成果奖一等奖1项、二等奖2项，全国教育科学研究成果三等奖1项，广西教育科学研究成果一等奖4项。主持和参与完成国家社会科学基金项目3项、全国教育科学规划重点课题2

项以及广西自然科学基金项目、广西社科基金项目等20多项。2007年入选广西新世纪"十百千"人才工程第二层次人选,2012年被评为二级教授,2013年被评为自治区优秀专家,2013年被聘为教育部人文社科重点研究基地厦门大学高等教育发展研究中心教授,2014年被评为享受国务院特殊津贴专家。

人文情怀:践行着大学理想

他,既是一位高等教育研究学者,同时也是一位高等教育管理者。

担任过广西师范大学教务处长、副校长,他倡导将信息技术应用于教学管理,建构地方高校教学质量保障体系,将学校教学管理带上了全国地方高校的领先水平;

担任过广西师范学院副校长,主管本科教学、研究生教育,学校在接受教育部本科教学工作水平评估中获得"优秀"成绩,研究生教育工作实现了"翻两番";

挂职担任过厦门大学校长助理,协助分管本科、研究生教育,深度参与学校的教育教学管理,得到厦大同仁的高度认同,被聘为厦门大学教授;

现任广西广播电视大学校长,正在为开放大学的建设与发展,精心筹划,呕心沥血,倾力而为……

在他的研究理念和管理思想中,总饱含着浓厚的人文情怀。他深情地说:"大学,是我一生追求和依恋的精神领地,喜欢这里的静幽,喜欢这里的超逸,喜欢这里的深邃以及她的卓尔风姿。在这里,可以追求'独立之精神,自由之思想',思想可以在这里徜徉和翱翔。大学,也注定是我的灵魂寄所。"这些诗意的表达,正代表他追寻的大学理想。

他认为:每所大学都应该有自己的大学精神,大学精神应包括学术精神、时代精神、创新精神和道德精神。当下大学所出现的人文精神的不足,突显了学术精神的缺失;大学时代精神不显,缺乏应有的学术批判精神;专业结构、课程计划、教学模式"千人一面",难以培养创新型人才,而且大学缺乏办学自主权,学术机制僵化,压制了大学的创新精神……使其作为社会引领者的精神价值正在逐步消退。这一切,都值得大学和社会深刻反思。

作为一名高校管理者,他思考的东西更多。"大学教育要有相对的独立性""要遵循教育自身的发展规律""高等教育改革要有前瞻性和持续性,否则每次改革,对教育来说都是'被折腾',弊端要在很多年后才能显现"。对于一些激进式高等教育改革举措,他常常有一种隐忧,"可能我的观点有些超前",贺祖斌笑着说道。但也正是这一点"超前",让我们看到了他的本色——坚守自己的理想,以真才实学为教育事业的发展建言献策。

贺祖斌说:"新校区的出现使中国现在的一些大学校园缺少一道风景线,一道名师学者在校园里漫步的风景线。"没有这道"风景",大学校园里就少了一些大学文化的味道。提到大学文化建设,他强调大学文化建设包括精神文化建设、制度文化建设和环境文化建设,当然这其中包括大学的建筑文化和大学精神的传承。他说:我们现在的大学,校园大了、规模大了、气派大了,但文化少了!这正是当今大学存在的新问题。

在繁忙的工作之余,贺祖斌还兼任广西壮族自治区政府督学、自治区社科联常委、全国高等学校教学研究会常务理事、全国高等教育质量保障与评估协作会常务理事、中国教育改革与发展规划委员会常务理事、广西教育战略研究专家咨询委员会高等教育主任委员等社会职务。这一切,都是高等教育学术领域对他取得成绩的另一种肯定。

他在多所大学工作过,历任了多个岗位,但他始终认为自己的身份就是一位大学教师。他多次在全校研究生大会上与学生们谈"学问之道",提倡研究生在学期间,需要养成的"六气"——文气、正气、才气、大气、锐气和朝气。进入他与研究生建立的网络交流平台时,我发现,他常常以一位教师的身份和学生们、同仁们分享他的治学思想、教育随笔以及用镜头感悟的人生。难怪,他的学生们将他视为严谨的导师、知心的朋友和亲爱的兄长。

我们问他的学术生活理念是什么?他脱口而出:"和而不同,中庸为道。"他进一步解释说,这是儒家哲学中的核心价值观,"和而不同",尊重"不同"的多元价值观,在"不同"的基础上求中致和,寻求人与事的统一或调谐;"中庸为道",用"中庸"的价值观作为处理一切事情的原则和标准,强调自我修养、自我完善,达到至善、至诚"和"的理想境界。他将其作为他的治学理念,也是他一贯秉执的生活哲学,在他的学术研究和社会生活中,一直倡导着多样性统一和适度协调发展的生态理念。

当采访结束,离开贺祖斌的办公室时,我们注意到,在他办公室的墙上,悬挂着一幅他自己拍摄并题名为"独钓邕江春"的摄影作品,也许其名寓意取于柳宗元《江雪》中的"独钓寒江雪",画中,如春荡漾的邕江,宛如一幅水墨画,一叶扁舟行在江中,渔翁澹然若定,手持钓竿,天地交融,天人合一。我想,画中所蕴涵的深意,恰恰包含着他所表达的意境:坚定、执著、沉静,乃至孤寂……

(选自江东洲主编,《探寻优秀的内涵》,广西人民出版社,2015)

六、大学评论

大学评估与质量保障

　　高等教育的关注点不再是规模的发展,而是办学质量的提高,质量不高的学校将不会受到市场、社会、家长、考生的青睐。因此,高等学校内部必然围绕质量问题重视教育教学改革,加大学科建设力度,加强专业结构的适应性调整,进一步加强课程体系改革,以适应社会经济和产业结构对人才的需求。

高考改革与创新人才培养

一年一度的高考又要开始了,身为教育学者和高三学生家长,面对这天下第一考,既深怀期许,同时又有许多的无奈。

《国家中长期教育改革和发展规划纲要(2010—2020年)》(以下简称《纲要》)中有关高考改革的提法引发公众的热议。高考恢复30多年,它已成为我国选拔人才的一项重要制度,对于许多人来说,它是一生中最公平竞争的机会,它一再证明"知识改变命运"的真理,成千上万的考生通过高考这个"拐点",走向新的人生,追寻着自己的梦想。但高考制度所存在的一考定终身、形式单一等弊端,越来越受到家长和专家的诟病,要求改革的呼声日益高涨,有人甚至要求取消高考制度。诚然,高考制度演化成今天的"应试教育指挥棒"确有其诟病之处,因为它影响了几代人的教育方式、学习方法,影响着教育内容和评价方式,致使整个学校教育以高考为中心,片面追求升学率,导致学生负担和压力日益加重,高分低能、创新能力缺乏等现象层出不穷。因此,如果说当今中国教育存在的许多问题很大程度上来自于现行的高考制度并不过分。

但是,把所有责任都推在高考制度上,也是不公平、不合理的。因为,高考存在的弊端和问题,是各种社会因素共同作用的结果,而非简单的一个考试制度问题。

高考制度的产生和演化有其深厚的传统文化积淀。中国的考试制度由来已久,建立于隋唐时期的科举制度,经过一段时期的发展逐渐制度化。科举制度从隋唐建立到1905年废除,在中国实行了整整一千三百多年,对中国的社会结构、政治制度、教育、人文思想,产生了深远的影响。科举最初的目的是从民间提拔人才,相对于世袭、举荐等选才制度,科举考试无疑是一种公平、公开及公正的方法。它让下层知识分子有机会参政治国,改变自身的社会地位，实现"修身齐家治国平天下"的士大夫理想。科举制度客观上推动了知识的普及和民间读书风气的盛行，虽然这种推动是出于一般人对功名的追求，而不是对知识或灵性的渴望。但科举制的弊端也日益突出，科举的考试内容单一，考试形式僵化，考生的思想渐被狭隘的四书五经、迂腐的八股文所束缚，大大限制了考生的视野、创造能力、独立思考，再加上中国重道轻器的传统，客观上阻碍了社会的发展，导致科举制度最后终于消亡。科举制度是一种典型的应试教育，已经融入我国的传统文化中去了，目前的高考制度无疑深受其影响。

目前，高等教育资源匮乏是我国的现状。尽管经过了十年的高等教育大发展，从1999年扩招前在学人数总规模600多万人，毛入学率9.8%，到2009年总规模2979万人，毛入学率增至24.2%，我国高等教育进入了"大众化"阶段，但相对于有13亿人口的大国，高等教育优质资源仍然匮乏，无法满足民众对高等教育资源的渴望。供需矛盾突出，是应试教育存在并愈演愈烈的一个重要因素。高考，客观上也成为基础教育的"指挥棒"，高考考什么中学就学什么，前几年在全国推行的基础教育新课程改革成效并不如预想的那样好，其重要原因之一是高考"指挥棒"在起作用。因此，在这种环境下，高考竞争依然激烈，应试教育的弊端依旧突出。

尽管有众多的弊端和万般的无奈，平心而论，高考制度仍然是现在最公正的、又适合国情的人才选拔制度。因此，要取消高考制度那是不可想象的事。面对公众的指责，高考制度的改革何去何从？如何才能使高考制度成为培养创新人才的机制？新出台的《纲要》明确了今后高考改革的方向——逐步形成分类考试、综合评价、多元录取的考试招生制度。这将是给社会和公众的一个希望。

我认为，未来的高考改革将从均衡性、分类型、多元化等方面进行逐步推进。

均衡性主要是体现教育的公平性。目前我国的高考制度受户籍制度的影响，高等教育的发展在东、中、西部地区的发展极不平衡。我国目前的高等教育毛入学率平均为24.2%，但东西部差异很大，比如经济发达的江苏、浙江分别超过40%，欠发达的西部省份如贵州、云南则分别只有13.8%和16.2%。坚持均衡性应该考虑到地区的长期差异和历史的因素，因此，招生计划不能一刀切，应该对西部地区给予倾斜，以弥补长期以来对欠发达地区的教育欠账。

分类型主要体现在不同类型的高校采取不同的招生方式。教育部直属高校面向全国采取考虑地区差异、自主划定录取分数的方式进行招生,在招生指标分配上应考虑各省区的人口比例,考试方式上采取全国统一的学业水平测试。省属的地方高校主要为地方的经济发展和人才培养服务,采取面向本省为主,兼顾全国各省的招生方式,实现省内均衡。高职高专可采用完全自主招生模式,随着未来适龄人口的减少和高考录取率的增加,高职高专可以开放招生:可采用不受考生户籍制度的限制,直接接受考生报名申请,自主组织考试并划定录取分数。不同类型招生方式将有利于人才的培养。

多元化主要体现在招生制度、学业评价、录取方式等多元化。改革目前单一的招生制度,建立多形式的招生体制;对考生的学业评价不是唯一依据高考成绩,而是采用平时成绩、考试成绩、综合能力及特长相结合进行综合评价,尽量全面评价考生的综合素质;多元录取方式即除统招之外同步采用择优录取、自主录取、推荐录取、定向录取、破格录取等非统招的方式,比如北京大学试行的"中学校长实名推荐制"就是一种很好的尝试。

高考,几十年来已经形成相对稳定的制度和惯性运行的机制,要进行彻底的改革何其难!但如不改,钱学森的"世纪之问"——创新人才的培养——出路又何在?我们拭目以待。

(该文载《广西日报》,2010-04-16)

从高考看大学未来的发展

记得去年的这个时候,我以教育学者和高三学生家长的身份就高考改革发表了《高考改革与创新人才培养》一文,其中提出"如果说当今中国教育存在的许多问题很大程度上来自于现行的高考制度并不过分"的观点,曾经引起了一些讨论。在当下,什么时候讨论高考问题都不会过时,因为它涉及大多数人、大多数家庭的利益和命运。今天,我想就目前高考的一些新变化谈一谈其对大学未来发展的影响。

根据教育部公开的数据和中国教育在线的分析,高考报名人数在1999年高考扩招后,开始了长达10年的迅猛增长,从当年的288万,迅速增长到2008年的1040万。但从2009年开始,高考报名人数转而下降,2009年比2008年报名人数下降了4%,2010年则比2009年下降了10%。据人口统计,中国的生育高峰在1991年停止,此后,全国新生婴儿数目下降趋势一直持续到2000年,由此推断,全国高考人数的下降趋势将持续到2018年。另外,自2009年起高考报名人数出现下滑,高考录取率近两年呈现快速攀升的态势,2010年全国高考录取率高达69.5%,2011年高考报名人数将继续下降,2011年高考录取率有望突破80%。

根据对我国人口出生率的分析,2008年高等教育适龄(18—22岁)人口数达到了最高峰,2009年以后高等教育适龄人口数将逐年下降,到2020年高等教育适龄人口数将减少30%左右。另外,考生减少还有几方面因素:放弃参加高考、填志愿、报到的"三放弃"人数增加,出国留学生逐年递增,对低质高等教育的放弃等。因此,今后即使规模不增长,高等教育毛入学率也将会自然增长。根据新的形势变化,未来高考的改革方向之一就是分级考试录取(即本科与专科分开考试录取),甚至注册入学。

接受高等教育对象输入数量的新变化,将直接影响到我国高等教育的总体发展和各高校的发展规划。事实上,很多高等学校和教育行政部门,还来不及适应这种变化,对新的变化远未做好相应的心理和战略准备。一些地方高校,仍然按扩招的习惯性思维制订学校的"十二五"规划,将未来学校的规模作为首要的发展指标;一些教育行政部门在制订本区域高等教育发展计划时并没有将高考考生的变化考虑在内,对生源的变化对学校布局和生存的影响程度估计不足。这势必影响到高校本身的发展和区域内高等教育的发展。

可以预见,高考生源的变化势必对大学的发展产生深远影响。

中国大学新的一轮洗牌即将开始,大学破产将不再是个神话。教育部党组成员、原武汉大学校长顾海良说:"随着出生人口基数的下降,特别是随着18岁到22岁适龄青年大学生数量的减少,某些高校,特别是某些民办学校和独立学院离破产可能不遥远了。"新的形势下,首先受到波及的肯定是民办高校、高职高专以及部分三本院校,而这其中又以办学质量差者受影响最严重,这部分高校会很快陷入争夺生源的生存竞争阶段。特别是那些不按教育规律办学、以盈利为目的、不重视办学条件基本建设和教学质量提高、社会声誉不高的民办高校将首当其冲。中国大学经过新的一轮洗牌后,将更加有利于高等教育的可持续发展,更加有利于高质量人才的培养。

教育质量始终是大学发展的生命线。《国家中长期教育改革和发展规划纲要(2010—2020年)》明确提出未来10年高等教育的核心任务是提高质量。高等教育的关注点不再是规模的发展,而是办学质量的提高,质量不高的学校将不会受到市场、社会、家长、考生的青睐。因此,高等学校内部必然围绕质量问题重视教育教学改革,加大学科建设力度,加强专业结构的适应性调整,进一步加强课程体系改革,以适应社会经济和产业结构对人才的需求。当然,高等学校本身采取积极措施,确立人才培养的中心地位,加大教学投入,强化实践教学环节,加强就业创业教育,创立合作培养新机制,健全教学质量保障体系等,是确保教育质量的必要途径。

大学必然走分层分类特色发展之路。目前我国同类高校的同质化现象比较突出,也是影响考生选择学校的因素之一。经济的发展深刻地影响着高等教育的走向,最直接的影响是对高等教育的需求更趋向于多样化和个性化。因此,大学的发展也呈现出强烈的多样化、个性化和特色化发展趋势。分层、分类是高等教育办学体系中的纵、横两个坐标,但是层中有类,类中有层,是一个复杂的坐标系。在这个坐标系中,大学自身会在历史传统基础上,根据社会需求的变化,重新确定自己的战略选择、目标定位和发展路径,以进一步形成更加突出的个性特色。所有高校,在办学类型上不论是研究型、教学研究型还是教学型、应用型,在办学体制上不论是公立还是民办,在决定学校战略的问题上应有一定的共同取向:尊重传统和历史,强化传统优势学科,明确服务面向和重点,明确人才培养目标定位,追求鲜明的办学特色。在未来的竞争和发展中必须走特色发展之路,这是大学的生存之道,只有这样,大学才会找到自己的立足之地,才能满足考生多样化的需求。

中国大学,经过10年的高速发展,再经过10年的质量提高,我们有理由相信,未来高等教育在国家迈向人力资源强国之路上理应担当起重要职责并作出积极贡献。

(该文载《广西日报》,2011-06-10)

高考与教育公平

我仍然坚信,读书能改变命运。因为,我和我们这代人,正是由于中国恢复高考制度,通过努力读书、参加高考,改变着自己的命运。

然而,这一信仰当今似乎也在悄然改变。

最近,有两种现象值得我们关注。一方面,2013年全国普通高校毕业生规模达到699万人,比2012年多19万人,是史上大学生毕业人数最多的一年。不但人数最多,就业形势严峻程度也远甚于往年,北京、广东等多地的数据显示,截至4月末大学毕业生就业签约率均不足三成。就业形势和前景不明,导致忧虑情绪弥漫于大学毕业生中:读大学能改变我们的命运吗?另一方面,我们也看到,近几年来,全国每年有近百万高中毕业生放弃高考,占当年高考报名人数的10%左右。在高考中出现"三放弃",即考前放弃报名、考后放弃填报志愿、录后放弃报到。其原因各有不同,归纳起来,包括因升学无望、学费贵就业难、参加工作、选择境外求学而放弃高考;对录取学校或专业不满、准备复读,或选择境外求学而放弃报到等。其中,对大学办学质量不认同、认为上大学回报率低、选择境外求学,占了相当大比重。这些现象,不禁让许多学子疑惑:读书能改变命运吗?

其实,现行的高考制度,正考验着我们的教育公平问题。

高考区域性的不均衡。在高等教育资源的占有、教育投入直至教育质量方面,东西部明显失衡。若不加以调整,这种区域失衡问题还将越来越突出,也关系到教育公平问题。比如2012年,北京大学招生计划为3495人,在北京的招生计划是614人(7.3万考生,录取率84.5/万),在河南的招生计划是108人(82.5万考生,录取率1.3/万),山东为72人(55万考生,录取率1.31/万)。另外,中国优质教育资源所在地与非所在地具有巨大差距,比如中山大学2011年计划招生8000人,在广东计划招生3650人,占招生计划的 45.6%，在广西计划招生 183 人，仅仅占招生计划的 2.28%；浙江大学 2011 年计划招生 7500 人，在浙江计划招生 2268 人，占招生计划的 30.3%，在云南则仅招生 26 人，占招生计划的 0.35%。这就是区域间的差距，引起的教育不公平。这些区域性的不公平政策多年存在，将导致教育的畸形发展。

部分政策性的不合理。高考加分政策本来是为了鼓励学有所长的考生，然而，这一政策演化到今日，变成另外一种不公平。越来越多的事实表明，由于加分制度设计本身不够严密，加上运作过程的不透明不公开，高考加分政策在一些地方被严重异化，极大损害了其他考生的正当权益和整个社会的公平正义。高考加分在许多地方成为社会管理的手段之一。据《中国青年报》报道，高考加分泛滥，在重庆等地方，每 5 个考生中几乎就有一个加分的；高考加分呈现向区域内相对发达地区或中心城市，以及少数中学和个别项目集中的特征，这本身就说明了这项制度的缺失。

城乡地区的差异性。2010 年时任总理温家宝说过："过去我们上大学的时候，班里农村的孩子几乎占到 80%，甚至还要高，现在不同了，农村学生的比重下降了。这是我常想的一件事情。"调查表明，过去 10 多年，我国高等教育规模不断增大，但农村生源在重点大学所占比例却逐年下降，一方面全国范围内农村生源比例占到 50% 以上，另一方面重点院校的农村生源比例逐年下降，仅为 30% 左右。北大的农村学生所占比例从三成降至一成，清华 2010 级农村生源，也仅占 17%。农村考生报名、录取人数占相应总数的比例，均未达到同期农村人口占全国总人口的自然比例；农村考生的高考录取率，也从未达到同年的总录取率水平。同时，农民与农民工子女接受基础教育条件较差，要与城市家庭子女取得同样分数，需付出更大的努力。从而，造成了农民与农民工子女"教育资源与大学录取"的双重弱势。不少农村学子因此放弃高考，他们的向上通道越来越窄，从长远来看，将造成社会阶层的固化，引起新的社会不公。

我曾经在《高考改革与创新人才培养》一文中说过："尽管有众多的弊端和万般的无奈，平心而论，高考制度仍然是现在最公正的、又适合国情的人才选拔制度。因此，要取消高考制度那是不可想象的事。"因此，其出路只有改革。

应该看到，我们在行动。去年国务院出台关于"异地高考"的意见，针对呼吁多年的进城务工人员随迁子女接受义务教育后在当地参加异地高考的问题的回应,并要求各地出台异地高考实施方案;今年国务院决定进一步提高重点高校招收农村学生比例,在全国高校招生计划中专门安排18.5万个名额,用于由东部高校招收中西部考生,提高重点高校招收农村学生比例,让勤奋好学的农村孩子看到更多的希望;高考录取制度的变革让选拔人才的方式多样化;等等。这让我们看到,制度层面提高公平性的举措在逐步推行,"异地高考"问题的解决试图从根本上消除高校招生名额分配上的区域不平等,同时打破我国地区间严格的户籍壁垒,让每个公民都能享受同等的教育权利;"提高重点高校招收农村学生比例"也算是一种对现行制度不公的补偿式的政策。然而,只要求取得制度层面的公平而忽视操作性问题并非长远之计,还应该从源头上合理配置教育资源、加大对弱势区域的教育投入,并从法律上对相关政策进行监督和认真落实,真正解决教育资源分配不公问题,这才是解决高考矛盾的症结所在。

  未来十年,中国教育最主要的任务是促进公平,提高质量,要给受教育者公平的机会。我们现行的高考制度尚有许多缺陷,这在客观上就更加需要在制度、政策、实践中进一步改革,实现全社会每个公民心中那份简单的理想:教育公平。

(该文载《广西日报》,2013-06-13)

大学质量保障呼唤评估中介

在大学质量保障的评估活动中，一直以政府为主导，这有利于评估政策的执行和高等教育质量的宏观调控。同时，为使质量评估保持一定的独立性和客观性，学界一直在呼吁建立具有中国特色的大学评估中介机构。[①]

首先，为什么要建立高等教育评估中介机构？

我国高等学校外部教学质量保障体系一直是以教育行政部门的教育评估为主，其主导的评估一直是作为一项行政工作来开展，属于行政性评估。自1996年开始，国家教育部对全国高等学校分门别类地进行的本科教学工作合格评估、优秀评估和随机性水平评估，2003年启动的本科教学工作水平评估，虽然取得了明显的成效，发挥了巨大的作用，但在外部教学质量保障体系方面还存在明显的弊病。

评估主体的单一性，忽视了高等教育多样化的要求。在行政性高等教育评估中，教育行政部门是单一的评估主体，社会其他各方面很少实质性参与评估过程，这种评估的目的、原则、价值取向和标准只能体现政府的愿望。由于评估主体是单一的，势必造成评估评价主体无法兼顾社会需要的多样性，同时评估对象（即高等学校）为迎接行政部门的评估，必然会使自身的价值取向与行政部门保持一致，这样势必将导致对高等教育多样化发展要求的忽视。

评估对象的被动性，抑制了高等教育的个性发展。当教育行政部门确定被评对象后，评估对象（高等学校）缺乏参与评估的设计、评估结果的处理，在一定程度上被动地接受评估，接受根据评估结果作出的教育决策，从

---

① 贺祖斌. 高等学校外部教学质量保障体系中评估中介机构的建立[J]. 理工高教研究, 2003(6).

而处于被动的地位。高等学校只能根据行政部门制订的一系列的评估指标要求查漏补缺。高校为弥补教学条件上的不足,在短时间内加大投入,其目的是满足评估指标的要求,由于时间短,所购置的仪器设备不一定是教学所必需的,容易造成浪费,这样表面上看起来整齐划一,其实质却束缚了高等学校的手脚,抑制了高等教育的个性与活力。

评估活动的封闭性,导致了高等学校与社会的隔离。当教育行政部门成为评估的单一评估主体的时候,评估活动也成为一项封闭的活动。评估由行政部门发起、实施,评估结果由其解释和使用,整个评估活动是"政府—学校—政府"的封闭运行,这样既不利于高等学校的各项信息向社会传递,也不利于社会各项候选信息流向高等学校,导致高等学校与社会的隔离,同时也强化了高等学校对政府的依附关系。

评估指标的标准化,导致了高等学校办学的同质化。不分类型不分层次地对本科高等学校采用同一评估指标体系进行教学评估,使原本就缺乏特色的中国高等学校更加趋于同质化。

行政性评估的诸多弊端无法依靠其自身得到克服,其结果强化了高等教育与社会的隔离性和对行政部门的依附性,束缚了高等教育的活力,从而导致了高等教育质量与效益的不确定性。要促进高等教育的发展,就要坚持评估的科学性、公正性、主动性、开放性原则。在高等学校外部教学质量保障体系中打破单一的行政性评估体制,发展中介性评估,是提高高等教育质量与效益的有效途径。同时,中介性高等教育评估有利于打破行政部门对评估的垄断,有利于多种价值观、多种评估理论与技术的引入,有利于提高高等教育评估的信誉与声望,有利于完善高等学校外部教学质量保障机制。

其次,建立怎样的高等教育评估中介机构?

在高等学校外部质量保障体系中,中介性高等教育评估是"相对独立的评估主体在价值主体的广泛参与下,尊重多元化价值取向,以大教育价值观为准则,对高等教育活动中形成的实际价值做出判断"(李亚东,1998)。它是使高等教育与政府、社会之间发生关系,并对三者的关系起协调作用的社会活动,中介性高等教育评估是由中介性评估机构来实施的,中介性评估机构在客观上必然具有以下特征。

机构性质的独立性。中介机构实质上意味着一个独立于政府和一般社会机构的组织。教育评估中介机构的建立,将从根本上改变政府在高等学校具体管理行为上的直接指挥者的地位,把政府直接管理高等教育的一部分权力委托或转让给中介机构,通过中介机构的评估去反映社会需求、贯彻政府政策、调节高等学校行为,政府对高等学校的具体的管理控制变为间接的政策调控。中介性高等教育评估机构既可以是社会团体或个人发起创建的,也可以是高等学校联合发起的,还可以是政府发起创建的。它既不隶属于政府部门,也不从属于某个社会团体或个人。中介机构和各个方面的联系是一种纯粹的中介关系,独立于各种利益集团之外,只有引入中介机构才能保障中介性高等教育评估的中介性。

服务方式的公正性。中介性高等教育评估机构的服务对象是各种利益团体,因此,如何处理彼此之间的关系(即服务方式)是十分重要的。中介性评估机构是独立的专业性服务机构,它要在市场中求得生存,除了过硬的服务质量外,服务信誉也是至关重要的,即中介性评估应做到客观公正,中介性机构应当视政府、高等学校及社会各方面为平等的服务对象,对评估对象做出实事求是的评估。为此,中介性评估机构还应当广泛吸收社会各界人士,以听取各方面的意见,防止片面性和主观用事,只有这样才能树立中介评估机构的服务信誉,中介性评估机构才有其存在的意义。

运作方法的科学性。中介性评估机构是专业性服务机构。在市场经济条件下,它给外界提供的评估服务就是它的"产品"。科学性是其产品质量的保障,是它立足于市场的基础。因此,中介性评估机构应当致力于评估理论的研究。要求评估活动从时间选择、人员构成到技术运用、结果处理等,都必须周密思考、科学行事,并不断提高自身业务水平,不断探索评估活动规律,并坚决按照规律办事,这样有利于维护评估活动的严肃性,有助于树立中介性评估机构的权威。

再次,高等教育评估中介机构应该有哪些职能?

在高等学校外部教学质量保障体系中,评估中介机构的作用有别于政府的监督和宏观调控职能,具有特定的职能。

在国家立法和政府框架内,制定和组织实施高等教育评估政策,接受教育行政部门或高等学校的委托,针对各种不同类型的高等学校制定各类评估方案,组织有关专家进行评估;为政府有关高等教育的决策提供信息、咨询和政策建议;扩大高等教育决策的社会参与度,充分发挥社会各界对高等学校的监督作用;发展和传播高等教育质量保障的有效方法,增强高等学校的质量意识,提高高等学校的质量责任,促进高等学校办学条件和办学过程质量的改善,激励高等学校自觉承担维持和不断提高教育质量的责任;确立高等学校和高等教育向政府、社会和同行报告其履行职责情况的义务。

基于以上高等学校外部教学质量保障体系面临的挑战与存在的问题,建立高等学校外部教学质量保障体系中的评估中介机构势在必行。当然,在建立评估中介机构时必须坚持以下几个原则:中介独立原则、规范运作原则、分级设置原则、科学实用原则、广泛参与原则。

自我评估与本科教学质量

我长期研究并参与高等教育评估实践,自然对厦大的教育评估工作更加关注。在厦大挂职工作期间,我主要协助分管教学副校长邬大光教授工作,直接参与和观察厦大的本科教学管理工作,其中对厦大的校内本科教学质量评估工作印象特别深刻,也有更多的切身体会。对于学校开展的校内本科教学评估工作,邬副校长说:"通过这种'自亮家丑、自找软肋'的评估方式,学校找到了促进和提高教学质量的重要抓手,教学评估使学校对本科教学状况了然于胸。"

2005年11月,厦门大学在接受教育部本科教学评估中,获得全优的评价。从那时起,厦大就建立了每年坚持开展自我评估的长效机制:2006年的本科教学工作全面评估;2007年的新建专业和新教师教学能力评估;2008年的实践实验教学环节评估;2009年的质量工程和教学计划运行评估;2010年的考试环节以及考风考纪评估;2011年的一期质量工程成效及二期建设计划评估。2012年的重点是本科专业人才培养课程体系比较研究,我全程参与了今年的评估检查。

在每年的教学评估中,各学院先开展自我评估,在此基础上,学校组织评估小组,通过听课、开座谈会、检查试卷和毕业论文等教学档案、实地考察实验室和实习基地等形式开展互查互访,并对每项内容量化打分。这种自我评估,有助于学校有针对性地改进教学工作中存在的问题。在2006年的自我评估中,发现有两个数据对大家震动很大:一是学生选修课学分比例不高,当时只有28.53%;二是班级授课规模过大,30人以下的班级授课规模只占班级总数的10%,50人以下的占班级总数的30%。这两个数据说明:厦大教学质量虽有保障,但人才培养模式和课程结构没有太大变化,教学改革中的创新意识还不足。为了改变这一状况,学校于2008年在全校本科生中试行新的教学计划,突出"全面选课制度""课程资源共享"等内容。新教学计划实行几年来,厦大选修课开课门数由原来的39%增加到58%,每个长学期的选课量达到19万人次,人均选课量达到9门次。而在选课方面,学校打破必修与选修的界限,每学年除单独开设的全校公选课之外,另有近900门专业课面向全校开放,每学年跨专业选课达到2万多人次。这样,既拓宽了课程资源,也提高了教学质量。这就是校内自我评估带来的变革!

教务处处长谭绍滨教授是一位数学专家,做事像他做学问一样讲求实效,逻辑性也特强,也许是我们都有做教务处长的相同经历,有共同关注的问题,有共同的话题。他非常自豪地说,目前,厦大已基本形成校内本科教学评估的长效机制,"注重实效,追求长效"已经成为厦门大学教学评估的重要特征。

我认为,当前每个大学都建立了自己的质量保障体系,利用评估这一手段对校内教学质量进行监控,只是方法不同,手段各异。当前,大学校内的自我评估存在的普遍问题大同小异,主要有以下几方面:一是学校构建了自己的教学质量监控体系,但体系的落实和执行不够;二是质量保障体系的"神经末梢"的监控点弱化,监督不到位;三是教学质量标准不健全不完善,对各个环节的质量管理不到位;四是质量保障机制缺乏有效性和长效性。

教育部《普通高等学校本科教学工作水平评估方案》中把教学质量监控体系界定为:"教学质量监控体系包括目标的确定、各主要教学环节质量标准的建立、信息的收集整理与分析、评估、信息反馈、调控等环节。"我们予以概括为六个环节:目标、标准、信息、评估、反馈、调控。从控制职能所要解决的三个问题来看,目标和标准这两个环节解决的是确定标准;信息、评估、反馈这三个环节解决的是用标准去评价;调控这一个环节解决的是纠正偏差。在高等学校,由目标、标准、信息、评估、反馈、调控这六个环节组成的教学质量监控体系能否长期有效地运行,对于人才培养目标和各教学环节质量标准的实现,对于教学过程中问题的及时发现与解决,对于人才培养质量的提高具有直接的影响。为了使教学质量监控体系能够长期有效地运行,必须建立并不断完善组织、制度、实践等保障体系。这是目前高校质量保障体系构建中必须注意的一些问题,但在实践运行中,这些问题往往被忽视。

厦门大学经过几年摸索,逐步形成了一套反映人才培养规律的监测指标体系,每年通过选择一定的核心指标集中进行校内教学评估,引导各学院关注学校的教学改革方向。随着评估的日益常态化,每年的评估已成为学校师生希望进一步改进教学工作、提高教学质量的"期待"。厦门大学构建质量保障体系、监督落实各个环节、发现问题不断改进、长期坚持重视实效的做法值得很多大学借鉴。

(2012年11月21日,写于厦门大学)

大学评估与应用型大学发展

可以这么说,在一定程度上,大学评估促进了应用型大学的兴起与发展。

第一轮高等学校本科教学工作水平评估至2008年告一段落后,社会对高校教学评估有种种非议,对教育部的"五年一轮"的教学评估工作是否还能够坚持下去,产生了众多的疑问。平心而论,这一轮评估中有589所高等学校接受了评估,它为中国高等教育大众化进程中急剧发展时期改善办学条件、增加办学活力、确保办学质量等起到了很好的作用。但不可否认,评估所带来的单一的行政化主导的评估、统一的评估方案和指标引导高校办学同质化、少部分高校为追求优秀结果出现弄虚作假和过度接待等一系列问题,在社会上和大学里引发了很多非议。

其实,自2008年年底,第一轮评估结束之后,对下一步如何开展高校的本科教学评估,教育部一直没有停止研究,但研究的重点稍有变化,即针对新建院校研究高等学校本科教学工作合格评估方案。我先后参加了两个课题组的研究。一是由前教育部评估中心主任刘凤泰牵头的全国教育科学规划重点课题"新建本科院校发展与教学评估的重点研究",成果已经由高等教育出版社出版;二是由教育部高等教育教学评估中心牵头,由中心领导和12名全国教育评估资深专家参与的"普通高等学校本科教学工作合格评估指标体系和实施方案"的制定研究,这个课题是评估中心的实施方案,因此,有很强的针对性和现实性。同时,作为主要参与者,我参加了《教育部本科教学工作合格评估36问》和《培训教材》的编写和审稿工作。最后的方案和培训教材定稿会,受教育部评估中心委托,2011年7月由我具体承办,在南宁召开。

自2001年我参与教育部组织的本科教学工作评估以来,参评了近50

所高校。2001年到2008年,第一轮的本科教学工作水平评估,参评了贵州师大、西北师大、沈阳音乐学院等20多所高校。此外,我还全面负责主持了2所大学3次迎评工作:2001年具体主持迎接教育部对广西师范大学的本科教学工作随机性试点评估;2003年教育部正式启动"五年一轮"的水平评估工作,2007年9月之前,我作为分管教学评估的副校长,主持了广西师范大学的迎评工作,2008年主持了广西师范学院迎评工作,2所学校均获得优秀等级。作为参评者、迎评者和方案制定参与者,参与了大量的评估工作实践,让我扩大了视野,了解不同类型大学的办学理念和实践,同时也了解了中国大学不同阶段和不同类型大学的发展历程。

在2010年"普通高等学校本科教学工作合格评估方案"实施以来,我作为组长和成员分别参与了上海金融学院、大庆师范学院、呼伦贝尔学院、厦门理工学院、湖南人文科技学院、滨州学院、昌吉学院、昆明学院、合肥师范学院、铜仁学院等数十所高校的合格评估,其中对新建院校如何体现应用型人才培养和引导新建院校向应用型大学发展有着深刻的体会。合格评估方案设计的核心内涵是"四个促进,三个基本,两个突出,一个引导"。"四个促进"是指:促进办学经费投入,促进办学条件改善,促进教学管理规范,促进教学质量提高;"三个基本"是指:办学条件基本达到国家标准,教学管理基本规范,教学质量基本得到保证;"两个突出"是指:突出服务地方(行业)经济和社会发展,突出培养应用型人才的办学定位;"一个引导"是指:引导参评学校构建并逐步完善内部质量保障体系,形成不断提高教学质量的长效机制。以上这四个方面是合格评估方案的核心内容,重点是突出培养应用型人才的办学定位。

新建本科院校,无论在发展的外部环境,还是在内部建设中都面临着挑战。比如就其内部而言,本科意识不够、教育经费和办学基本条件不足、区位与品牌不利、人才培养模式滞后、服务地方经济社会的能力不足等。在发展的外部环境方面,新建本科院校处于尴尬的位置,前面有研究型和教学研究型大学,后面有各类高职院校,因此新建本科院校如何科学定位,找到自身的发展生态位是一个亟待解决的现实问题。另外,"新建本科院校"是一个用时间概念对学校的界定,如果使用"应用型大学"更加能够体现这类学校的属性和特征。因此,应用型大学如何体现应用型人才培养,我认为可以从以下几方面体现。

一是办学定位。我认为,应用型大学的发展定位就应该凸显其两大特点:地方性、应用型。地方性是其所处的区域和服务面向所决定的,应用型大学大多数处在地方中心城市,这本身就决定了它的服务面向。应用型指的是应用型人才培养,其意义在于使学校主动适应区域经济建设和社会发展的需要,着力培养基础扎实、动手能力强、适应面宽的应用型人才。但地方性、应用型的办学定位,写在文件上容易,要从上至下,形成全校的办学理念不易。比如,昆明学院利用成立的"昆明科学发展研究院",真正做到了汇集各方智力为昆明政府的决策提供咨询建议,为县区、企业的发展提供智力支持服务。

二是学科专业。应用型人才的培养目标很大程度体现在学科专业的设置和调整上,主动服务地方经济建设和社会发展的需要是学科专业设置的指导思想。在综合分析学校已有基础、特色、优势和学科发展趋势的基础上科学定位,走特色学科建设之路。利用自身所处的区域优势,将学科专业建设与学校所处区域的经济和产业结构对接,根据本校办学定位,积极发展适应区域经济发展需要的学科专业,优化学科专业结构,增强与区域经济建设和社会发展的关联度、契合度,建立起结构合理的学科专业体系,并逐步形成主动适应区域经济社会发展需要的专业设置和调整机制。这方面,在我评估过的学校当中,合肥师范学院应用工科、滨州学院的黄河三角洲文化研究等颇具特色。

三是培养方案。要落实应用型人才培养理念,关键在于改革应用型人才培养方案。根据滨州学院的经验,我认为,针对我国应用型大学人才培养方案普遍存在的培养目标适切度不高、培养目标达成度受制约、课程体系过于追求学科完整性、教与学的方法要求不够明确、对学生学习效果评价不够全面等问题,需要加强人才培养方案修订:一是强化实践教学环节的基础实践、专业实践和综合实践;二是专业培养目标要符合合基准、合需求、合规律、合定位、合实际的标准;三是明确各课程的逻辑关系和各课程教与学的方法;四是加强学习成果的多元化评价。通过人才培养方案的改革,确保学生知识、能力、素质的协调发展。

四是课程体系。课程设置是人才培养模式的重要环节,可以这么说,人才培养模式改革的成功与否,在很大程度上取决于课程设置的合理性。根据区域产业结构调整发展学科专业,设置相应的课程体系和内容。"平台+模块"课程体系是许多高校常常使用的一个概念,关键是如何建立"平台"和构筑什么样的"模块"才是最反映本校特色的课程体系。由于区域发展水平的不同和产业结构的差异,要求应用型大学在保证专业核心课程之外,制定具有区域特色的课程体系和教学内容。并注重几方面的统一:课程设置的社会化与个性化的统一,课程体系基础理论与实践性教学的统一,教学过程中课堂教学与实践环节的统一。对于课程体系的设置,易的是新设置的本科专业改起来相对容易一些,难的是师资队伍的水平和素质一下子难以适应新的课程体系。2010年,我去西昌学院评估时,该校根据当地农业产业的发展设置农业为特色的专业和课程,主打"农"的品牌,我觉得办得很有特色。

五是校企合作。应用型大学的一个显著特点就是注重人才培养过程中的实践性教学,特别是通过校企合作建立人才培养模式。高校与企业合作,有针对性地为企业培养人才,注重人才的实用性与实效性。一方面,校企合作适应社会与市场需要,学校根据企业的反馈与需要,有针对性地培养人才,结合市场导向,注重学生实践技能的提升,更能培养出社会需要的人才。另一方面,校企合作是一种"双赢"模式,做到了学校与企业信息、资源共享,学校利用企业提供的设备,企业也从实践中选拔人才,实现了学生在校所学与企业实践有机结合,使学校和企业的设备、技术实现优势互补。2011年,在厦门理工学院评估时,第一次听到学校提出的"亲产业"办学理念,令人耳目一新,特别是把生产车间办到学校、把实验室设在企业的模式更加体现出一种新型的人才培养模式。

当然,除了以上几大方面外,在应用型教学模式、应用型科学研究、"双师型"师资队伍等方面如何凸显应用型,值得进一步探讨和研究。

其实,我国应用型大学的发展不仅仅局限在新建本科院校,而有其自身的演变历程,大致有三类模式。第一类,地方综合性大学发展为应用型本科大学。地方综合性大学多属于以本科层次教育为主的教学型大学,比如北京联合大学,坚持为北京市的社会经济发展培养应用型人才,实践着"发展应用性教育,培养应用型人才,建设应用型大学"的办学理念,先后在技术应用性本科教育、四年制技术教育等方面进行了深入探索,为应用型大学建设做出了有益的尝试。第二类,多科性学院发展为应用型本科大学。多科性本科学院多属于以本科层次教育为主的教学型院校,侧重于教学,科研规模和力量相对不足,目前越来越多的多科性地方本科高校转向应用型大学发展。第三类,高等专科院校发展为应用型本科大学。这类院校以新建本科院校为主,一般有办应用型大学的基础和行业依托,比如这些年来接受本科教学合格评估的新建本科院校多数都有一定的行业背景,这类院校将是未来应用型大学发展的主体。

  随着我国经济社会的不断发展,产业结构的不断调整和优化,市场对人才的需求呈现出多样性、多元化的趋势。2014年春,国务院审议通过的《事业单位人事管理条例》明确提出:"引导一批普通本科高校向应用技术型高校转型"。应用型大学的发展势必会迎来一个新的春天。这也是我这些年来参与普通高等学校本科教学工作合格评估的一点收获。

(2014年3月20日,写于南宁)

大学何为

——写在《中国大学这五年》出版之际

《中国大学这五年》(广西人民出版社,2011年)终于出版了,如果说从最初研究开始算起,也有五年时间了,尽管当时并没有想到要出版。

曾有人问我:你了解大学吗?我猛然反问自己:我了解大学吗?从18岁上大学开始,我就一直没离开过大学,虽然本科念的是理科专业,但硕士、博士学的是高等教育学专业,在国内走访了百余所大学,到国外也考察过像美国的哈佛、耶鲁、普林斯顿、麻省理工、哥伦比亚、宾夕法尼亚、布朗大学等,英国的牛津、剑桥大学等,德国的洪堡大学等,比利时的鲁汶大学等,澳大利亚的悉尼大学等数十所世界著名大学,但还是不敢说我了解大学!"大学是什么",变成了我苦苦地追寻而又一直找不到答案的问题。大学之所以深奥,在于她的大师云集,在于她的气度高深,在于她的卓尔不凡,在于她的独特魅力。因此,了解和研究大学就成了我深爱的专业和职业。

"高等教育年度十大事件评析"缘起于2006年,也是我国"十一五"开局之年。作为高等教育学专业的研究生导师,刚开始是想组织我门下的研究生对一年来我国高等教育发生的大事进行总结和分析,其目的"重要的不是在完成任务和选择哪些事件,而在于通过自己去总结分析一年来高等教育发生的一些大事,了解高等教育的发展和规律"。之后,每年年底时也是我们这个学术团队最忙碌的时候,大家接受任务,各自选择事件、进行分析,经过数轮的学术沙龙,再集中讨论、筛选,最后选出我们认为的当年高等教育十大事件。有幸的是,一开始,我们学术团队的研究成果就得到教育部中国高等教育学会的官方网站"中国高等教育改革与发展网"的大力支持,每到年末,"十大事件"就在网站的头版头条发布。没料到的是,这一年一度的盘点方式得到了学界的高度关注，国内数十家高等教育专业网站纷纷转载，部分学术刊物也连续刊发，逐渐变成了一顿谈不上丰盛但十分可口的精神大餐。

我国高等教育近十年发生了巨大的变化，2006—2010年这五年又是发展最快、问题最多的五年，2010年正值"十一五"的收官之年，五年来，我们的学术团队力图以中国高等教育大众化进程中最为关键的国家"十一五"期间作为历史背景，取社会学和文化学的视角，运用反思与讨论的学术沙龙研究范式，以年度为盘点周期，通过对五年来"挑战与使命""改革与创新""转型与发展""期待与忧思""规划与展望"和"大学生就业"等专题中50件重大事件的评析，探讨中国高等教育大众化进程中发生的事件及事件产生的背景和原因，进而做出教育学的反思。在讨论的基础上，试图回答我们一直在寻找的"中国大学之问"。事实上，在高等教育的发展过程中，只有事实，没有答案。因此，呈现在读者面前的这本《中国大学这五年》只是以我们自己的视角告诉大家这五年来大学发生过什么，为什么会发生。也许若干年后，我们在寻求走过的岁月痕迹时，试图了解中国大学的这段历史时，该书或许能提供一点点线索。

《中国大学这五年》一书汇集了我们这个学术团队的集体智慧。在书中，除了我们学术团队对每年的事件进行评析外，为了让读者更加全面地了解事件的背景，我们还以"相关阅读"栏目提供了事件有关材料或其他学者的观点。此外，还设置了"专题评论"栏目，力图更加深入地探讨事件发生发展的规律。

在书中，在寻求"大学是什么"的过程中，我们看到今日之中国大学的希望，同时也了解到大学里一些不和谐的乱象，这一切都值得我们的大学和社会反思。温家宝总理说得好："一所好的大学，在于有自己独特的灵魂，这就是独立的思考、自由的表达。"正值国家迈向人力资源强国之际，天下有志有识之士，当以大学先贤为榜样，重振大学人文精神之风气，重树学界自由独立之风骨，引领社会道德理想之风尚，造就国家建设发展之栋梁。

大学，是我人生追求和依恋的精神领地，她的静幽，她的超逸，她的"独立之精神，自由之思想"，她的深邃以及卓尔风姿，注定是我的灵魂寄所。

（该文载《广西师范学院学报（哲学社会科学版）》，2011年第3期）

七、历史印迹

北京国子监

　　漫步在国子监,仿佛当年监生们的读书声犹在耳畔,在苍松翠柏间,伴随着悠扬的古乐,感悟着书院文化的博大精深。在这里,可以领略到皇家建筑的非凡气度,追寻逝去久远的历史传说。在喧闹的都市里,唯有在这儿,才真正领悟它独有的宁静与平和。

感悟北京国子监

多年来,我在给研究生讲中国高等教育史时,必谈的一个话题就是中国古代的学官——国子监。照着找来的一些资料,讲它的设置、机构、学制、功能等,讲得学生晕晕乎乎的,自己也云里雾里!毕竟,自己从来就没去过国子监,纸上得来终觉浅!

幸好,有这么一个机会,借国庆长假之际,一家人在北京休假。在所有的日程安排中我提议国子监必须列入行程计划,以满足我无数次来北京但没有实现的计划——看看国子监。

一大早,我们来到北京市安定门内国子监街,以前称成贤街。虽然是节日,但人还不算多,也许作为旅游点这里绝对不算是热点。据说这条街在2005年到2007年进行了大规模修缮,2008年奥运会前才以全新面貌对外开放,新修的仿古街总觉得与国子监的地位相比有些不对劲,但总比以前破烂的街道要好。

北京国子监和孔庙是紧紧连在一起的,按照"左庙右学"的规制,两组建筑群都采取沿中轴线而建,左右对称的中国传统建筑方式,组成了一套完整、宏伟、壮丽的古代建筑群。它们始建于元代大德十年(1306年),距今有700多年历史。

国子监是自隋以后中国官方的最高学府,历代王朝都在都城建有国子监。北京国子监始建于元代,明初毁弃,改建北平府学,成为北京地区的最高学府,永乐帝从南京迁都到北京后,改北平府学为北京国子监,同时保留南京国子监。一进国子监大门——集贤门,就见在国子监二门悬挂着"太学"二字,国子监又称"太学""国学",是元明清三代国家设立的最高学府和教育行政管理机构。古时候的"大学"是举行祭祀仪式的场所,商、周时国家最高学府称大学,西周时王都大学分为五学,东学为东序,西学为瞽宗,北学为上庠,南学为成均,中央为太学,太学又称辟雍或明堂。西汉时董仲舒建议国家设太学为国家最高学府。国子最初是学校的名称,到隋朝,学校仍名国子学,后改为国子寺。后来,国子寺和国子学分列,作为中央直属学校的管理机关与国家最高学府并存。几经变化,后将国子寺改为国子监,国子监演变成既是国家最高学府,也是全国教育行政的最高主管机构。国子监设立的教学科目是礼、乐、律、射、御、书、数。国子监以其悠久的历史、独特的建筑风格、深厚的文化内涵著称于世。

院内有一座华美的琉璃牌坊,正面题为"圜桥教泽",背面题为"学海节观"。当然,院内最有名的还是国子监的中心建筑"辟雍",据介绍它建于清乾隆四十八年(1783 年)。建于中轴线中心一座圆形水池中央的四方高台上,是一座方型重檐攒尖顶殿宇。其大殿风格独特,造型新颖,六级台阶,四面开门。辟雍周围环绕着长廊,四面有精致的小桥横跨水池,使殿宇与院落相通,这种建筑形制象征着天圆地方,辟雍与环水组成一体,形如一块温润的璧玉,古时"辟"与"璧"相通,这正是"辟雍"的来历。乾隆皇帝之后,每逢新帝即位,都要来此做一次讲学,以示中央政府对高等教育的重视。一进辟雍,可寻觅到当年皇家学堂的遗风。但我一直纳闷,古代没有扩音器,皇帝讲学时,外面有成百上千的官员和学子,如何听得见?后来从里面的一幅"辟雍讲学图"得到答案,皇帝每讲一句,专门有伺者传声到院内,我想这伺者一定得是大嗓门啊!据说,前两年北京市和北京大学联合开办"北京大学国子监大讲堂",依托北大丰富的国学人力资源与国子监、孔庙历史悠久的文化资源优势,面向市民开展以中国传统文化为主要内容的讲座,受到了市民的欢迎。国子监从"临雍"到"讲座",标志着从"皇"到"民"了。

最使我感到意外也是收获最大的是在参观院内的"六堂"(即位于辟雍左右两侧的 33 间房)时,刚好碰上"中国古代科举展——金榜题名",以前对中国的科举制度有些了解,看了一些相关的书,但缺乏系统的研究,在桂林时曾经萌发研究桂林书院史的念头,但因自己缺乏史料研究的方法就作罢了,不过兴趣仍在。这次的展览图文并茂,分"科举的发展轨迹""科举的考试程式""科举的影响作用"等几大主题对科举作了详细介绍,这是国内关于科举制度的最完备的一次展览,由于时间关系,尽管看了近两个小时,仍然意犹未尽,好在拍了不少照片,回来再细细研究。

走出展厅,走在六堂廊下,仿佛当年监生们的读书声犹在耳畔,漫步在苍松翠柏间,伴随着悠扬的古乐,感悟着书院文化的博大精深。在这里,可以领略到皇家建筑的非凡气度,追寻逝去久远的历史传说。在喧闹的都市里,唯有在这儿,才真正领悟它独有的宁静与平和。

过持敬门就到孔庙,同样古树参天,枝条遒曲。孔庙又称"先师庙""宣圣庙",是元明清三代国家举行祭孔典礼的场所。孔庙有三进院落,中轴线上的建筑物依次为先师门、大成门、大成殿、崇圣祠。

孔庙内主体建筑大成殿金碧辉煌,气势恢弘。在大成门前肃立着一座由一杨姓台湾人捐立的汉白玉"先师孔子行教像",大成殿外悬挂着康熙帝御书"万世师表",在大成殿里,悬挂着清代自康熙以来九位皇帝御笔书额的木匾。清代崇尚儒学,祭孔成为国家常典。每到天子即位,都要到国子监辟雍讲学(即"临雍"),"临雍"后,便将皇帝的御笔题词制成木匾,悬挂在孔庙大成殿内,以表对孔子的敬意和颂扬。从康熙朝至宣统年间,大成殿内已有9块御制匾额,除悬挂在大成殿外的康熙御书"万世师表"外,依次为雍正御书"生民未有"、乾隆御书"与天地参"、嘉庆御书"圣集大成"、道光御书"圣协时中"、咸丰御书"德齐帱载"、同治御书"圣神天纵"、光绪御书"斯文在兹"、宣统御书"中和位育"。每一块匾额的内容都有出处,有很深的内涵!至于袁世凯"大总统告令"和黎元洪"道洽大同"两块匾额,又反映出推翻清朝建立民国的一段历史,历史就这么奇怪,袁黎两人的"皇帝梦"尚未破灭。

先师门和大成门东西两侧,矗立着元(3通)、明(77通)、清(118通)三代进士题名碑,共198通,共刻有51624名进士题名碑。这些冷冷的石碑,记录着士子寒窗苦读的艰辛,标榜着金榜题名的荣耀,也诉说着一段科举史的辉煌。在一通名碑上,我找到一处刻有"陳敉功广西临桂人",虽然字迹模糊,但依稀可以辨认。他是临桂历代291名进士中的一员,临桂被誉为"状元之乡",从唐代开始出了5名状元和2名榜眼。在这里,我不禁想起家乡的"一县八进士,同胞三翰林"的美谈,"一县八进士"是指光绪十八年(1892年)全国会试,临桂县有8人中进士,其中刘福姚还中了状元;"同胞三翰林"指灌阳唐景崧三兄弟先后入了翰林院。在这里,我一时找不到唐景崧三兄弟的进士题名处,但我心中一直为自己家乡出了这么有才华的三兄弟而骄傲。

同样令我感慨和钦佩的是《乾隆石经》和刻碑人蒋衡。《乾隆石经》上面刻着春秋战国至西汉初的十三部儒家经典著作,记载了我国古代历史、哲学、诗词和典章制度,全部刻石计189块加"谕旨"造成表文1碑,共190块,63万字。碑的手书作者是清代著名书法家、江苏金坛人蒋衡。蒋衡遒劲茂美的楷书与他十二年的心血一同镌刻在十三经石碑上。当站在这些刻有儒家经典的石碑碑文前,其规模之巨,书法之精,文化之深,不得不令人惊叹!

  出了孔庙已是傍晚了,这才想起中午还没吃饭,精神食粮已经掩盖了生理机能的需要。赶紧找个地方吃点东西,一转身来到一家"颐园咖啡店",咖啡店不大,老板很热情,要了份西餐和咖啡,看着对面一家大门上书写的"诗书继世长,忠厚传家久"对联,不禁感慨:古今相通,中西合璧,文化融合。

(2010年10月7日,写于北京)

家族教育曾经的辉煌

——桂林古镇文化考察

  桂林有许多具有深厚历史文化底蕴的古镇,其中灵川江头村就是一个颇具代表性的古村落。

  从桂林市到灵川江头村并不远,大约32公里左右。上次到访江头村是五年以前的事了,那次是几个朋友带着孩子来这里进行"传统教育"。一晃五年过去了,这次来访江头村,算是公务,陪同来访的有市教育局、灵川县政府官员,到访江头村也算是了解本地的乡土教育历史,接待我们的是村里的"文化名人"老周。

  对江头村的历史早就有所了解。江头村辖于灵川县九屋镇,位于漓江上游的护龙河畔,风光旖旎,生活富庶,民风淳朴,英才辈出。

  今天刚好下点小雨,下午四点钟,我们一行才到村里。在村口,远远望去,古朴典雅的古民居静卧在烟雨之中,看来桂林除了有美丽的烟雨漓江外,还有藏在闺中的烟雨山村。据介绍,全村180余座房舍,其中600多间全是清一色的明清古民居。在村里随处走走,到处可见房屋青砖灰瓦、杉木结构;屋檐层叠、雕龙镂花;古色古香、飞檐挑梁。我特别注意到,每户的门头,都有八卦图案,圆方不一。

  在村头的周氏家族祠堂——爱莲祠堂,我们了解到,据《灵川县志》和江头村族谱记载,明洪武元年,北宋著名哲学家、理学创始人周敦颐的后裔从湖南道县迁到这里居住,距今已有640多年的历史。在祠堂的正门有周敦颐的《爱莲说》。爱莲家祠,兴建于清光绪八年(1882年),以周敦颐的传世名篇《爱莲说》命名,建筑风格淡雅、古朴、简约而实用,爱莲家祠的建筑有:风雨亭、大门楼、兴宗阁、文渊楼和歇憩亭。老周还特别比划,大门楼内的两边厢房窗棂上雕刻有镂空的儒家经典,右边刻"的秀、亲贤",左边刻"敏事、慎言",这些都是家传的教育思想和家训。

在祠堂里还有一个比较简陋的展室。据介绍,从清代嘉庆年起的一百年间,江头村共出庶吉士13名、进士8名、会试贡士8名、举人31名、国子监36名、秀才上百人。此外,江头村出仕168人,一品官4人,二品官4人,五品以上官员37人,其中知县21人,在京城任职14人。如吏部主事周瑞琪、户部主事周廷揆、礼部主事周绍德、刑部主事周绍昌、兵部卫千总周廷召等。祠堂有"周氏家族功名表",清清楚楚地列出各家的祖先,是哪个朝代的举人或进士,做过什么官。但遗憾的是,这些家族名人的为官为学的政绩、成就没有更多的收集,只是一些传说,缺乏丰富的文化和政治内涵。

老周特别向我推荐几块诰封匾。从江头村走出去的为官之人,忠君爱民、廉洁为官,在明清两代,受皇恩诰封的人员达数十人。至今,村中很多人家仍保存有诰封匾、诰封碑等。该村进士出身的周冠在任汝宁知府四年间,断案数百起,无一冤案,被百姓称为"周青天";进士出身的周启运在任江宁盐巡道兼江宁布政使时,"兴农事,除水患,重教化,修义学,捐薪俸,救良民",被清大臣林则徐称为"循良第一";举人周启稷,一生曾任6个县的知县,两袖清风,执法如山,每到一县均留下好的口碑。

村里的明清建筑风格保留得十分完好,没有被破坏,卵石铺的村道,雨后干净整洁。村里仍保留着"秀才街""举人巷""进士楼""方圆古井"等古迹。人们依然生活在幽静、古朴的村庄里,过着自然的生活。

我不禁感慨,一个小山村,在百年间,通过科举考试,出了那么多进士、举人,还有那么多出仕之人,而且位高权重、廉洁为官。这的确是一个奇迹,也是一个独特的文化现象。考察江头村周氏家族的历史,我认为有两方面因素值得探究。

一是家族教育。族中严格地遵守《周氏家训》,坚持"族规治家、施行笞罚"和"规行矩步,奉莲指教"的宗规家法。家族自古把读书看做是一件很神圣的事,例如在村头河边,有一座古"字厨"塔,下面有炉膛,凡是村里学童习字做功课用过的废纸都不能随便丢弃,要放进字厨里焚烧,将读书看做是一种神圣的仪式。同时,家族还形成一种风气,要使家族长盛不衰,就要走"学而优则仕"之道,因此,周氏家族不倡导购置田产留给后人,而是兴办教育。同治十二年癸酉科举人周永(曾任河南原武县、山东即墨县知县)和其弟周廷绶,在江头村创办了"通致""中正"和"蒙正"三所学堂和"进化""保粹"两所义学,并请地方名流专门教授族中子弟,购买大量诗书充实"爱莲书院"。这些义举直接影响着家族学风和民风,同时,规范的家训也确保了这种家族学风的延续、传承和发展。当然,这一切得益于科举考试的制度保障。

二是家族文化。一个家族要兴旺发达,除了重视家族教育外,还需要有长期形成的家族文化。在长达几百年的历史长河中,周氏家族始终遵循先祖遗训,盛行教化之风,秉承周敦颐《爱莲说》中莲花"出淤泥而不染"的高贵品格,创造出独具特色的江头周氏爱莲文化。可以这么说,《爱莲说》就是周家的《圣经》,"出淤泥而不染"就是家族文化的核心思想,以莲花的"品性高洁"作为思想和行为的追求目标,影响着一代又一代的人。村中所谓"父子进士""父子庶吉士""父子翰林"的佳话,所谓"一门两进士""四代四举人""五代五知县"的美谈,无不受这种家族文化的核心思想影响和浸染。同时,清白做人,廉洁为官,也成了家族风尚。周氏家族后人周昱麟认为:"出淤泥而不染,濯清莲而不妖"是《爱莲说》的主旨,"莲"与"廉"同音,是周敦颐借歌咏莲花以抒发高尚清白的君子情操。因此,周氏家族的入仕族人之多、为官做事之廉,深受其家族特有的"爱莲"文化之影响。

老周告诉我,近百年来,家风、家训依旧,但过去的辉煌不再。特别是近几十年来,在外工作的族人不少,但取得大成就的人不多,更难与先人相比了。从老周的口吻中不难听出,家族昔日的风光不再,过去的辉煌日渐衰落。

我认为从历史和社会角度分析,有其深刻的原因。一是科举制度的废止,1905年,晚清政府正式废止在中国实行了1300多年的科举制度后,中国的文化、教育之根发生了重大位移,出现了文化和教育断裂,原先依赖科举制度建立的教育内容、教育体系、选拔制度等不复存在了,长期形成的家族教育、家族文化虽然还在,但缺乏传承的渠道和内核力。特别是后来建立的仿西式学堂,其教育内容、教育方式与科举制度下的教育完全背离,更使得百年形成的家族教育体系土崩瓦解。二是近几十年来政治和教育发生了变化,经过教育要为政治服务、高考制度以分数为唯一标准等畸形发展,我们的学校教育已经进入扁平化、无个性的时代,个性人才、创新人才在这种教育制度下难以出现。再加上,现代教育不太重视家族教育,良好的家规缺乏传承的氛围,社会的开放、外界信息的侵入打破原有相对封闭的家族教育体系,原有的家族教育优势不再。社会和教育制度的变迁,一下子将引以为自豪的历经数百年形成的家族教育传统拉回到与邻村一样的乡村教育。三是"文化大革命"期间对社会精英的打压,江头村出去的精英在"文化大革命"期间不同程度地受到迫害,以至于有些人多年不敢回村,在这种社会变迁下过去的家族优势荡然无存。因此,过去江头村那种人才辈出、成就辉煌的盛况随着时代的变迁和历史的演进,将不可能重现了,我不知道这是中国教育的进步还是悲哀!

最后,老周带我们来到村头的大树旁,面对着这条清澈见底的小河和美丽的小桥,他声色并茂地吟道:"枯藤老树昏鸦,小桥流水人家。古道西风瘦马。夕阳西下,断肠人在天涯。"这不是马致远的《秋思》吗?老周开玩笑地说这首词写的就是这里。我仔细一看这种情境,的确有点词中意境:冷清的古树,清澈的小溪,溪上的小桥,就差"西风瘦马"了。从村里走出去的人,路漫漫其修远兮,官宦仕途将如何?功名利禄,仕途艰辛,思乡之情,难耐凄凉。漂泊的流离,离乡的落魄,不正是文人出道的真实写照吗?

不觉到了傍晚,这时村里不时响起鞭炮声。老周告诉我,今天刚好是村里周氏家族的传统节日——"姑娘节"(农历五月十四)。

离开江头村时,已是炊烟袅袅。雨后乡村的缕缕炊烟,既随风而动、缥缈朦胧,又淡雅苍凉、矜持幽静。它让我回到儿时的记忆,一种久违的宁静和淡淡的忧伤。

(该文载《广西日报》,2011-10-14)

状元村与状元

早就听说广西有"昭平不平,富川不富"之说,刚离开昭平县,我就来到相邻的富川县。如果昭平黄姚古镇给我以古朴、优雅、自然的梦一般的不平凡感觉的话,那么富川秀水"状元村"积淀丰厚的教育文化底蕴足以吸引我探究秀水村"富"甲一方的缘由。

最近几年,对地方书院制度比较感兴趣,特别是桂林的一些教育史,曾经还想过将"桂林书院发展史"作为研究课题,无奈由于自己在历史研究方法方面有着天然的缺陷,就放弃了,但对地方书院制度的兴趣不减。期间,我曾专门到具有浓厚的家族教育文化传统的灵川县江头村和临桂县陈宏谋宗祠等多处文化遗址进行调研。去年读过一本由桂林作家黄继树等写的《桂林状元》一书,该书对桂林的几位状元作了介绍,但它是传记文学而非史料性质的研究,有些遗憾,却因此对桂林的"状元"有了一些了解。这次来富川的秀水村,无疑补充了我对桂林以外其他地方状元的了解。

状元当然离不开科举制度,要详细地研究科举制度,那是一项相当复杂的工程,因为涉及不同年代的不同制度。为了对状元有个大致的了解,我还是将有关状元的产生和广西状元的基本状况作一些整理和简单的描述。状元,是中国科举制度的产物,科举制度是朝廷选拔人才的一种制度。读书人要求功名,先要通过县(府)举行的童子试取得"秀才"资格,然后经过乡试,即在省一级参加考试,乡试考中为"举人"(举子),乡试第一名谓之"解元";取得举人资格后,再到京城参加全国会试,会试考中即为"进士",第一名谓之"会元";取得进士资格后,最后参加殿试,殿试的第一名为"状元"。如果在举行的乡试、会试、殿试中,连中解元、会元、状元,称之为"三科状元"或"三元及第"。据有关资料记载和对相关资料的整理,自隋代大业三年至清代光绪三十年(公元607年至1904年)实行科举考试的将近1300年间,全国考中状元的人数大约有680名,其中广西有10名,这10名状元中有8名出自桂林,另外2名是广西藤县的冯京、广西富川的毛自知。中国历史上有13位"三科状元",其中广西有2位:冯京、陈继昌。另外,有学者将五代南汉状元梁嵩(平南人)、太平天国武状元覃贵福(武宣人)统计在内,广西就有12名状元,但严格说来,梁嵩、覃贵福不能算全国性的状元。广西的10名状元分别是:赵观文——唐代乾宁二年(公元895年)状元(临桂县人);裴说——唐末天祐年(公元906年)状元(临桂县人);王世则——北宋太平兴国八年(公元983年)状元(永福县人);冯京——北宋仁宗皇祐元年(公元1049年)状元(广西藤县人);李珙——北宋大观年(公元1107年)武状元(永福县人);毛自知——南宋开禧元年(公元1205年)状元(广西富川);陈继昌——清代嘉庆二十五年(公元1820年)状元(临桂县人);龙启瑞——清代道光二十一年(公元1841年)状元(临桂县人);张建勋——清代光绪十五年(公元1889年)状元(临桂县人);刘福姚——清代光绪十八年(公元1892年)状元(临桂县人)。

这些状元是广西的骄傲,虽然广西地处边陲蛮荒之地,但广西的一些地方,特别是桂林的文化教育与中原相比并不落后。明清时期,广西的科举考试成绩斐然。据史料统计,广西历史上共有举人9697人,其中桂林就有4958人,占了半数以上。在整个清朝的科举中,广西中进士达585人,平均每科大约6人,超过计划平均数的一倍,到同治、光绪年间,每科中进士者达11—14人,可见,到晚清时期,桂林的科举成就盛况空前。在585名进士中,又有298人是桂林府人,超过广西中进士人数的一半;清代,广西共有5075人中举,桂林府占2516人,差不多占一半;100名解元(乡试第一名)中,有63名来自桂林府。清朝全国共开考112科,产生了112位状元,由于战乱,广西参加了100科考试,共获4个状元,全部是桂林人,其中一位还是清朝2位"三元及第"获得者之一,各省状元数排名,广西所取得的状元数排在江苏、浙江、安徽、山东之后,列全国第5位。这些数据说明以桂林为代表的广西的文化教育在清朝时期一度走在全国的前列。

今天,我要寻找的是桂东南的状元,了解孕育状元的故土,为此我来到秀水村。

我们一进秀水村,就被这里山水相拥的自然环境所吸引。田头耕耘的农夫、河边洗衣的妇女、暑假中玩耍的孩童、大树下乘凉的老人、脚边乱跑的小狗,好一派盛夏独特的山村风情。吸引人之处不仅仅是这里的自然风光美,更是这里的"人",正所谓"人杰地灵"。据这个村的负责人介绍,根据查证,自唐、宋、元、明、清以来,在县志记载的133名富川历代科举进士名录中,仅秀水状元村就占了26名,当然最有名的就是宋开禧元年乙丑状元——毛自知,因而,此地又有"状元村"之美称。目前的秀水村由于支系繁衍,由石余、八房、安福、水楼等自然村构成,人口大约为2300多人。我们在村里边走边看,村内有状元楼、古戏台、古牌坊、古泉池壁等景观;有历朝历代皇帝赐封和官府贺赠的各式古牌匾,有唐、宋、元、明、清古民居建筑群以及古建门楼等古迹。

但比起刚刚离开的黄姚古镇,这里的人为环境就显得有些脏乱,或许,这也是一种家族文化和制度衰落的表象吧。

在得知我来自广西师范大学后,村中人还告诉我,我极为尊重的著名历史学家钟文典教授,曾两度深入秀水村寨,对秀水的历史文化、人文遗产及风土人情进行田野考察,并对秀水村的文化现象、家族迁移进行了研究,并著有研究成果,对一些有争议的问题以确凿的历史依据进行了厘清。另外,秀水村本身的人文精髓、自然地理、文化现象的确在文化探考、自然生态、寻古访史等方面有重要的研究价值,同时,也是研究桂东南瑶族的民族文化和历史的范本和基地。

秀水村宗祠里立有一碑,介绍村中主角毛自知。细细品读,大体如此:毛自知27岁在南宋开禧元年(1205)中乙丑科状元。自高宗朝起,为收复北方领土,统一中国,朝廷中的主战、主和以及投降派之间斗争激烈。由韩侂胄辅佐即位的宋宁宗赵扩倾向主战。在廷试对策前,毛自知以"出兵抗金,恢复中原"作答,正合韩侂胄之意,并得韩大力推举,获宁宗皇帝嘉许,亲点一甲一名,状元及第。并诏封为承事郎,签书镇东军节度判官,配合韩侂胄抗击金兵,这就是历史上有名的"开禧北伐"。但后来北伐失利,奸臣密谋,韩侂胄被害,"开禧北伐"失败。毛自知与其父毛宪俱受牵连,嘉定元年(1208),毛宪被罢官,毛自知被剥夺状元称号,降名第五甲,降官"监当"。之后,毛自知郁郁不得志,逝于嘉定五年(1213),年仅36岁,自中魁至逝世仅仅8年。看完其简介,追溯历史,我不禁感慨,一代英才,由于政治斗争的失利,枉怀雄才大略,历史上多少英雄好汉,就这样在斗争中销声匿迹。

宗祠里还对26位进士的任职情况一一作了简介,各时期不同的任职,对所任地方均作出大小不一的贡献,秀水村出的人才能为百姓造福一方,这也是秀水村毛氏家族的荣耀和骄傲。

离开秀水村时,我回望这奇特、偏僻的小山寨,这里之所以人才辈出,其缘由也许有很多,比如与尊儒重教、科举入仕的传统观念,严格管教、倡导读书的家族教育,勤耕苦读、纯朴敦厚的民风民俗等因素都有着密切的关系,也与这里钟灵毓秀的山水、人文自然和谐的生态环境密不可分。

(2009年8月19日,写于自然坊)

曾国藩的读书与藏书

到访曾国藩的故居——"富厚堂",实属偶然中的必然。

湖南人文科技学院是一所湘中文化特色厚重的地方大学,学校设有曾国藩研究所,收集有曾国藩研究的系列史料,学校有数名研究曾国藩的专家教授,我在其学校考察期间,就如何挖掘本土历史人物价值与相关专家进行了深度交流。其后,应邀前往"富厚堂"参拜,同时,了我多年夙愿。

早些年,读曾国藩《治心经》,"治心之道,先去其毒,阳恶曰忿,阴恶曰欲;治身之道,必防其患,刚恶曰暴,柔恶曰慢;治口之道,二者交惕,曰慎言语,曰节饮食"。于我影响颇大,多年将其置为枕边书,一直以修炼为有襟怀、气量、品格之人为目标,志于"心如鼎镇,志如磐石"。虽然,内修心智,外练肃严,但内心常受外界世俗功名所困,无法成就圆融通达、超然物外之豁达心境。但曾国藩的德行操守、立身之本一直是我时时自省之样板。今日,有缘参拜曾氏故居,即使两次改签回程机票也不愿失此机会。因此,到访是偶然的,又是必然的。

在湘中文化研究专家石潇纯教授的陪同下,从娄底驱车不到2小时即到达位于双峰县荷叶镇的富厚堂。出面接待的是曾国藩研究会的主任、曾氏家族的"管家"胡卫平先生,他专事富厚堂的修复、管理、开放等工作20多年,并孜孜不倦、广泛深入地研究曾国藩及其家族,成为曾国藩研究的著名"草根学人"。

由"宅西门"进入,富厚堂坐南朝北,背倚鳌鱼山,峰峦叠嶂,群山环抱,田野广阔,小溪东去,风水极佳。富厚堂又称"毅勇侯第",同治三年(1864年),曾国藩被诏封"太子太保",加封"一等毅勇侯"。如今,门匾上"毅勇侯第"四个古老斑驳的御赐大字,昭示着这座侯府曾经的辉煌和荣耀。经历一百多年的风雨沧桑,这座标志着主人显赫地位的侯府已人去楼空,主人费心营构的富厚堂,剩下的仅是一座回廊式的四合大院框架,从历史的遗迹中,我们试图找回那曾经的辉煌。

匆匆一行,在大致了解门前的半月塘、门楼、主楼、荷花池、后山鸟鹤楼、棋亭、存朴亭之后,让我伫立思索的是藏书楼、八本堂、思云馆。

富厚堂的藏书楼平日不对外开放,同是爱书人,胡先生特地向我推荐,藏书楼才是富厚堂的"精神中心",不能不看。富厚堂的藏书楼,分南北两端,南端是曾国藩的公记书楼和儿子曾纪泽的朴记书楼,北端是曾纪鸿的芳记书楼,这是富厚堂的精华所在,藏有各类藏书约30万卷,是中国近代最大的私家藏书楼。公记书楼也称"求阙斋",科举入仕的曾国藩,自然深知通过读书达到"学而优则仕"是求功名的唯一途径,他一生与书结缘,读书爱书,终成晚清中兴名臣。曾国藩做官不嗜钱,但爱书。在京师为官时,即自辟书室曰"求阙斋",意喻"求自有缺陷不满之处"。富厚堂藏书楼是在曾国藩亲自敦促下建造的,"求阙斋"藏书楼,共三层建筑,面积约一千多平方米,主要收藏曾国藩的大量书籍和手稿。曾国藩有手不释卷的读书癖,更有孜孜以求的藏书癖,"余将来不积银钱留与子孙,唯书籍尚须添买耳"。他十多年京师为官,公暇之余,常流连书铺,遍访书友,广泛搜罗。身居高位之后,地方官和士绅投其所好,大量呈赠书籍字画,其中不乏珍品。曾国藩坎坷一生,除忙于政务、带兵打仗之外,其嗜好就是读书、搜书、藏书、著书,生平著述繁多,著有《曾文正公全集》158卷,其思想、治学态度给予后人以深远影响,说他是中国传统文化之集大成者,是"中国古代历史上的最后一人,近代历史上的第一人"实不为过。尤其是他的子孙诗书传家,代有名人。藏书楼浓缩了曾府四代人的精神精华,经四代守书人的精心保护而成,一直是曾氏家族的"精神中心"。

曾国藩自创读书"四法",注重持久、精读,"穷经必专一经、不可泛骛。读经以研寻义理为本、考据名物为末。读书有一耐字诀,一句不通,不看下句;今日不通,明日再读;今年不精,明年再读"(《曾国藩家书》)。他说:"万卷虽多,而提要钩玄不过数语。"读书注重消化归纳,提出自己的精当见解,其见解可谓精辟。曾国藩对自己的读书要求是:"日课有程,持之以恒;博求约守,不拘门户;提要钩玄,善于概括;挈长补短,与时变化。"曾国藩的读书规矩和经验,道出了读书的态度、原则、方法和手段,助其成为治学严谨、博览群书的大家。时至今日,在学风浮躁、功利熏蒸的大环境里,其读书法则更值得现代读书人效仿。

胡先生特别推崇"八本堂"。曾国藩说,思凡事皆有至浅至要之道,不可须臾离者,因欲名其堂曰"八本堂","八本堂"黑底金字匾额为曾国藩所书,额下是曾纪泽所写其父的"八本"家训:"读古书以训诂为本,作诗文以声调为本,侍亲以得欢心为本,养生以少恼怒为本,立身以不妄语为本,居家以不晏起为本,居官以不要钱为本,行军以不扰民为本。"这"八本"中,我认为,当下最缺失而且最应该倡导的是"侍亲以得欢心为本""居官以不要钱为本",即如何"为孝"和"为官"。当今,中国传统道德沦丧,官员腐败层出不穷,在此情况下,更应该强调做人做官的底线,即为孝以"欢心"为本,为官以"不要钱"为本,看似最基本的东西,恰恰是我们当今社会最缺失的。"不妄语"在个人修身养性中值得提倡,即不放肆、不狂妄,立身之事,忌轻浮和自满;"少恼怒"作为养生之道,曾国藩说:"古以惩忿窒欲为养生要诀,惩忿即吾前信所谓少恼怒也,窒欲即吾前信所谓知节啬也。因好名好胜而用心太过,亦欲之类也。"实可为今人养生养心之准则。

以"八本"为代表的曾国藩家训,一直为后人所遵循,形成了湘乡曾氏文化世家,这个文化世家包含一个优秀的人才群体。在科举考试时代,有秀才、监生、优廪生、优贡生、举人、进士达20余人。废除科举考试之后,这个人才群体中有160多人接受了高等教育,不少人还留学欧美或日本等国,其中取得博士、硕士、学士学位和获得院士、教授、研究员、高级工程师等职称的多达百余人。他们分别在不同的时代在许多领域为社会作出了积极的贡献。胡先生如数家珍,将曾家后人的成就一一罗列,娓娓道来,他还特别提到,尽管社会动荡,世事变迁,但曾家后人一直低调谦卑,遵循家训,极少在官场作为,为世人所称道。

站在"思云馆"前,试图从这里领悟曾国藩当时的心境和思想的转变。

思云馆大门联为:"不怨不尤但反身争个一壁静;勿忘勿助看平地长得万丈高。"这本身就说明了当时曾国藩的心境。思云馆本是为纪念父母,取"望云思亲"之意而筑。当时,曾国藩在江西战场,每每失意,处境困难,心生退居之意。然而,通过在思云馆一年多的反思,其思想发生了重大转折,即用"黄老之术",通过"无为"而达到"有为"。他再次出山带兵,以"柔道"而行,即"敬胜义,又胜欲;知其雄,守其雌",嘱与其有"旧恶"的左宗棠为其书联,并和好如初。从此,曾国藩在政治、军事上极为顺利,节攀高升。这是曾国藩又一次思想变化的转折点,在这里他超脱自身,冷静思考,从外围看时局的变化,理清思路,确立行为方向。因此,人的思想变化,需要思考的时间和空间,不能过分忙于繁杂的事务中,要不时给自己留一些空间,思考自己的行为和外界环境,才能有变化和进步。正是因为不断修为、反思,曾国藩一生治军、治学、治家、修身、养性都极为成功,成为世人所效仿的修身治家之楷模。

偏居一隅,宅院幽深,文脉深厚。静卧的大院,任凭岁月流逝,社会动荡,而它一如既往地保持着缄默,正如其主人生前为人行事谨言慎语一样,默默地看着浮华尘世,历史变迁,任时光荏苒,岿然不动。

离开时,看着胡卫平先生那执著坚守、笃定务实、无怨无悔的表情,我想,家族的文脉传递,几代人的无怨守护,这正是中华文化薪火相传的精髓所在。

匆匆之行,偶有所感,点滴记录,敬仰之修身,感慨之读书,以此为记!

(2012 年 11 月 26 日,写于厦门大学)

大学墙外的人生思考

　　大学是热闹的,寺院是宁静的。
　　大学围墙外即寺院,黉舍连佛刹,惟著名学府厦门大学与佛教圣地南普陀是也。一动一静,一热一冷,从静看动,冷静思考,或许有另外一番人生收获。
　　在厦大工作半年,也许这是一种缘分。生活在厦大,自然也融入这"风景佳绝"的美丽校园,凭栏观海,佛舍为邻,悠然自得。
　　闲庭漫步,已成为我每天必须完成的功课。
　　一出大南门,就是著名的佛教圣地南普陀。闲来无事,经常在这里走走,听一听晨钟暮鼓,看一看缥缈缭绕的云烟雾色,敬畏圣地,也算是一种洗礼。白天独自来过好多次,但白天来旅游的人多,喧哗的香客与宁静的寺院极不相称。我倒喜欢傍晚来散步,独享清净,独品禅示,享受着宁静安逸的同时,常常有一种从浑浑噩噩中醒来之感。
　　南普陀寺背倚五老峰,松竹翠郁,岩壑幽美,号称"五老凌霄",气势磅礴。寺院里有很多楹联和石刻,著名的有明万历陈第、沈有容题名石刻和清乾隆御制碑。但我比较在意的是几副楹联,比如,天王殿:分派洛伽开法宇,隔江太武拱山门;大雄宝殿:经始溯唐朝与开元而并古,普光被厦岛对太武以增辉;右侧牌楼:喜瞻佛刹连黉舍,饱览天风拍海涛;左侧牌楼:广厦岛连沧海阔,大心量比五峰高。大凡寺院里的楹联,言简意赅,有借景抒情的,有警世劝导的,意蕴深长,值得品读。
　　每次到南普陀走走,总会萌生一些新的感悟,也许这就是"觉悟"。回想几次到来留意之处,除了那些楹联外,还有几个字刻令我记忆深刻,无意中串在一起,颇有些寓意。那就是——"洗心""圆通""无我"。走过不少寺院,也读过许多佛门警句、楹联,独南普陀这几个字刻最让我难忘。这三个字刻给我的感悟并不是一次而成，记得1997年第一次到南普陀时，我就对其中的"洗心""无我"印象极深，并将所拍"无我"两字的照片压放在办公桌的玻璃下多年，时常警示自己。前些天来南普陀时，看到的"圆通"二字突然又给了我新的启示。我想，每次"觉悟"都需要特定的时空、场景和心情，同时还需要时间的积累。

"洗心"刻在洗心池旁的一块石上。在我看来，"洗心"是一种修炼，志者当努力修行，净化自我，少受污染，虽难达到超凡脱俗，至少可追求清净无碍的精神境界。"洗心"，也表示把烦恼放下，还一个清净的心。人生在世，烦恼多于恒河流沙，常常在世俗中迷失自我，心常被陈淤积垢所污染，因此需要经常"洗心"。正如洗心池的莲花，圣洁而高贵，自然而清凉！"洗心"也正是佛教的理想。传说，佛祖如来巡视东方传法，途经山南，东方观音拜问如来，怎样修行成佛？如来佛祖佛手溪边美艳的水菩提，不语而去，观音顿悟，遂以水菩提品质修炼自身，修心养性，终成正果。"洗心"也是一种反省，孟子说："爱人不亲反其仁，治人不治反其智，礼人不答反其敬。行有不得者，皆反求诸己；其身正，而天下归之。"不断反省自己的行为和思想，当自己要做什么事却不能达成愿望的时候，不怨天尤人，要回头从自身寻求原因，改变自己，以达成愿望，也就是孔子所说的"躬自厚而薄责于人，则远怨矣"。心被洗过，透彻清明，虽然不能常超脱尘世，摆脱困扰，但也可暂时恢复心中平静，也许这正是众多凡人为求那一刻清净而流连那个"洗心"角落之缘由吧。

"圆通"刻在后山的一块大石上。"圆通"是什么，我查证相关的佛理解释，说是"遍满一切，融通无碍"，即指圣者妙智所证的实相之理，以智慧通达真如之道理或实践，亦可称圆通。如果用通俗一些的话解释就是"外圆内方"，原则性与灵活性相统一。有法师说过"执拗者福轻，圆通者福厚"，一个不通情理、一味固执的人，虽自以为独善其身，但很容易被世人孤立。正如星云大师所言："要独立，但不要孤僻。独立是追求生命的自主精神，但心中有大众；孤僻的人，心中只有自己。"圆通之人因为有智慧，所以能保持开放包容的处世态度，不易被自己的偏见和私欲所左右与蒙蔽，惠及众人，因此，圆通之人其福必厚。在人生路上，常会遇到"非此即彼"的选择，处于"两难困境"。犹太人有一句话："当两条路摆在你面前时，学会选择第三条。"圆通之人，总能从那种机械的思维中跳出来，实现"两全其美"，甚至"多方圆满"。圆通是一种智慧，是一种处世的方法，但圆通不是"圆滑"，不是一种无原则的处世方法。圆通智慧告诉我们,在生活中要学会"拒绝",拒绝并不是一口回绝,而是"要有代替的拒绝",既表达你的态度,又不得罪别人,这里"度"的把握就是"圆通"智慧的体现。

"无我"是南普陀寺中僧廊上的一块挂匾。每次到南普陀,我都会站在"无我"匾下想一想,看僧人进进出出,想入世和出世的种种心得,会有另外一种"洗心"的感觉,总会有些醍醐灌顶之感悟。无我,即心中无我,为人处世,切勿以自我为中心,凡事不要以我为先,不计得失,为人着想,低姿入世。做到"无我",更能与他人和谐共处,才会赢得别人的尊重,在人生之路上才会越走越顺畅。生活中,世俗之事,烦恼甚多,凡事"忍一时风平浪静,退一步海阔天空"。想一想,自己当下所在乎的、追求的,放在漫长的人生之路上那又算得了什么?将小我化为大我,谦虚平和,宽厚待人,少些争胜之心,任凭潮起潮落,会得海阔天空,更能到达孔子所言的人生不同阶段的"知天命,耳顺,随心所欲,不逾矩"之境界。"无我"之境界,高山仰止,景行景止,虽不能至,心向往之。

"洗心"是一种修炼,时时不断地觉悟、提升,让心灵保持净洁;"圆通"是一种态度,一种人生态度和方法,吸取圆通智慧,通达厚福人生;"无我"是一种境界,彻悟通途,顿悟真理,达超凡脱俗之境界。南普陀给我的人生"三悟",其实又是另一种寓意诠释:佛境界高深,佛禅意深远。虽然尘世纷争,嘈杂烦恼,但于我而言,更需要的是洗心修身,至达内静外仁、圆通相融,追求"无我"之境界,禅儒相济,日积月累,必有所成。

也许,这正是"佛刹连黉舍"的机缘给我带来的另外一种收获。

(2013年1月13日,写于南普陀旁敬贤七301舍)

八、大 学 之 旅

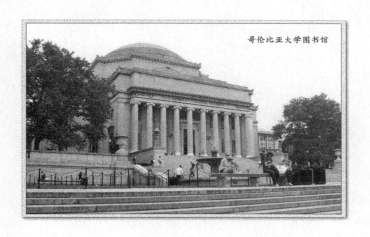

哥伦比亚大学图书馆

　　哥伦比亚大学教学及课程设置都必须考虑三个问题:让学生学习什么？用什么方法教育学生？毕业时学生具备何种世界观？学校最强调的一点是实践,所培养的学生实践能力和创新精神都十分强。因此,在介绍哥伦比亚大学时,人们常常这样来描述:"她的学生在联合国学政治,在华尔街读金融,在百老汇看戏剧,在林肯中心听音乐。"

没有围墙的大学①
——卡普兰大学(Kaplan University)

夏日的南国,阳光明媚、热情奔放,大西洋彼岸此时也是最富有青春活力的季节。2009年7月,我们高等教育访问团一行5人到美国进行了为期一周的访问,任务有两个:一是参加卡普兰大学的更名(原名卡普兰学院)仪式,并与该校签订合作办学协议;二是访问美国的部分大学。在美的时间虽然不长,但经过精心安排,我们顺利地与卡普兰大学签订了合作办学协议,并对美国的乔治·华盛顿大学、宾夕法尼亚大学、普林斯顿大学、哥伦比亚大学、耶鲁大学、布朗大学、麻省理工学院、哈佛大学等著名大学进行了访问。所访问的大学中有美国最著名的8所"常春藤盟校"(Ivy League)中的6所,"常春藤盟校"指的是美国东北部的8所顶尖高等学府,它们是美国最顶尖、最难考入的大学,是全世界接受捐款最多的学府,吸引了无数最优秀的学生与师资,也是美国历史最悠久的大学。人们常说,最古老的大学在欧洲,实力最强、最现代化的大学在美国,当然,大学的实力离不开国力,国家的发展也与大学的贡献分不开。因此,要了解和学习美国高等教育,就要去最好的大学,我将此次访美观感和相关学校情况介绍称为美国大学"名校之旅"。

卡普兰学院是我们在美国的合作大学之一,之前两校在人才培养和教师交流方面展开了一些合作。我们访问的卡普兰学院位于马里兰州黑格斯

---

① 《广西日报》编前语:2009年7月,贺祖斌教授率高等教育访问团到美国的大学进行访问,先后考察了美国的9所著名大学。作者以自己的观察、感受及访问所得,写下了《美国大学"名校之旅"》一文,详尽介绍了9所美国大学的办学经验和成就,对我们的高教改革不无借鉴作用。本报从本期起将陆续刊出,以飨读者。

敦(Hagerstown, Maryland),距华盛顿一个半小时的路程。黑格斯敦是美国华盛顿县的首府,所处的地理位置优越,比邻华盛顿哥伦比亚特区、纽约、巴尔的摩等特大城市。由于卡普兰学院的更名仪式安排在下午,上午我们有时间在小镇逛逛,黑格斯敦是一个几万人的小镇,你到处可以感受到小镇人际关系融洽、守望相助,社区环境安全静谧。其实,美国大多数小镇就是这样的宁静和安详,比起一些大都市更让人感受到它们的宽厚和包容。

卡普兰学院(Kaplan College)原名黑格斯敦商业学院(Hagerstown Business School),成立于1938年,具有超过70年的办学历史。卡普兰学院还是中国政府认可的培训基地,每年为中国政府机构提供各种培训服务,包括反恐和危机处理、职业规划、人力资源管理、动漫产业发展、公务员信息工程、城市建设和规划、人口控制和发展等。卡普兰学院今天更名后将成为卡普兰大学在美国东岸马里兰州的首个校园。而卡普兰大学是《华盛顿邮报》公司下属的卡普兰高等教育集团,在美国是一所非传统的大学,最初是从事各种层次和类型职业教育培训的机构,为学生提供各种注册资格考试和入学考试服务。这是一所没有围墙的大学,目前在全美22个州拥有76个校园,提供了从网上认证课程和继续教育的多种选择。卡普兰大学提供多种学位课程和专业,学生可以选择不同学校的专业和证书,比如商务管理、项目管理、风险管理等商业及金融类证书;微软认证系统管理员、微软认证系统工程师等信息技术类证书。学生可以通过在线或离线学习硕士、学士和专业学位课程、网上证书课程。

它为不同类型的学员提供丰富的课程资源和方便的学习方式,它通过网络教育进行各种类型的职业培训,主要特点在于继续教育。由于其培训方式的灵活性和培训机构的广泛性,在美国深受欢迎。学校设计的继续教育计划,全部的课程学习都根据学员不同的生活方式进行安排,学员完全可以按照自己的生活步调并在任何地方利用因特网进行学习,学校的导师根据学员的学习进度随时了解学习情况和进行指导,并致力于在网上分享最新的专业知识。卡普兰大学非常重视聘请企业和行业中具有丰富实践经验的教授,同时,教学内容大部分不是来自课本,而是来自现实生活中的案例和方案研究,重视与地方经济产业紧密结合,如卡普兰大学的刑事侦查专业、防火专业都是与行业合作办学,共享训练场地和各种虚拟实验室,我们参观了模拟多种实战环境下警察射击训练室、刑事侦查中计算机系统数据检查与恢复实验室,据介绍,有的课程甚至聘请了退役的FBI等行业专家授课,教学效果较好。另外,还有其他教学方式,如召开网络研讨会、网上测验、讨论和基于 Web 的实地考察等,这些实例说明卡普兰大学在教学策略上不同于传统的大学。同时,该校也招收全日制本科和研究生。

学校的理念是"非传统高等教育的引领者"(a leader in alternative higher education)。在卡普兰大学,强调开放教育、终身教育的学习理念,通过网上学习和面授培训相结合的方式进行学习,突破了传统的高等教育方式,使更多的人在不同地方以不同方式接受高等教育。

与我校签订合作办学协议的是位于马里兰州的卡普兰大学,该校区从 Kaplan College 更名为 Kapland University,更名后学校将承担更多更高层次的培养任务。我们代表团参加了该校简单而又隆重的更名仪式,仪式有卡普兰高等教育集团负责人、州政府官员、参议员等代表参加。仪式后的酒会,在美妙和浪漫的乐队伴奏中享受着庄重而自由的美国文化,这就是美国人的务实精神:重内涵轻形式。更名仪式后我代表广西师范学院与卡普兰大学 Motz 校长签订两校合作办学协议,并就推进合作交流的各种措施和优惠条件达成了一致意见,包括在语言教学、教材、网络教程等教学资源方面的合作以及教师的交流合作,在未来几年两校将在计算机科学与技术等专业开展"2+2"培养方式的合作办学。

(该文以"他山之石,可以攻玉"为题载《广西日报》,2009-10-23)

人的伟大在于思想
——乔治·华盛顿大学(The George Washington University)

　　从黑格斯敦到华盛顿哥伦比亚特区很近,一个多小时的路程,一路很顺畅,完全没有想象中车进首都的"堵"。

　　到了华盛顿,不到华盛顿大学是一种遗憾。在美国叫"华盛顿"的大学很多,其中最著名的有3所:1821年建校的乔治·华盛顿大学(The George Washington University, GWU),位于首都华盛顿哥伦比亚特区;1853年建校的圣路易斯华盛顿大学(The Washington University in St. Louis, WUSTL),位于密苏里州圣路易斯市;1861年建校的华盛顿大学(The University of Washington, UW),位于华盛顿州西雅图市。当然,我们在首都华盛顿,最希望去、也只能去的是乔治·华盛顿大学。

　　乔治·华盛顿大学是美国顶尖的私立大学之一。于1821年创立后,经过近200年的风雨洗礼,乔治·华盛顿大学已发展成为一所规模庞大、声誉卓著的国际性研究机构,今天,它以其崇高的国际声望和独特的地理位置吸引了来自美国和全世界130多个国家的优秀学子。学校分华盛顿雾谷、弗农山和弗吉尼亚三大校区和九大学院,我们访问的是位于雾谷(Foggy Bottom)的校区。雾谷是华盛顿的心脏地带,位于宾夕法尼亚大道以南,与白宫、世界银行、国际货币基金组织以及众多的联邦机构、国家艺术馆、博物馆等相邻。身处其中我不禁感慨:恐怕世界上没有哪所大学的位置有它这样独特和重要了!难怪美国和外国政要都把到乔治·华盛顿大学发表演讲视为一种荣耀。

　　建立一所大学是美国第一任总统乔治·华盛顿的一个愿望,当年华盛顿留下了50股波托马克公司的股票资助建校。华盛顿的战友们为实现他建大学的遗志,到处奔走游说,终于在1821年,国会通过了建立一所全国性的非教会大学——"哥伦比亚学院"——的法案,1824年学校举办了首届毕业典礼,美国总统门罗亲自到学校捧场。1873年,更名为"哥伦比亚大学";1904年,为纪念乔治·华盛顿对学校的创办所作出的巨大贡献,学校改名为乔治·华盛顿大学。

南北战争把华盛顿从一个小镇变成了一个人口快速增长的城市。战后,联邦政府雇员急剧增长,同时也促进了学校的发展。除了社会的因素外,学校的发展往往与校长的办学理念分不开,从乔治·华盛顿大学各个时期的校长治学来看,我深切地感受到这一点。在第六任校长杰姆斯·克拉克·威灵(James Clarke Welling)任职期间(1871—1894),学校增设了理学院,开始授予博士学位,并录取了第一名女生,打破了男女分校的界限。在克洛伊德·赫克·马尔文(Cloyd Heck Marvin)任校长的32年间(1927—1959),乔治·华盛顿大学一度成为世界闻名的物理学家聚集之地,吸引了许多世界知名物理学家。在艾略特(Lloyd Hartman Elliott)任校长期间(1965—1988),乔治·华盛顿大学经历了又一个大发展时期,学校设立了"大学教授"(University Professor)这一头衔作为对最杰出教授的鼓励。在1988年,斯蒂芬·特拉奇滕伯格(Stephen Joel Trachtenberg)就任学校第15任校长(1988—2007),学校的基金有了很大发展,目前已经超过10亿美元,学校先后于1991年和1997年在华盛顿和临近的弗吉尼亚开辟了两个新的校区。在2007年8月,斯蒂文·纳普(Steven Knapp)就任学校第16任校长。

乔治·华盛顿大学是全美最受欢迎的25所大学之一,尤其荣膺"最受欢迎的政治大学"的称号,进入这所紧靠世界银行、与白宫在同一条街上的大学是政治学专业学生的梦想。该大学的教授们常为政府出谋划策,学生也到政府机关、智囊团和咨询机构实习。乔治·华盛顿大学被美国人称作"政治家的摇篮",从诞生之日起,大学就跟美国政府关系密切。学校出了许多影响美国乃至世界历史的政治人物,如:肯尼迪、杜鲁门、约翰逊、卡特、艾森豪威尔等,难怪有人说:如果没有乔治·华盛顿大学,美国乃至世界历史可能都将改写。

校内风景怡人,有多处大草坪,古典与现代建筑楼交相辉映,雕塑喷泉及樱花树林立。值得一提的是,本校区与另外两个校区之间有24小时免费来往直通车,每隔5分钟一个班次,各校区有多个停车点,这样学生来往于各校区之间十分方便,学生可全方位利用学校各校区丰富的教学资源。这点很值得国内多校区大学借鉴。

离开乔治·华盛顿大学前,我默默地站在校门口乔治·华盛顿总统并不大的塑像前,我想:人的伟大不在于塑像的高大,而在于思想的伟大。

(该文载《广西日报》,2009-11-13)

勇于创新　善于开拓
——宾夕法尼亚大学(University of Pennsylvania)

费城并不在我们此行的计划内,但费城的两样东西——自由钟和宾夕法尼亚大学,吸引我们临时增加了费城之行。

陪同我们一行的是美籍华人陈先生,他20世纪80年代从大陆到美国闯世界,对美国的大学情有独钟,也十分了解大学,为人热情爽朗。我们一提出这个想法,双方一拍即合,尽管时间紧迫,我们还是决定驱车前往费城。

作为美利坚合众国的诞生地,标志着美国诞生的《独立宣言》是在费城宣布通过的,其历史意义是任何其他城市都不能与之相比的。到费城时已经是下午4点多了,作为当天最后一批观众,我们参观了"自由钟",自由钟是费城的象征,更是美国自由精神的象征,是美国人的骄傲。它参与了美国早期历史上最重要的事件:为第一次宣读独立宣言而鸣响,为合众国宪法通过而鸣响,为华盛顿的逝世而鸣响。它以自由为主题,为不同历史时期的不同历史诉求代言。

接下来我们来到宾夕法尼亚大学。宾夕法尼亚大学是一所私立大学,是在美国开国元勋本杰明·富兰克林(Benjamin Franklin)的倡导下于1740年建立的。宾夕法尼亚大学以"大"著称,是美国10所规模最大的高校之一,目前在校学生总数有8万多人。除主校园外,在宾州各地还设有24所分院和4所专门学校。该校以培养美国一流的工程师、经济师、教师和企业经理为办学目标。学校在150年的发展过程中,逐渐形成了一些自己的办学特色,因其优秀的本科生教育、出色的科研成果和卓越的研究生课程而闻名于美国和全世界。

到宾夕法尼亚大学,我们首先参观著名的宾夕法尼亚大学沃顿(Wharton)商学院。因为,沃顿商学院是独一无二的,是世界一流的,欧洲的《金融时报》将沃顿商学院评为世界第一商学院。在沃顿商学院的专业设置中,包括有国际商务研究、MBA、金融、营销、会计、商业及公共政策、保险及风险管理、科技管理、管理、房地产管理等,其中金融、市场营销专业尤负盛名。另外,我没想到的是商学院还设有保健系统、护理及保健管理、伦理道德研究等专业,这也许是因为在现代商业竞争中还需要心理、生理和道德的保健。

宾夕法尼亚大学的传媒学院也很有影响,它包括传媒与文化、传媒效应、传媒机构学等专业。除此之外,宾夕法尼亚大学还有教育、法学、文理、医学、设计及规划、兽医等多个学院。另外,作为一所研究型大学,在社会科学和人文科学方面,人类学、心理学、妇女学和城市研究等学科都在学术界相当有成就;在理工科方面,生物工程学、基因工程学、计算机科学和医学研究在全美高校中处于领先地位。宾夕法尼亚大学注重研究,十分注意培养学生们的分析能力,在本科一年级,就选择那些有潜力的学生参加"研讨班",由该校有名望的教授为他们授课。一些特别优秀的本科生还被邀请参加教授们的研究项目,有机会了解前沿科学发展趋势。因此,宾夕法尼亚大学的本科生教育非常出色。

宾夕法尼亚大学的建筑设计融合了英国牛津大学与剑桥大学的建筑风格,在保留一些哥特式建筑古老元素的同时,创新并发展出了全新的校园哥特式建筑风格。宾夕法尼亚大学主图书馆建馆250周年之际,五十多个国家元首赠送了图书,图书馆现有藏书450万册。其博物馆收藏有大量古埃及的艺术珍品和泰国文物。其莫里斯植物园,在世界享有盛名。它的当代艺术研究所、天文台和其他专业的研究中心也具有较高的知名度,为师生们从事科学研究提供了良好的条件。

宾夕法尼亚大学有许多著名的华人校友:贝聿铭、梁思成、林徽因、顾毓琇、丘成桐、郎咸平等。这些华人校友每一个人都在宾夕法尼亚大学有着属于自己的故事。

我在宾夕法尼亚大学校门上看到镂刻着这样一句话——"We will find a way or we will make one"(我们定会找到办法,否则就创造出办法),这集中体现了宾夕法尼亚大学勇于创新的精神。在富兰克林创立宾夕法尼亚大学时,就把"创新精神"作为办校宗旨,我想正是由于具有勇于创新、善于开拓的精神,宾夕法尼亚大学才能著称于美国高等教育。

(该文载《广西日报》,2009-11-20)

"荣誉规章"造就学术诚信
——普林斯顿大学(Princeton University)

刚到普林斯顿大学,我惊呼:这是一座藏在森林里的大学!

来到普林斯顿大学,让我首先想到的是大科学家爱因斯坦,他在这里度过了生命中最后的 22 年时光。在这爬满常春藤的哥特式校园里,留下了他漫步校园的足迹,也记录了这位大师波澜壮阔的人生。普林斯顿大学非常美,美得无法形容。它本身就是一座大学城,又是一个别具特色的乡村都市,居于南北两大城市的中点,距纽约 55 英里,至费城亦仅 45 英里,交通方便。小城位于新泽西州西南的特拉华平原,东、西两面分别临卡内基湖、特拉华河,清澈的河水环绕着小城静静流淌。普林斯顿的景色幽雅,四周绿树成荫、绿草丛丛;普林斯顿人口只有 3 万,大多市民生活富裕;加上小城安逸宁静,又具有浓浓的文化氛围笼罩下的贵族气息,因而成为美国上层人士青睐的居住地。当然,校园同样也十分美,校内有很多后哥特式建筑,大多数都是 19 世纪末 20 世纪初修建的。其中,纳莎堂(Nassau Hall)是校内的行政大楼,建于 1756 年,曾在 1783 年间短暂地被作为国会大厦使用,有着与政治无法脱离的关系和种种故事。

普林斯顿大学初名为新泽西学院(the College of New Jersy),由曙光长老会创立,于 1746 年设立于伊丽莎白市(Elizabeth),第一任校长为乔纳森·迪肯逊(Jonathan Dickinson),1756 年搬迁到普林斯顿,1896 年正式更名为"普林斯顿大学"。

现在的普林斯顿大学分为大学生部和研究生部,有新泽西学院、工程和应用科学院、建筑和城市设计学院、威尔逊公共和国际事务学院等 4 个学院,有人类学系、艺术与考古学系、天文学系、宗教系等 30 多个系。普林斯顿大学拥有众多著名的教授学者,排名全美大学前列的捐款基金,藏书1100多万册的现代图书馆,还有一个计算机中心和多个有影响的科学实验室,一个艺术博物馆,一座教堂和相当数量的社会文化活动场所。与我们一行的罗坚教授是文学博士,据他介绍,普林斯顿大学是汉学研究的重要基地,它从1926年开始收藏中文图书,1956年成立东方图书馆,其收藏以明版书为特藏,其藏书在美国也称丰富。

值得一提的是,1905年,普林斯顿增加了一个讨论研究课程,叫做"preceptorial",它的出现,改变了传统的教学方式:以一个更个人化的小组学生与教师讨论的方法替代了原有的大教室授课方式。同时,它促进了导修制的形成,并使普林斯顿大学以高质量的本科生教育为自豪。

普林斯顿大学对学生的评价标准并不仅仅是成绩,还要看学生的能力与潜能,各种学术与非学术的兴趣,特殊技能与天资、经验、抱负和背景等因素都会纳入它的考察范围。学校评价优秀学生的指标有4项:头脑质量——智商、学习能力、创造力等;品格质量——责任感、价值观、判断力等;为学校作出贡献的能力;未来在本专业和社区起领导作用的潜力。可见,除了"德、智、体"全方位考核外,还注重能力的考核。

普林斯顿大学的校训为"Dei Sub Numine Viget"(她因上帝的力量而繁荣)。普林斯顿大学以重质量、重研究、重理论的传统享誉世界,坚持学术至上原则,至今学校没有开设法学、商学、医学等社会上最热门的学科,保持着不追求社会时尚的风骨,校风纯朴。在办学理念方面,它仍然具有浓厚的欧式教育学风,强调训练学生具有人文及科学的综合素养。

在普林斯顿大学200多年的建校史上,最值得普林斯顿骄傲的是它的世界级科学成就和"美国政治家的摇篮"的美誉:学校33位诺贝尔奖得主、2位总统和44位美国州长,还有众多的毕业生先后担任过美国国会参议员、众议员以及联邦政府和州政府的高级官员,普林斯顿大学被誉为"美国政治家的摇篮"。著名的华人科学家华罗庚、姜伯驹、陈省声、李政道、杨振宁都曾担任过普林斯顿大学的高级研究员。

取得今天的成就来之不易,普林斯顿大学严格的管理和严谨的校风一直为世人所称道。其中,"荣誉规章"(Honor Code)是普林斯顿的所有学生都必须遵守的。按照这条规定,学生需要写一份书面保证:保证所有书面作业没有剽窃,没有违反其他道德规范。同时,也保证:不仅自己绝对遵守规章,也向校方报告任何其他学生违反规章的现象。因为"荣誉规章"的存在,普林斯顿大学的考试没有教师监考。违反"荣誉规章"的学生会受到最强烈的处分,包括处以禁闭或开除。了解到这条规章,我不禁感慨国内大学学术腐败现象的频发,也理解为什么长期以来国内没有出一位诺贝尔奖得主的原因之一所在。

在普林斯顿大学停留的时间很短,面对这所仰慕已久的名校,十分感慨:普林斯顿大学校园并不大、学生规模也不大,但大在其丰富的史迹及学术盛誉,大在其拥有的大师之大,大在其对世界的成就之大。

(该文载《广西日报》,2009-12-02)

学术自由的大学精神
——哥伦比亚大学（Columbia University）

  由于想看看胡适读书的地方，于是就来到了哥伦比亚大学。
  前一段时间对胡适很感兴趣，读过他的一些书。胡适一生博学多才，取得36个博士学位，但他取得的第一个也是真正意义上的博士学位是在哥伦比亚大学。他于1910年考取庚子赔款第二期官费生赴美国留学，于康奈尔大学先读农科，因为兴趣使然，后改读文科，1915年往哥伦比亚大学攻读哲学，师从哲学家约翰·杜威（John Dewey）。1917年通过哥伦比亚大学博士论文考试，同年夏天回国。但他正式获得博士学位是在1927年3月，他由英国赴美国，向母校补交了博士论文，正式获得博士学位。基于对他的敬仰以及他在哥伦比亚大学的许多故事，我下决心去看看胡适读书的地方，因而我们来到哥伦比亚大学。
  哥伦比亚大学是世界上最具声望的高等学府之一。它位于美国纽约市曼哈顿的晨边高地，与哈德逊河和中央公园相邻。它于1754年根据英国国王乔治二世颁布的《国王宪章》而成立，命名为国王学院。美国独立战争后，为纪念发现美洲大陆的哥伦布而更名为哥伦比亚学院，1896年成为哥伦比亚大学。她是美国最古老的五所大学之一。这是一所位于纽约的大学，它具有纽约的性格：纽约是世界上最精彩、最具活力和包容力的城市，永远在接受新的思想、新的事物，并且永远不会满足。
  哥伦比亚大学是美国最早进行通才教育的本科生院，教育偏重开发智力和综合培养，至今仍保持着美国大学中最严格的核心课程，经过这种培养，学生们的综合素质会得到全面提升。学校最初的教育理念是："在已知的语言、人文和科学领域内教导和教育青年。"为此，学校教学及课程设置都必须考虑三个问题:让学生学习什么?用什么方法教育学生?毕业时学生具备何种世界观?学校最强调的一点是实践,由于学校所处的地理位置特殊,所培养的学生实践能力和创新精神都十分强。因此,在介绍哥伦比亚大学时,人们常常这样来描述:"她的学生在联合国学政治,在华尔街读金融,在百老汇看戏剧,在林肯中心听音乐。"曾经有这样一个笑话说明哥伦比亚大学素有"激进主义的温床"之称:"在哥伦比亚大学换一个灯泡需要多少名学生?"答案是76名。其中,1名学生换灯泡;50名举行集会,要求争取不换灯泡的权利;另外25名则举行反要求的集会。哥伦比亚大学校长李·鲍林哲(Lee C. Bollinger)则认为这正是哥伦比亚大学最重要的文化之一——"自由","我们一直都崇尚辩论和言论自由"。我想,胡适先生提出的"大胆假设,小心求证""宁鸣而死,不默而生""宽容比自由更重要"等思想无不受哥伦比亚大学文化和校风之影响!

哥伦比亚大学现由3个本科生院和13个研究生院构成,它的本科生院实力雄厚,研究生院更是以卓越的学术成就而闻名。此外,学校的医学、法学、商学和新闻学院都名列前茅,其新闻学院颁发的普利策奖是美国文学和新闻界的最高荣誉。附属学院有:师范学院、巴纳德学院、联合神学院和犹太神学院。

出于对师范教育的情结,我还专门到访哥伦比亚大学师范学院。师范学院的创建与发展历史,在某种程度上代表了美国教师教育的发展史,自创办以来,一大批蜚声海外的大师级学术领袖与知名人士曾在师院任教或求学,造就了多个教育学术流派,为师范教育的发展积累了深厚的学术与文化底蕴。其中最为著名的包括实用主义哲学家杜威,教育心理学体系和联结主义心理学的创始人桑代克,教育史学家孟禄,进步主义运动先驱克伯屈,等等。在这里特别值得一提的是,教育生态学创始人劳伦斯·克雷明(Lawrence Creming,1925—1990)曾在这里任教,教育生态学(Educational Ecology)是他于1976年在他的《公共教育》一书中最早提出来的,并在此书中进行了详细的论述。对我而言,到这里也算是学术寻根了,我这些年来从事高等教育生态研究并在此领域取得一些成绩,但最不能忘记的就是本学科的创始人劳伦斯·克雷明,他是该领域的"祖师爷"。

当然,普利策奖的诞生地——新闻学院,我们也不会错过。我们一行中有新闻学院院长靖鸣教授,他对该学院有特别的了解和兴趣,并不断给我们作介绍。普利策奖从1917年设立以来,已经发展成为美国新闻界的最高荣誉奖,同时成为全球性的一个重要奖项,每年的评选结果由哥伦比亚大学校长宣布。一项由大学设立的奖项成为全世界该行业最高的荣誉奖,这本身就说明了大学的影响力。

哥伦比亚大学被誉为培养政治、经济领袖人物的摇篮。迄今,哥伦比亚大学已培养出了3位美国总统:西奥多·罗斯福(Theodore Roosevelt)、富兰克林·D.罗斯福(Franklin D. Roosevelt)、巴拉克·侯赛因·奥巴马(Barack Hussein Obama),第34届总统德怀特·艾森豪威尔(Dwight David Eisenhower)是哥大第13任校长;另外,还出了2位美国最高法院大法官;纽约市市长和纽约州州长多数是哥大毕业生;特别是,有48位曾经在哥大学习或工作过的学者获诺贝尔奖。在华人中,除胡适外,我们熟知的还有顾维钧、吴健雄、陶行知、蒋梦麟、潘光旦、梁实秋、马寅初、宋子文、闻一多、徐志摩、冯友兰、李政道等著名学者和知名人士在这里留下了青春的脚步。

250多年来科学与艺术是她永恒不变的主题!我不知道在大学里还有什么比她的校友能取得如此巨大成就更令学校骄傲的了,难怪哥伦比亚大学令世界各地那么多莘莘学子梦寐以求,难怪胡适先生为自己作为哥伦比亚大学的毕业生而终身骄傲。

(该文载《广西日报》,2009-12-11)

教授治校的大学理念

——耶鲁大学(Yale University)

我要去看看培养领袖的地方:耶鲁大学。

在美国政界,耶鲁大学逐渐成为越来越重要的人才供给源,耶鲁大学出身的总统共有 5 人:威廉·霍华德·塔夫脱(William Howard Taft)、杰拉尔德·鲁道夫·福特(Gerald Rudolph Ford Jr.)、乔治·布什(George Herbert Walker Bush)、威廉·杰斐逊·克林顿(William Jefferson Clinton)、乔治·W. 布什(George Walker Bush)。同时,学法律出身的总统越来越多,迄今为止,美国学法律出身的总统有 26 位。因此,耶鲁大学法学院自然是我们想去的地方。当我们走进耶鲁大学法学院时,就为这里古朴、典雅的欧式建筑风格所吸引,这是一个读书的好地方。整个校园里,漂亮的哥特式建筑、乔治王朝式的建筑与现代化的建筑交相互映,把校园点缀得十分古典、秀丽和庄严。

耶鲁大学创办于 1701 年,是美国最古老的私立综合大学之一,校园位于康涅狄格州的纽黑文,当时受托管理学校的牧师捐出 40 本书,作为建校的资本,被誉为"40 本书立校"。耶鲁学院最初设在基林沃斯,1716 年迁至纽黑文。1718 年,为纪念一位名叫艾利卢·耶鲁的建校捐款人,该学院"联合教会学院"改名为耶鲁学院。耶鲁从一所私塾性"学院",发展成当今世界上最优秀的大学之一。

耶鲁大学以"以书为重,求知为主"作为教育教学理念,极为崇尚"独立自治"。对社会的责任感、蔑视权威、追求自由和崇尚独立人格被认为是"耶鲁精神"的精髓,它是耶鲁人奉献给世人的一份宝贵财富。耶鲁创建之初,无论在办校目的还是在图书资料积累上,当地的教会组织起了关键的作用。

在克拉普(Clap)任校长期间(1755—1769),坚持耶鲁是私立学校,有其独特的神学兴教之根基,因而应该享有完全独立办学的权利。为了获得办学自主权,甚至诉诸法庭,用法律手段最终确立学校的独立地位。这成为耶鲁大学办学历史上维护独立办学的一段佳话,也成为大学坚持学术自由的一个榜样。

耶鲁最重要的管理特色是"教授治校",这一特色对美国高等教育产生了巨大影响。建校初期,经过几代校长的努力,耶鲁逐渐形成了董事会不具体参与校务管理、而由教授会治校的法规。在当时的美国流传着这样一句话:"普林斯顿董事掌权,哈佛校长当家,耶鲁教授做主。"

耶鲁大学的"寄宿学院"是最富特色的,它要求所有本科新生入学时都必须在类似文理学院性质的耶鲁学院就读,其目的是为了让来自各地的不同阶层、信仰和民族的人生活在一起,营造出一个美国多民族、多种族、多元文化的缩影。当然,每一所寄宿学院还设有独立的图书馆、电脑房和其他各种教学和活动场所。这有点类似于我们中国大学的新生入学后住在一起,共同管理,便于学习交流。

耶鲁大学的校训是:真理和光明(拉丁文 Lux et Veritas),教育的目的是追求真理和光明,是帮助学生准备去迎接变幻莫测的未来世界,教育他们怎样学习和思考,因此,耶鲁大学实行开明的教育制度。耶鲁大学为学生们开设终身受益的人文学科和社会学科课程,以激活学生们的想象力,开发他们的创造力,培养他们的思辨力。学校对学生提出两个要求:一是在课程选修上必须突出多样性;二是在本科期间必须选定一个专业学科并完成规定的课程。因此,学生可根据自己的专业兴趣选课,学校也开设大量的课程,最大限度地拓展学生们的视野。由于耶鲁大学的师资力量雄厚,学生学习的课程和参与的许多科研工作往往具有世界一流水平。

耶鲁大学特别强调自由的思想和自由的学术空气。这种"自由教育"的原则,使耶鲁能够包容各种思想流派,保持勃勃生机。它设有耶鲁学院、建筑学院、艺术学院、神学院、人文科学研究生院、法学院、管理学院、医学院、音乐学院等学院。耶鲁最强的学科是社会科学、人文科学以及生命科学,法学院和商业管理学院在美国属于顶级学院。在理科方面,耶鲁的生化、分子生物、数学、物理都在全美高校中名列前茅。耶鲁大学的研究设施十分完备。耶鲁图书馆的总藏书量达一千多万册,为全世界第七大研究型图书馆。耶鲁大学的实验设备也堪称一流。耶鲁大学的人文气息也十分浓郁,耶鲁的皮博迪自然历史博物馆是北美最大的自然科学博物馆之一,耶鲁的"耶鲁不列颠艺术中心"的博物馆,专门从事不列颠文化的研究,它的收藏品主要为英国油画、素描、印刷品、善本和雕塑作品等。

耶鲁大学培养出无数精英,除5位美国总统外,有10余位美国最高法院大法官都曾在耶鲁学习,有13位学者曾荣获诺贝尔奖。另外,耶鲁还培养了众多大学的校长,被誉为"美国学院之母"。而担任美国企业领导的耶鲁人也很多。耶鲁为什么盛产领袖人物?因为她有关心社会和强调"领导者教育"的传统。耶鲁的使命就是教育学生大有作为,并通过最丰富的思想训练、社会体验发展他们的智慧、道德、公民责任和创造能力,用人类的丰富遗产陶冶学生,使之服务于美国价值。

耶鲁大学法学院是美国最好的法学院,也是世界上最好的法学院。我们到访法学院时,法学院楼的几间教室正在上课,当我们站在教室窗外时,为这里开放式、讨论式的学习氛围所感染。我观察到,这里的教室多为开放、活动教室,学生围绕教师而坐,教师在学生中心授课,不停地与学生交流。耶鲁以"学生为中心"的办学理念体现在这些细节之中。

值得一提的是,第一个获得美国大学学位的中国人容闳于1854年毕业于耶鲁大学。耶鲁还有一批华人校友:詹天佑、马寅初、晏阳初、李继侗、杨石先、陈嘉等。

相对国内大学而言,我十分感叹耶鲁大学重视教学的传统。它是一所研究型大学,但它对教学工作十分重视,为本科生教育配备了一流的教师。作为传统,耶鲁大学的所有教授,不管是年轻的还是资深的,不管是诺贝尔奖得主、普利策奖获得者,都有义务为本科生上课。

(该文载《广西日报》,2009-12-18)

没有必修课的大学

——布朗大学(Brown University)

  我们原计划晚上赶到波士顿,在下午6点经过罗得岛州(Rhode Island)的首府普维顿斯市,该市距离波士顿只有45英里,一小时的车程,布朗大学就在这里,当然,再晚我都要去看看。

  罗得岛州是全美国最小的州。布朗大学成立于1764年,建校时取名罗得岛学院,后曾因财政困难停办多年,1804年,接受N.布朗捐赠重建,改称布朗大学,1971年与彭布罗克学院合并。布朗大学历史久远,治学严谨,校风自由,为"常春藤盟校"学府之一。在美国的高等教育史上,布朗大学为全美成立的第7所高等教育学府。据说在校园中分布着230多座大楼,其中有100座大楼是在1900年以前建造的。布朗大学以其最有性格、最会创新、最为开放的特点,深受学生的欢迎。

  布朗大学的最大特色在于:不论是在学术上还是在非学术方面,特别强调和崇尚自由。其本科生课程也因此备受美国高等教育界人士的推崇,在这里,学生可以自主选择自己感兴趣的专业和课程。布朗大学继承了罗得岛一贯独立的风格,在全美国大学中是最"左"的一个。在20世纪60年代中后期,布朗大学放弃了其原有的教纲,而实施与传统教学方针大相径庭的"布朗教纲":学生们只需在四年内通过30门课程,就可毕业。布朗教纲的精神是:没有人会告诉你该上什么课或怎样做。只要有兴趣,学生们可以自由地发展。因此,布朗教纲没有必修课,相比之下,其他常春藤盟校的规定要严格得多,或有必修课,或有课程分布规定。当然,布朗大学的这种教学模式当时一度受到非议。

  曾在大学教务处工作过多年的我,当然知道,一般而言,每个专业的课程设置肯定需要一部分核心课程以确保其专业性,课程完全由学生自我设计,无法保证其专业需要,或者无法完成专业基本知识的学习。布朗大学这种没有必修课的课程设置是一种全新的探索,这与它的"崇尚自由""尊重个性"的办学理念密切相关。

布朗大学对本科教育相当重视。学生可以自己设计跨学科的专业课程;还开设了一些新奇少见的本科专业,如海洋生物、医学伦理、埃及文、现代文化和媒介等。学校是否颁给某个教授终身教职,不仅要看其学术成就,还要看其本科教学水平。布朗大学的学术强项有历史、地质、宗教、比较文学、古典文学、工程和医学预科等。布朗大学也是最早重视传媒教育的高校,相关专业学生能够学习电影赏析与评论等各种批评理论。

我们在校园里参观,偶然进入一个礼堂,里面坐满了学生,一打听,原来是主办者向前来报考布朗大学的高中毕业生展示学校各专业的研究内容和成果,使高中学生了解布朗大学的专业设置、研究方向和研究内容,便于学生和家长了解学校的发展现状,便于学生们选择未来的专业。同时,告诉学生如何填写申报表。学生不少,热情很高!这是每年暑期学校必须做的一项十分有意义的工作,这有点像国内一些大学的"开放日"。

校园里有一尊塑像——熊,是布朗大学的吉祥物。我站在它面前,看着它那黑黑的样子,感觉它就像布朗大学自己:不管春夏秋冬,不怕日晒风雪,总是雄壮威武地挺立,傲视来往的人潮。

(该文载《广西日报》,2009-12-25)

严谨务实的理工圣殿
——麻省理工学院(Massachusetts Institute of Technology, MIT)

波士顿有许多美丽的风景,但如果你不到哈佛和麻省理工去看看,我可以告诉你等于没来过波士顿。因此,一大早我们就赶到麻省理工学院的标志性建筑"大圆顶"(Great Dome),来到这所拥有"世界理工大学之最"美名的大学。我对麻省理工有着特殊的感情,记得多年前我见到在一块石碑上刻着一句话,把我的母校华中科技大学誉为"中国的麻省理工学院",从此我对麻省理工就更为崇敬了,到麻省理工看看也成了我多年的愿望。

麻省理工学院无论是在美国还是在全世界都有重要的影响力,培养了众多对世界产生重大影响的人士,是全球高科技和高等研究的先驱领导大学。

麻省理工学院是美国一所综合性私立大学,位于马萨诸塞州的波士顿,校园位于查尔斯河(Charles River)靠剑桥市(Cambridge)一侧。麻省理工学院于1861年由一位著名的自然科学家威廉·巴顿·罗杰斯创立,由于南北战争,直到1865年才开始招生,随后在自然及工程领域迅速发展。麻省理工学院校园并不大,占地168英亩,中央校区由一组互相连通的大楼组成。它与哈佛相邻,在大萧条时期,曾一度被认为会同哈佛大学合并,但在该校学生的抗议之下,这一计划被取消了。如果当初合并了,还有今天的麻省理工和哈佛吗?这让我想起前些年中国大学的合并之风,也许若干年后才会明白中国的一些名校在合并之后消失是多么让人心疼。

麻省理工学院是全世界极为重要的高科技知识殿堂及研发基地。因为"二战"和冷战,美国政府在自然及工程科学方面大量投资,使得麻省理工在这段时间内迅速发展,亦赢得"战争学府"之美誉。20 世纪制造出了世界上第一台能够实时处理资料的机器"旋风",并发明了磁芯存储器。麻省理工拥有研发高科技武器和美国最高机密的林肯实验室、领先世界的计算机科学及人工智能实验室、世界尖端的媒体实验室和培养了许多全球顶尖首席执行官的斯隆管理学院。麻省理工学院不仅在自然及工程科学方面享誉世界,其管理学、经济学、哲学、政治学、语言学也十分优秀。在多种世界大学排名中,麻省理工学院在科学技术方面排名世界第一,在工程科学方面排名世界第二。美国国家研究协会把麻省理工在美国大学的知名度排第一。麻省理工到目前为止有超过 100 亿美元的总资产。麻省理工之名蜚声海外,成为世界各地莘莘学子心驰神往的科学圣殿。

在麻省理工,学生性格外向开放,思维敏捷活跃。麻省理工的成功之处在于它独特的教育方法,鼓励学生"独立地去探索新问题"。学生的学习任务繁重,也十分刻苦,我们在校园里到处可见学生匆匆忙忙的身影和刻苦攻读的情景,即便如此,麻省理工的毕业率却只有 92%。麻省理工学院的教学资源十分丰富,并实行了开放式课程。到目前为止,麻省理工公布了 2000 门网络课程,以期建立全球统一的知识库,让全世界各地免费使用,而且并不以营利为目的,此项举措获得全世界各地学者的高度赞扬。凡是想学习麻省理工课程的人们都可以通过网络开展学习,这对于众多学习者来说无疑是一件天大的好事。近些年,教育部主导的在中国高等教育领域里实施"精品课程",其理念和模式也许就是从麻省理工的开放式课程中得到的启示。

每所大学都有自己的发展战略。麻省理工的发展战略非常独特,我摘录其中的一部分,也许会给我们带来一些启示:在对未来社会、科学和大学自身研究的基础上,吸引最优秀的学生和教师,给他们提供有刺激性的和有效的生活与学习环境;致力于研究基础科学,但应在把研究、学习和行动整合成一体的新模式中处于领先地位;致力于学术、探究和批判,并擅长把工业、政府和学术界联合起来,共同探索、解决世界面临的主要问题;继续保证艺术、人文学科和社会科学方面的强大计划;致力于提高技术上和管理上的能力,但要考虑到道德和伦理问题;把服务于国家作为首要的和最重要的原则,但要认识到这需要全球性的参与、合作与竞争;开拓新的财政来源,增加公民、联邦政府和商业界对科学、技术、研究和高等教育的理解与支持,吸引私人投资的增加。

人们说麻省理工是世界上一所无与伦比的高等学府,其最突出的标志是造就了一批声名盖世的科学家。2007年的一份报告指出麻省理工学院对近代科学"革命"的贡献世界第一,是21世纪培养诺贝尔奖得主最多的大学。至2007年,先后有78位诺贝尔奖得主曾在麻省理工学院学习或工作过。值得一提的是,于1976年获得诺贝尔物理学奖的华人丁肇中教授,一直在麻省理工学院物理系任职;另外还有一位世界级华人建筑师贝聿铭,于1940年获得麻省理工学院建筑学学士学位。

面对这样一所大学,让我想起清华大学老校长梅贻琦先生说过的"大师"论:"所谓大学者,非谓有大楼之谓也,有大师之谓也。"中国大学,目前缺的不是大楼,而是大师。

(该文载《广西日报》,2010-01-08)

大学的荣誉在于质量

——哈佛大学(Harvard University)

麻省理工学院相邻的就是哈佛大学,在剑桥城,两所大学校园之间并没有明显的界线。之前曾听说过:不到过哈佛,枉在大学里做事。就凭这句话,能不去哈佛看看吗?哈佛是我们这次美国大学之旅的最后一站,因此,无论如何得好好了解。

哈佛校园内有各种不同风格的建筑,其中如霍尔登小教堂、马萨诸塞堂、哈佛堂和维德纳图书馆都是著名的古建筑,具有庄严典雅之美,当然校园中也不乏崭新的现代化校舍。那一幢幢红砖砌成并爬满常春藤的楼房,以及青青的草坪,蔽日的榆树,让人感到亲切和宁静。一群群学生在校园里,有席草坪而坐的,有高谈阔论的,有听老师讲授的,有安静阅读的……

"先有哈佛,而后有美利坚"的说法并不为过。哈佛大学创建于1636年,美国于1776年建国,比哈佛建校要晚近140年。17世纪初,首批英国移民到达北美洲,并在那里开拓自己的"伊甸园"——新英格兰。移民中有曾在牛津和剑桥大学受过古典式高等教育的清教徒,为了让他们的子孙后代在新的家园也能够受到这种教育,于1636年在马萨诸塞州的查尔斯河畔建立了美国历史上第一所学府。哈佛学院的创办者把剑桥大学的模式移植过来,学院最初定名为"剑桥学院"(Cambridge College),同时把学院所在的镇命名为剑桥。1638年,牧师兼伊曼纽尔学院院长的J.哈佛病逝,他把一半积蓄720英镑和400余册图书捐赠给这所学校,后学校改名为"哈佛学院"。1780年,即美国建国后的第四年,已经有了140多年历史的哈佛学院升格为哈佛大学。如今,哈佛大学已发展为包括肯尼迪政治、商业管理等10个研究生院和哈佛学院、拉德克利夫学院等2个大学本科学院以及40多个系科、100多个专业的大型院校。

在哈佛大学的发展史上有几段经历值得一提。1775—1783年,北美13个英国殖民地爆发了反对英国殖民统治的独立战争。哈佛学院顺应潮流,站在同情和支持独立战争的正义事业一边。在马萨诸塞,几乎所有著名的革命者都是哈佛的毕业生,包括美国《独立宣言》起草人之一、美国第二任总统约翰·亚当斯(John Adams)。用我们的话来说,哈佛具有光荣的革命传统。

1869—1909年,化学家埃利奥特(Charles William Eliot)担任40年的哈佛大学校长,把哈佛大学建设成为一所规模宏大的现代化大学。在这期间,受德国高等教育改革的影响,哈佛大学的课程设置有了较大的变化。德国著名教育家威廉·洪堡关于大学教育改革提出了著名的三条统一原则,即独立性、自由与合作统一,教育与研究统一,科学统一。洪堡不仅提出了大学改革的理想,并在他所倡办的柏林大学中付诸实践,柏林大学成为德国新型大学的典范,也成为哈佛大学效法的榜样。

另外,在率先实行选课制的基础上,哈佛大学于1872年推行了现代意义上的学分制。校长埃利奥特认为人的能力、素质等有差异,不能按同一模式培养,主张扩大课程科目,充分允许学生选择自己的学习专业和课程。选修课基础上的学分制,成了世界上几乎所有大学争相效仿的教学模式。这项制度的实施对整个世界高等教育产生了广泛的影响。我在教务处工作期间,也力图在学校推行学分制,最初学习的理论基础就是哈佛学分制,但在中国推行所谓"学分制"难度太大了,冠以"学年学分制"之名,其实并不是真正的"学分制"。

1909—1933年,洛厄尔(Abbott Lwrence Lowell)担任哈佛大学校长,他重新制定了大学本科生课程计划,实行课程的集中与分配相结合的制度,以便使学生受到良好的基础教育。洛厄尔实行的"导师制",至今仍被哈佛大学沿用。

经过几代哈佛人的努力,哈佛大学成为无可争议的世界最有影响力的大学。正如担任哈佛大学校长长达20年(1933—1953年)之久的美国著名科学家、教育家科南特(Conant)曾经说过的:"大学的荣誉,不在它的校舍和人数,而在于它一代一代人的质量。"正是在择师和育人上坚持高标准、高质量,哈佛大学才得以成为群英荟萃、人才辈出的一流著名学府,对美国社会的经济、政治、文化、科学和高等教育都产生了重大影响,对世界各国的求知者具有极大的吸引力。

2008年,哈佛大学商学院MBA(Master of Business Administration,即工商管理硕士)教育被评为世界第一MBA教育学院。商学院案例教学盛名远播,成为世界各国MBA学习的标杆。

哈佛历任校长坚持3A原则,即"学术自由、学术自治和学术中立"。由哈佛学院时代沿用至今的哈佛大学校徽上面,用拉丁文写着VERITAS字样,意为"真理"。哈佛大学校训的原文,也是用拉丁文写的"Amicus Plato, Amicus Aristotle, Sed Magis Amicus VERITAS",意为"以柏拉图为友,以亚里士多德为友,更要以真理为友"。校徽和校训的文字,都昭示着哈佛大学立校兴学的宗旨——求是崇真。

哈佛先后诞生了8位美国总统:约翰·亚当斯、约翰·昆西·亚当斯、拉瑟福德·海斯、西奥多·罗斯福、富兰克林·罗斯福、约翰·肯尼迪、乔治·布什和巴拉克·奥巴马。还有前国务卿亨利·基辛格。另外,还有33名诺贝尔奖金获得者和32名普利策奖获得者。此外,还出了一大批知名的学术创始人、世界级的学术带头人、文学家、思想家。哈佛被誉为美国政府的思想库,她的一举一动决定着美国的社会发展和经济的走向。

来到哈佛楼前,让我想起一个流传已久的故事。当年,哈佛学院一直把哈佛牧师遗赠的几百本书珍藏在哈佛楼里的一个图书室内,并规定学生只能在图书室内阅读,不能携出室外。1764年的一天深夜,一场大火烧毁了哈佛楼。在大火发生前,一名学生碰巧把哈佛牧师捐赠的一册书带出了室外,打算带回宿舍里阅读。第二天当他得知火灾的消息后,马上意识到这本书已是哈佛牧师捐赠的书中唯一的存世品了。他立即找到当时的校长霍里厄克,把书还给了学校。校长收下了书,代表学校感谢了他,然后再下令把他开除出校,理由是这名学生违反了校规。如今哈佛大学的图书馆藏书数量超过1500万册,是世界第四大百万图书馆(mega-libraries),但这个故事仍然流传至今。从这个故事我们知道,哈佛之所以有今天的成就,来自于其严谨的治校风格。

离开哈佛前,我们来到一块高大的石碑前,此碑龙首龟身,上驮巨大碑石,这是中国哈佛同学会1936年在哈佛三百年校庆时赠送的礼物,这几吨重的石碑,足见中国哈佛留学生对母校情感之重。自清末以来,就有众多的中国学子在这里求学,将哈佛精神带回中国。碑文写道:"我国为东方文化古国,然世运推移,日新月异;志学之士负笈海外以求深造。近三十年来,就学于哈佛,学成归国服务国家社会者,先后几达千人,可云极盛。"我国近现代,有许多作家、学者和科学家曾就读于哈佛大学,如赵元任、陈寅恪、林语堂、梁实秋、胡刚复、江泽涵、竺可桢、王安等。

  我的一位朋友在哈佛专题学习通识教育回来后,写了一篇文章《在哈佛听课》,我拜读后,十分感慨,回想在哈佛的匆匆一瞥,写下几句读后感:课程有显性与隐性之分,哈佛课堂的显性课程在于多元文化的交汇、冲击及教学形式,哈佛的隐性课程在于她的自由、包容、大气、厚重,弥漫于图书馆、课堂、建筑、大师、师生关系、学风、微笑、阳光、匆忙的脚步……

(该文载《广西日报》,2010-01-15)

大学的全人教育
——通识教育在台湾

2011年夏,我带领"广西学位与研究生教育台湾考察团"到我国台湾的清华大学、政治大学、台湾大学、中原大学、逢甲大学等五所著名大学访问,我们一行10多人,分别来自广西教育厅学位办和广西具有研究生教育的几所大学研究处的负责人。我们考察的任务重点是台湾几所大学的研究生教育制度和教育模式。同时,我还关注着台湾大学的通识教育,台湾大学的通识教育给我留下深刻的印象。当然,这里讲的台湾大学是包含"台湾大学"在内的台湾地区大学。

我们经常将"人文教育"和"通识教育"这两个概念混淆,其实,它们是有区别和联系的。

"人文教育"指的是培养人文精神,提升人的道德、精神、价值观的教育,是指针对受教育者所进行的旨在促进其人性境界提升、理想人格塑造以及个人与社会价值实现的教育,其实质是人性教育,其核心是涵养人文精神。人文教育的内容主要包括人文社会学科的内容,特别是文史哲方面的内容。

"通识教育"一词由台湾学者根据英文 general education,liberal education 翻译转换而来,也有人称之为"通才教育""博雅教育"等。这一概念比人文教育要更加宽泛,它不仅包括人文社会科学内容,而且包括自然科学和技术方面的内容,对它的探讨"不仅涉及其历史发展脉络、基本定理和操作方法,而且涉及其背后的哲学思想、方法论问题以及科学探究的精神"[①]

《论衡》中说:"博览古今为通人","读书千篇以上,万卷以下,弘扬雅

---

① 陈向明.对通识教育有关概念的辨析[J].高等教育研究,2006(3).

言,审定文牍,以教授为师者,通人也","通人胸中怀百家之言"。这里的通人,即通才。通才,即博览群书,知自然人文,知古今之事,博学多识,通权达变,通情达理,兼备多种才能的人。

当考察团到达中原大学教学大楼时,有一幅醒目的标语引起我的注意——"育自由思考、重责任伦理、秉全人教育",这就是中原大学一直以来倡导的"全人教育"办学理念。

接待我们的是副校长胡为善教授,他是"中华民国"时期著名将领胡宗南的次子,为人低调,儒雅博学,正像他的名字一样蕴涵着传统文化的要素——"为善"。他向我们介绍中原大学的"全人教育"的办学理念时,激情澎湃,侃侃而谈。中原大学,是一所综合性的私立大学,也是台湾最早实施全人教育与通识教育的大学。中原大学的全人教育吸收了美国等发达国家的理念,同时融入中国传统文化的内涵,形成了独具特色的全人教育理念和实践,突出了教育的本土性和主体性,体现了现代社会对人才素质的全面要求。

就内涵而言,"全人教育"是人之为人的教育,是传授知识的教育,是和谐发展心智以形成健全人格的教育。从某种意义上讲,全人教育就是培养"全人"或"完人"的教育。就教育目的而言,"全人教育"把教育目标定位为:在形成健全人格的基础上,促进学生的全面发展,让个体生命的潜能得到自由、充分、全面、和谐、持续发展。简言之,全人教育的目的就是培养学生成为有道德、有知识、有能力、和谐发展的"全人"。雅斯贝尔斯在他的《大学之理念》中说:"有三件事情是大学必须要做的:职业训练、整全的人(the whole man)的教化和科学研究,因为大学以一身而兼备职业学校、文化中心和研究机构这三重身份。"我想他这里讲的"整全的人的教化"与中原大学"全人教育"的理念一脉相承。

这让我想起我还在华中科技大学读博士期间,我的导师文辅相先生以《文化素质教育应确立全人教育理念》一文最早在中国大陆介绍台湾中原大学的"全人教育"办学理念,他经常跟我们谈起他对"全人教育"的理解,他也介绍了中原大学"全人教育"的理念和做法:

> 多年来一直以全人教育理念为办学宗旨,其核心思想是"尊重自然与人性的尊严,寻求天人物我间的和谐"。他们因此达成三个共识、四项平衡和三大目标。"三个共识"是"育自由思考,重责任伦理,秉全人教育"。"四项平衡"是"专业与通识的平衡,学养与人格的平衡,个人

与群体的平衡,身心灵的平衡"。"三大目标"是"学术与伦理之卓越,领导与服务之风范,宽广与全球之视野"。为达此目标,学校设计了"全人化的通识课程",采取了"融渗式的教学方法",强调"学术自由,理念治校"。

在中原大学的全人教育理念中,达到"专业与通识、学养与人格、个人与群体、身心灵"四项平衡,在即知即行中追寻教育的真谛,很有特色。特别是"四项平衡"中的"身心灵的平衡","身心"我们容易懂,"灵"是什么?"灵"就是一种信仰或宗教信仰,倡导慈爱、博爱、公义与公平,这与中国大陆大学的办学理念有很大不同。在我看来,主张中西文化相互融合,人文科技相互融合乃是全人教育之核心要义。

中原大学的"全人教育"理念的落实,关键在于课程的设置,中原大学依据"天人物我"和谐的哲学基础,设计了全人化的通识课程。内容涵盖文学、音乐、艺术、舞蹈、戏剧、电影、哲学、婚姻、交友、恋爱、生死学等诸多方面。从传统到现代,从本土到世界,认识现世,关怀终极。中国学生依天、人、物、我四大类最少每类各修满2学分,选修通识课程合计修满12学分,一共修满34学分,才具毕业资格。学校开设的各种通识课程琳琅满目,从胡校长的介绍中,我们看出,开设的通识课程,除国文、历史、宪法外,还有环境伦理、企业伦理、工程伦理、经济伦理、日本、德国、法国等国的语言与文化,电影欣赏、音乐欣赏、艺术欣赏、山水画欣赏、中国书法欣赏、中国绘画欣赏、台湾民间音乐欣赏、台湾民间艺术、歌剧欣赏、性教育、两性关系、婚姻与家庭、法律与生活、法律与人生、人际关系与沟通、两岸关系、大陆问题、国际关系探讨、心理学与你、心理卫生、心理与人生、生死学、生命奥秘探索、媒体传播、从媒体看天文、思考探微、创意思解、中医科学观、诠释学、管理与人生、压力管理、现代企业管理、当代教育问题探讨、认识全人教育……学生可根据兴趣与需要,自由选修。

授课教师的来源除专任教师外,大多是兼任教师。在教学方法上,中原大学强调融渗式的教学方法,这是一种潜移默化的教学方法,将教学知识与观念化整为零,融合于主体课程之中,在介绍讲解相关主题时,以渗透的方式,将目标主题介绍给学生,使学生于不知不觉中受到教育,在不知不觉中潜移默化,日积月累,养成全人关怀。正如肖海涛教授所说,在你长大成人的过程中,你不知道哪一餐饭将你养大。

中原大学的"全人教育"理念,让所有在这里受熏陶的学生感受到人文关怀，并逐步形成健全的人格，也是对理想人才培养和理想教育的追求。

除中原大学外，在台湾清华大学、台湾大学考察也有很多体会。我们在台湾清华大学考察时，该校副校长、教务长陈信文教授接待我们，他对两岸清华大学的历史渊源、台湾清华大学的行政组织架构等做了简要说明，对台湾清华大学的通识教育发展历史、开展通识教育的动因、通识教育特色及成果、通识课程的发展与施行等做了系统阐述。

中午，陈信文教授邀请我们在校园里一家书店式的餐厅用餐，餐厅典雅古朴，很有品位，他还邀请了学校的相关学者与我们一起边用餐边讨论，类似于"午餐沙龙"，我们与这些学者就大学教育开展了讨论和交流。其实，他们对台湾的高等教育也有诸多不满，比如，有两点比较突出：一是教育功利化，教育直接或间接为政治服务，致使教育部门的自主性丧失，这些年台湾的政坛乱象直接冲击着大学教育；二是教育商业化，从投资报酬的观点看待教育问题，使数千年来中国的教育传统沦丧。他们认为台湾社会过于注重经济利益，在物质方面的确进步了，可精神方面却相形落后。大学教学偏重于专业课程，学生追求高分，无意接触多方面的知识，疏于对人生价值的思考。因此，他们主张全面推行通识教育，其目的是建立完整的人格，促进人的自我觉醒。他们对台湾大学教育的有些观点和激烈的批判，我是没有想到的。其实，两岸大学虽然管理体制不同，但文化同根同源，教育教学相似，当然也存在相似的问题。

在回中国大陆的前一天，我漫步在台湾大学椰林大道，寻找校园里那口为纪念台大第四任校长傅斯年而铸的"傅钟"，上刻傅斯年提出的台大校训"敦品、力学、爱国、爱人"。学校上下课的时刻，"傅钟"都会响21声，缘于傅斯年说过的话："一天只有24小时，剩下3小时是用来沉思的。"回望我们大学教育的发展，在"大干快上""争分夺秒"思想的长期渲染下，"扩招""跨越式"等声音不绝于耳，我们几乎忘记了一天有24小时，更谈不上还有可以思考的时间。我们的经济发展了，物质生活丰富了，大学规模变大了，争取了很多世界"第一"，但我们大学的人文精神和精神家园失落了……因此，我期望大学能够重树大学精神，能够引领社会道德理想之风尚，造就更多的高素质"全人"之栋梁。

（该文载《南方周末》，2015-02-27）

大学的继续教育
——香港大学的 SPACE

我先后三次到访过香港大学。

2009年夏,我带领高等教育访问团参加美国卡普兰大学的校庆,并访问几所美国著名大学,路经香港期间到访了香港大学。2011年夏,我带领广西学位与研究生教育参访团到台湾几所大学访问,在香港逗留期间,访问了香港大学和香港中文大学。2012年春,第三次到香港大学,是我到广播电视大学工作以后,参加由国家开放大学组织的"开放大学高级研修班"学习,在香港大学开展为期一周的培训和学习。前两次到港大,都是匆匆而来,匆匆而去,只是留下自己的身影和对港大的外观印象,而真正了解港大、走进港大是这次在港大一周的学习。

港大校园里最古老的建筑是巍峨雄伟的陆佑堂大楼,矗立于半山薄扶林道和般咸道之间。大楼采用后文艺复兴时期的建筑形式,以红砖及麻石建成,并建有两层巨型爱奥尼柱式及舍利安那式拱窗,加上富有文艺复兴风格的花岗石柱支撑。港大校园里山路蜿蜒崎岖,仿如求学之路难行。陆佑堂大楼是香港大学的主楼,欧洲式的建筑,在校园的各种建筑之中,她最是典雅和古朴。进入香港的最高学府,跨入"明德格物"门,享受百年讲堂所经历的荣光和辉煌,体验港大百年的沧桑和历程,其实,坐在古老建筑的讲堂里聆听老师们的讲课,这本身就是一种享受,这时课堂上讲什么已经不重要了。

香港大学久负盛名,傲视群雄,多年稳居亚洲大学排名第一,这是她在普通高等教育领域取得的成就。但一般人对香港大学的继续教育了解得不是太多,其实,主要承担香港大学继续教育任务的专业进修学院,经过50多年的发展,已经成为与纽约大学、伦敦大学齐名的全球三大专业人才培养机构之一。

本次研修班,请了香港大学专业进修学院原院长杨健明教授、张伟远教授等给我们授课。杨教授是一位儒雅、亲和的老人,对进修学院有很深的感情;张教授毕业于华东师范大学,留学英国爱丁堡大学,工作在香港大学,是著名的远程教育专家。通过他们的介绍,我对香港大学专业进修学院的运作模式有了进一步的了解。

香港大学专业进修学院(School of Professional and Continuing Education, The University of Hong Kong,简称 HKU SPACE),是香港大学的直属学院之一,致力于为在职人士提供有助于个人、专业和事业发展的各种学习机会。

1956 年,香港大学校外课程部正式成立,为广大社会人士提供终生学习的机会,在推广继续教育方面担当重要的角色。1992 年,校外课程部改名为香港大学专业进修学院。1996 年,学院转为自负盈亏模式运作。1999 年,学院成为非牟利担保有限公司。

香港大学专业进修学院除原有的三大学院(金融商业学院、人文及法律学院、生命科学及科技学院)之外,还包括香港大学附属学院、与香港保良局合办的香港大学专业进修学院保良局社区书院。三大学院在香港有很大影响。

金融商业学院拥有品牌学科专业。香港是国际金融中心,需要大量的金融和商业人才,因此,学院致力于为商业及金融界提供优质专业的进修教育,所提供的各项短期以至深造课程涵盖会计学、财务学、管理学及市场学。学院亦为在职人士提供实用兼修课程,包括商业软技巧课程系列,并在香港大学附属学院、香港大学专业进修学院保良局社区书院,以及国际学位课程中心,为高中毕业生开办多元化的全日制课程。

人文及法律学院开设多种特色课程。学院涵盖广泛的学术领域,所开设的课程包括法律、社会科学、艺术及人文科学等多个学科,以满足经济、社会以至个别学生的需求。学院提供多种不同程度的课程,包含证书、文凭、学位的深造。为提升学院艺术课程的水平,设立了创意及表演艺术中心,隶属人文及法律学院。

生命科学及科技学院深受市民欢迎。该学院致力于开办高素质课程及培训项目,除短期课程外,亦有深造水平的,包括:资讯科技、健康及应用科学、中医药学。这些课程以继续专业发展为重点,而且达到高学术水平。在人们越来越重视健康的今日,该学院开设的课程广受欢迎。

港大专业进修学院多年前就重视加强与内地的合作。2005年,与苏州科技学院及高博教育合办的苏州港大思培学院,是专注于内地商业市场的商业学院。为迎合整个长三角区域经济和社会发展的长远需求,从国际教育的策略视野出发,以就业为导向,设立了国际化、应用型、与国际专业资格相衔接的课程。学院开办两年副学士和三年大专课程,包括会计、工商行政管理、商务英语、酒店管理、国际金融、国际贸易、物流管理及市场营销等专业。两年制的副学士学位课程,为学生升读外国大学做好准备。目前除了国内学生外,也吸引了不少国外学生报读。从2010年开始,课程向香港学生开放,让香港学生可以在国内以较低廉的价格修读副学士学位,同时,又可以近距离、较深入地了解中国语文和文化,以及中国经济的快速发展。大专毕业生则可取得副学士资格及国家承认的大专文凭。完成课程后,毕业生可按成绩升读本地或海外大学的本科课程。

自2000年以来,中国的商业管理教育经历了MBA和EMBA概念普及化进程,很多中层管理人才已经把到商学院进修纳入自身的晋升计划中。今天,中国的商业管理教育真正进入了专业化和精细化发展的阶段,这一趋势真实地反映了中国经济发展对商业管理人才的需求。企业对中高级商业管理人才需求旺盛,加大投入悉心栽培,而中高级商业管理人才也特别需要规划自己的职业发展生涯。基于此,2010年,依托香港大学丰富的办学经验,SPACE学院根据中国内地商业管理人才的独特需求,创办香港大学SPACE中国商业学院,学院推出一系列具有国际视野的课程,除教授前沿的专业知识外,也结合内地的实际需求,在北京、上海和深圳三地开设教学中心,引入专业应用型研究生课程,招收具有丰富工作经验的中高层管理人员,专业方向涵盖企业综合管理、营销、人力资源、财务和信息系统等企业重要的专业职能方向。

我们从开设的课程名称可以看得出,SPACE学院专注于为中国培育企业领导人才。课程包括:组织与人力资源管理、企业财务与投资管理、整合营销传播、整合实效管理、产品创新与创意管理、服务创新与体验策略、金融市场与投资组合、企业教练与领导力培育、信息战略与企业转型、B2B市场战略与管理、零售管理与购物者营销,以上11门为专业人员研究生文凭课程;国际化运营与管理、传媒管理、创新营销与组织革新、政府经济与社会管理,以上4门为高管人员研究生文凭课程。此外,学院还可按照企业的需要量身订造不同的内训课程及来港培训课程。像我们这次的培训,就是根据开放大学建设的需要,根据制定课程管理阶层的需求量身订造的来港集中培训课程。

除了上课以外,学院还组织培训班学院到位于香港数码港道的数码港教学中心、香港公开大学等地实地考察学习。

港大本部校园不大,依山而建,除了上课外,我常常在校园里流连忘返,感受港大的人文氛围和百年印迹。在校园内有孙中山塑像,这座百年学府与孙中山有着历史渊源,孙中山曾于1923年访问该校并发表演讲:"香港与香港大学乃我知识之诞生地。"孙中山是港大前身香港西医书院的首届毕业生,理所当然是香港大学最卓越的校友之一。香港大学于1911年创立,把香港高等教育带进了新时代;同年,辛亥革命爆发,孙中山把中国带进了新的时代。孙中山纪念铜像竖立于校园中心的荷花池畔。荷花池绿草如茵、荷香飘送,雅致而不造作,在这里,可以感受中国历史的变迁,聆听伟人的足音。从这里走出的,还有许多杰出校友:新加坡民族英雄林谋盛陆军少将,中国现代女作家张爱玲,中国现代美学的开拓者和奠基者朱光潜,香港大学首位华人校长、化学家黄丽松,香港著名作家、词曲家黄沾,肝脏移植权威、"换肝之父"范上达,国际知名遗传学家简悦威,等等。

当前,在经济社会高速发展的中国,有着非常多的发展机会,在这种时代背景下,我认为,最好的学习是"学"与"用"相结合的学习,最佳的事业发展是在"动"中求"变"的发展。这也许是我在港大学习最重要的收获。

(2012年4月20日,写于香港大学)

附：今日之大学
——《中国大学这五年》点评精选

教授上课堂本来是天经地义的事情，我记得我上大学的那个年代，给我们上课的老师大多是白发苍苍的老教授，年轻的助教只能"助教"，现在同学聚会时常常回忆起大学时代教授们的课堂风采，感慨万分！发展到现在教授上课堂要作为一项政策来规定倒变得有些异常了。

今日之大学

——《中国大学这五年》点评精选*

1. 我一直苦苦追寻"大学是什么?"然而只有事实,没有答案。

2. 关于大学精神的问题,我们已经谈论得很多了。大学的魅力正在于她的精神。何谓大学精神?实际上,温家宝总理的话已经表达得十分明白了,那就是:"独立的思考"——学术精神、"自由的表达"——时代精神、"办学自主权"——创新精神,另外加上道德精神。

3. 大学学术精神很大程度上体现在它的人文精神,《大学》之开篇云:"大学之道,在明明德,在亲民,在止于至善。"这是我国古代的大学理念,意即大学的精神在于发扬人性之善,培养健全人格,改良社会风气。这句话也反映了我国古代为人、为教、为学的"大学"理念和人文精神。

4. 大学批判精神的另一方面是对社会现实的理性反思和价值构建,因为大学是继承传统科技文化和不断创造新科技文化的场所,也是思想观念和学术思潮的交汇处。在这里,新思想、新观念、不同的学术观点可以并存包容,不同的思想可以通过学术交流相互影响,这当然需要有"自由表达"的批判精神和良好的争鸣氛围。

5. 大学高雅的文化品位和卓尔不凡的内涵,以及孜孜不倦追求自身的理想,注定其是社会道德与理性的凝聚之地。大学不仅以自身纯洁的德性潜移默化地影响着社会,更以积极的力量改造着社会、重塑着道性,势必成为社会道德的捍卫者和引领者。

6. 对照今日,当下大学所出现的学术不端频发、大学人文精神的不足,

---

* 贺祖斌,等.中国大学这五年[M].南宁:广西人民出版社,2011.

突显了学术精神的缺失,使我们的大学在一定程度上失去了应有的魅力。大学时代精神不显,缺乏应有的学术批判精神,专业结构、课程计划、教学模式"千人一面、千篇一律",难以培养创新型人才。由于大学缺乏必要的办学自主权,学术制度僵化,压制了大学的创新精神。这一切都值得大学和社会反思。

7. 教授上课堂本来是天经地义的事情,我记得我上大学的那个年代,给我们上课的老师大多是白发苍苍的老教授,年轻的助教只能"助教",现在同学聚会时常常回忆起大学时代教授们的课堂风采,感慨万分!发展到现在教授上课堂要作为一项政策来规定倒变得有些异常了。

8. 教书育人是教师的天职,教授拥有广博的专业学识,他们是学科专业发展研究的中坚力量,学术研究固然是重要的,但是言传身教在知识的推广和传承方面拥有独特的不可替代的优势。

9. 高等教育是一项公益事业,但我们在现实中也看到,有些家庭由于出一个大学生而马上进入贫困行列,这种现象在我们身边如果普遍存在,这就值得我们对高校的学费政策和国家助学贷款代偿资助政策进行反思。

10. 社会需要精英人才,大学也应该有精英教育,"高尔夫"课程也许只是精英教育的表征,创新精神和创新能力的培养才是精英教育的核心内涵。如果在专业上不重视这些内核的教育,在人格修炼上不重视公民素质的养成教育,即使开再多的类似"高尔夫"的课程也无法培养出"社会精英"。

11. 作为在读学生,不论是哪一层次的学生,如果在规定的期限内不能完成计划内的教学任务,理所当然是不能毕业的,这是基本的道理。在博士教育中,建立过程性淘汰与结果性淘汰相结合的机制,合理制定不同专业博士生的毕业年限,定位好淘汰等级的标准等,真正落实对人才负责,对国家负责的要求。

12. 一流大学的一项重要标志是拥有一流的生源,这是国内外大学评价的共同标准。但如何选拔、培养一流人才,怎样建设一流大学才是高等教育制度改革必须面对的重要问题。

13. 我们的文化中有一种根深蒂固的东西,那就是"面子"文化。不可否认,"面子"文化在中国由来已久,其中虽然也附着了诸多文化层面的内涵,但实际上是由上层需求与下层逐利等多种因素共同作用的产物,正是由于文化积淀与社会现实的交互作用,从而也就使得中国人的"面子"对高等教育的创造力形成了极大伤害。

14. 大学造"豪华校门"完全是一种浮躁之风,是一种缺乏自信的外在表现。大学之大,不在于校门之大,而在于大师之大,学术威望之大,培养的学生为社会贡献之大!

15. 当我站在大学讲台上为我的学生上课时,曾经回忆恢复高考对我个人的影响。"恢复高考30周年"让我想起自己也是恢复高考的受益者,每一个八十年代的大学生都不会忘记改变自己命运的那一时刻,它成为许许多多八十年代大学生命运的新转折和新起点。

16. 我国的民办大学要成长为真正的现代民办大学,必须确立非营利法人办学的制度,并定位于非营利组织,在不以营利为目的与合理回报之间找到一种平衡。

17. 作为求学、工作以及研究在师范学校的我,对师范教育有着深厚感情,并有着别样的情感。我自己在八十年代读师范大学时,学费几乎是国家包的,实际上也算是免费师范教育,读完四年大学没有给家里增加多少负担。时至今日,对国家的这项政策总心怀感恩之情。

18. 我认为,如果说部属六所师范大学实施免费师范生教育只是一个开端的话,那么地方师范大学全部实施免费师范生教育才是我国教育真正的福音。

19. 中国传统文化是博大精深的,中华文明延绵五千年亦未间断,足见中华文明之优越。但经过十年"文化大革命"的文化浩劫后,我们的传统文化出现了断层,我们这代人,所接受的西方教育也是支离破碎的,因此我们的知识结构是不完整的,是断裂的。

20. 由于高校之间的竞争越来越激烈,各高校为了自身的发展,建设新的校区,许多高校的贷款规模越来越大,最后陷入资金链难以支撑的困境。这是高校负债的主要原因。

21. 学术成果质量与学术成果的评价体系和制度密切相关,大学现有的学术评价机制过于功利化、指标化、数量化,因此,导致学者在这种机制下,为在限期内完成指标而研究学问,而非以追求真理为目标进行探索。同样,学术腐败的产生也与之相关联。

22. 学术道德需要在学术研究过程中培养和修炼,我希望同学们在校读研期间,严格按照学术规范开展学术研究,不追求一时的华丽风采,要保持一个学者的风骨和良知,这样将来在学术界才能有立足之本!

23. 地方师范院校在向综合化演变过程中,主要通过大量增设非师范专业、突出师范特色之外的学术性与应用性等手段进行。在这过程中,"综合化"发展的理念和措施与大力发展教师教育之间有着现实的利益冲突。

24. 在师范院校究竟应该怎么办的问题上,长期以来,一直存在着师范性和学术性之争。一种意见是师范院校应该为中小学服务,要突出师范性;另一种意见是师范院校毕业生的学术水平不能低于一般大学,要向综合性大学看齐。两种意见冲突不断、难以协调,严重影响着教师教育的质量和水平。

25. 从上一轮589所高校接受本科教学工作评估的结果来看,优秀424所,占全部被评高校的72%,这与公众的印象有一定的差距,人们会问:我们的高等教育质量有这么高吗?

26. 我认为,独立学院只是中国高等教育发展过程中一个特殊的形式,未来的独立学院最终会走向完全独立的民办高等学校。

27. 从大学发展需要出发,我国高校有必要取消行政级别,并建立校长公开选拔机制。如果校长官员化,大学将很难不成为一个官场,不用说大学将缺乏个性,难以培养一流人才、创造一流成果,就连有没有真正的大学精神都值得怀疑。

28. 如何实现科技成果转化也是社会关注的焦点,我们每年发表了大量的科技成果和论文,但有多少成果转化应用在社会生产实践中?有多少成果的产出仅仅是为了项目的结题或成果的鉴定?这些值得我们深思。

29. 我认为,学术腐败问题已经成为学术界的毒瘤,如果不尽快根治,将使整个机体病入膏肓,无可救药。

30. 现在各高校都建立了大学生心理健康中心,主要承担大学生的心理咨询和心理健康教育工作,如何真正发挥其咨询功能和作用,为解决大学生的心理问题提供更多的帮助才是我们关注的重点。

31. 依托大学自身的优势,根据地方经济建设的需求,在应用型人才培养、科技创新和科研合作、区域文化建设、职业教育发展等方面形成自己独有的服务体系,并在不断的实践中建立长效的服务联动机制。只有这样,才能充分发挥大学的社会服务功能,在区域经济社会发展中担当重要的历史使命。

32. 长期以来,我们的高考制度给广大的考生提供了一个公平竞争的平台,也为无数的人通往成才之路铺垫了道路,但它的单一的考试分数论带来许多的弊端,可以这样说,目前中国教育存在的许多问题很大程度上归结于现行的高考制度。

33. 无论是"中国最大的博士群体在官场",还是"中国最大的官员群体在高校",所指的就是学术权力市场化、高校泛行政化等问题,这些问题反映出我国高等教育必须进行体制改革,还原大学的本质精神,只有这样,才可能增强高等教育实力,才可能加快高等教育强国建设的步伐。

34. 高校改革绝非只是大学自治脱离行政干预这么简单,中国高校教育的改革也要讲究天时、地利、人和,过多的行政干预仅仅是制约高校教育发展的一个因素,财政的支持、学术精神的回归、大学灵魂的重塑都是要解决的难题。

35. 当一些著名学者或学科领头人物的研究成果涉嫌抄袭的时候,社会对大学论文的含金量开始持怀疑态度;如果抄袭论文成为一种常态,那么我们的大学精神失落和学术道德沦丧已经到了什么样的地步?

36. 高考,已成为我国选拔人才的一项重要制度,对于许多人来说,它是一生中最公平竞争的机会,它一再证明"知识改变命运"的真理,成千上万的考生通过高考这个"拐点",走向新的人生,追寻着自己的梦想。

37. 如果说当今中国教育存在的许多问题很大程度上来自于现行的高考制度并不过分。但把所有责任都推在高考制度上,也是不公平、不合理的。因为,高考存在的弊端和问题,是各种社会因素共同作用的结果,而非简单的一个考试制度问题。

38. 科举最初的目的是从民间提拔人才,相对于世袭、举荐等选才制度,科举考试无疑是一种公平、公开及公正的方法。它让下层知识分子有机会参政治国,改变自身的社会地位,实现"修身齐家治国平天下"的士大夫理想。科举制度客观上推动了知识的普及和民间读书风气的盛行,虽然这种推动是出于一般人对功名的追求,而不是对知识或灵性的渴望。

39. 高考,几十年来已经形成相对稳定的制度和惯性运行的机制,要进行彻底的改革何其难?但如不改,钱学森的"世纪之问"——创新人才的培养——出路又何在?我们拭目以待。

40. 对于高等教育来说,我特别注意到《纲要》中所提到的"办学特色""现代大学制度""去行政化""研究生培养机制""高考制度改革"等关键性问题,这些问题如果没有很好地解决,就难以实现"建成一批国际知名、有特色、高水平的高等学校,若干所大学达到或接近世界一流大学水平"的目标。

41. 建立"现代大学制度"的一个核心问题是如何解决大学"去行政化"的问题,我认为大学行政化包含两个层面:一是政府对大学的行政化管理,二是大学内部的行政化制度。前者关乎大学自治问题,后者关乎大学学术自由问题,这两者都是现代大学制度建设的基本要素。

42. 在我们呼唤教育体制改革,要求建立现代大学制度的同时,更应该反思:我们目前的大学是否真正具备了知识创新的环境氛围,是否具有了能够参与国际竞争的学术评价制度?

43. 中国大学是否只有"指导思想",而缺乏"大学思想"?的确,具有"独特灵魂"的"大学精神"的产生与大学自治、学术自由、独立思想等有着密切的关系,"皮之不存,毛将焉附"?

44. 一流大学的联盟本身是件好事,但更重要的不是形式上的联盟,而在于大学内涵的相融、相通、相长,在于强强联合,在于真正联手打造世界一流大学。

45. 蔡元培校长"学术自由、兼容并包"的管理思想和梅贻琦校长关于"大学者,非谓有大楼之谓也,乃大师之谓也"的名言都凝聚着大学校长的先进理念,说明一位校长的成功主要依靠的是非权力性影响,这与他们对大学性质和使命的看法、他们自身的视野以及他们的人格是密切相关的。

46. 大学自治的前提是政府放权,大学自治的依据是国家的法律法规。离开了国家宏观调控的自治是无秩序的自治,没有法律法规约束的自治也是不可想象的。

47. 作为高等教育的主管部门与其管理对象之间的权力与信息的不对称,双方的信息沟通网络存在许多缺陷与不足,不利于高等教育系统与外界环境之间的能量、物质与信息交流,严重地妨碍了高等教育系统内外平衡状态的形成。

48. 目前我国处于社会转型时期,无论政治、经济、教育体制,还是社会结构、沟通网络,制度环境基本构成要素都处于不断转变之中,呈现出"过渡性"特征。为与之相适应,始终保持高等教育系统制度体系的内外平衡状态,必须对制度体系不断地进行调整、改革,以适应并推动社会各个领域的全面进步与可持续发展。

49. 大学毕业生的就业期望值是一种对自我价值的估量,是对自己多年求学投入的时间和物质的回报的一种期望。我认为"就业期望值"是一种自我调节器,可以随着自己能力的提高和市场需求的变化在不断博弈中寻求最佳值,因此,我认为在实际工作中提倡"合理调节就业期望值"要比单纯提倡"降低就业期望值"合理得多。

50. 高投入的教育当然希望高回报的岗位,研究生择业期望值高是可以理解的。但由于受研究生择业目标短期化、择业趋向功利化的影响,多数研究生择业集中在热门专业和大城市一些待遇优厚的行业,从而导致局部供过于求。

51. 由于当前的就业形势十分严峻,大学生就业心态受到不良信号的影响,会出现过度焦虑、恐慌、自卑与自负等就业心理问题,一旦程度加重就会严重影响正常的生活起居和人际关系等。

52. 为了提高就业率而"被就业",已经违背了"就业率"自身的功能。由"被就业"现象引发的就业率造假问题,不仅误导公众对教育的评价,也误导就业政策的制定,给大学生、高校、社会都造成一定的危害。

53. 大学要完成高水平专业人才培养的任务,是需要集中自己的全部精力和智慧的,那种为了提高就业率,牺牲学习时间、降低培养规格的投机取巧行为,会使大学的事业信誉受损。长此以往,社会和大学短期的功利行为将无法保证大学应有的品质,大学将逐渐退化成职业培训机构。

54. 宏观上,大学必须有自身的追求目标和培养目标,这是由大学本身的追求所决定的。随着社会的进步和经济的发展,大学从社会边缘走向社会中心,民众对大学的职业及利益有强烈的诉求,但大学必须坚守自己崇高的信念和神圣的使命,防止自己的宗旨和信念被世俗功利浸染和同化。

55. 大学为了彰显和维护自己的社会地位和道德价值,会竭尽全力地提高教育教学活动的品质和效率,特别是在学生高尚品格的养成上,会培养学生用自己的诚实、才能、执著赢得社会的尊重和肯定。

56. 确保大学的意义和价值不应该是建立在一种学生和社会之间利益交换的基础上,而是建立在一种恒久不变的崇高信仰和境界之上。大学,千万不能在改革中迷失了自我。

57. 大学之所以深奥,在于她的大师云集,在于她的气度高深,在于她的卓尔不凡,在于她的独特魅力。

58. 不同的人可能会有不同的视角和观点,但也许若干年后,我们在寻求走过的岁月痕迹时,在试图了解中国大学的这段历史时,《中国大学这五年》或许能提供一点点线索。

59. 正值国家迈向人力资源强国之际,天下有志有识之士,当以大学先贤为榜样,重振大学人文精神之风气,重树学界自由独立之风骨,引领社会道德理想之风尚,造就国家建设发展之栋梁。

60. 大学,是我人生追求和依恋的精神领地,她的静幽,她的超逸,她的"独立之精神,自由之思想",她的深邃以及卓尔风姿,注定是我的灵魂寄所。

后 记

在《大学何为》一文中我写道:"大学是什么",变成了我苦苦地追寻而又一直找不到答案的问题。大学之所以深奥,在于她的大师云集,在于她的气度高深,在于她的"明德,亲民,止于至善",在于她的独特魅力。因此,了解和研究大学就成为我深爱的专业和职业。

回溯中国现代大学的发展历史,我们常常追忆20世纪20年代到40年代的大学时光,那时的大学里拥有一批让我们尊敬和爱戴的大学校长和大师们:蔡元培、蒋梦麟、梅贻琦、张伯苓、胡适、陈寅恪、马寅初、罗家伦、梁漱溟、竺可桢、陶行知……在那特定的时代,他们传承中国传统的教育思想,借鉴从西方带回的大学理念,将当时的大学办成真正的"思想自由,兼容并包"的"学术共同体"。他们的精神和风骨,让世人钦佩和仰视;他们的学术和道德制高点,让后人难以逾越;他们的"独立之精神,自由之思想",让后辈景仰和神往。高山仰止,景行行止;虽不能至,然心向往之。多年来,我力图从他们身上吸取精神营养和能量。

卡尔·雅斯贝尔斯在他的《大学之理念》中说过:有三件事是大学必须要做的——职业训练、整全的人的教化和科学研究,这三个方面是一个活生生整体的必备要素,倘若将它们剥离开来,大学的精神就会枯萎凋敝。我想,从这里可以解读到大学的精神内涵和特质,大学应该是一个开放、自由的学术殿堂,一个追求真理和探索世界的地方,她能保持自己独立的品格,不会因为世俗功利而失去信仰,降格成为实用工具,她需要具备长远的眼光、从容的气度、开放的心态和真正的理想。

我们这代人,生于六十年代,受八十年代大学理想主义的文化浸染,时代赋予了我们这代人特有的经历和文化性格:理想、责任、感恩。我们这代人,少年时期经历了社会经济的停滞和政治的动乱所带来的生活苦难,感受到改革开放初期的百废待兴,怀揣着自我和社会变革的理想,承载着强烈的责任意识,同时,常常对大变革时代给自己带来的发展机遇怀抱着感恩的情怀。因此,思考和责任常常融入我们惯性的思维。"我思,故我在",笛卡儿的哲学命题,让我面对纷繁复杂的大学世界时,力图用自己的思维和认知经验来感知和理解。

正由于此,学习、生活、研究在大学的自己,跟随着大学的发展,多年来,不断以教师、管理者、校长等不同的角度,身处在多所大学的围墙内外,不管环境如何改变,始终坚守着自己的理想,一直用自己的眼光观察和思考着大学精神、大学文化、大学制度的发展和变革。在教育实践中,努力践行着自己的大学理想和追寻着理想大学,也深深感受着其中"戴着镣铐跳舞"的苦乐酸甜,试图在前行中寻找到一些轨迹和答案。然而,现实常常告诉自己:"只有事实,没有答案。"

随着社会和时代的变迁,我见证了大学的成长和变化,与自己一样,大学成长的烦恼也不断地伴随着大学的发展。

有人说,大学是当下社会生活中唯一的一块净土,是学术殿堂,但有人马上可以列举出大学学术失范、精神失落的种种案例;有人说,大学是"研究高深学问"的地方,但也有人说,当今大学早已经沦为职业培训机构;有人说,大学是"培养独立思考的人"的地方,受过大学教育的人通过独立思考去认识人生、认识社会,但也有人说,大学连自身都没法"自治",如何去培养独立思考的人?关于大学的种种评价和议论,正如对当今的多元化社会一样有着多样的评价,也许,这正是大学之所以成为社会关注焦点和魅力十足的原因所在。

曾经在厦门大学工作过一段时间,在这个中国高等教育研究的策源地,更深层次地观察和思考着我们的大学,并有幸得到潘懋元先生耳提面命、点拨指教,受先生"周末沙龙"的学术熏陶,这让我心怀感激的同时,对大学的理解和思考,更加冷静和理性。大学教育本身就是一项理想主义的事业,没有理想主义精神,将无法在现实的种种矛盾、困惑中坚守自己的执著。《思考大学》也许并不深邃,也并不全面,但她是我对大学理解的真实表达:守望我们的精神家园。

感谢阳光的照耀和生命的激情,感谢厦门大学以及邬大光教授、别敦荣教授、李晓红教授,感谢广西师范大学、广西师范学院、广西广播电视大学等一同共事过的诸位同仁,感谢贺波先生、蔡军剑先生、朱振国先生等媒体界朋友,感谢那些常给我醍醐灌顶又坐而论道的朋友们,感谢善良的妻子和可爱的女儿……是他们的包容和支持,才有今天这本记录我思考的结晶。

"为什么我的眼里常含泪水?因为我对这片土地爱得深沉……"大学,是我人生追求和依恋的精神领地,她的静幽,她的超逸,她的深邃以及卓尔风姿,注定是我的灵魂寄所。

大学,我深深爱着她。

贺祖斌

2014年初冬于邕城

北京大学出版社教育出版中心

部分重点图书

一、北大高等教育文库·大学之道丛书

哈佛,谁说了算	[美]理查德·布瑞德利 著
美国大学之魂(第二版)	[美]乔治·M. 马斯登 著
大学理念重审：与纽曼对话	[美]雅罗斯拉夫·帕利坎 著
什么是博雅教育	[美]布鲁斯·金博尔 著
美国文理学院的兴衰——凯尼恩学院纪实	[美]P. E. 克鲁格
大学的逻辑(第三版)	张维迎 著
我的科大十年(续集)	孔宪铎 著
教育的终结——大学何以放弃了对人生意义的追求	[美]安东尼·克龙曼 著
欧洲大学的历史	[美]威利斯·鲁迪 著
美国高等教育简史	[美]约翰·赛林 著
哈佛通识教育红皮书	[美]哈佛委员会 著
知识社会中的大学	[美]杰勒德·德兰迪 著
高等教育理念	[美]罗纳德·巴尼特 著
知识与金钱——研究型大学与市场的悖论	[美]理查德·布瑞德雷 著
美国大学时代的学术自由	[美]罗杰·盖格 著
高等教育何以为"高"——牛津导师制教学反思	[英]大卫·帕尔菲曼 主编
美国高等教育通史	[美]亚瑟·科恩 著
现代大学及其图新	[英]谢尔顿·罗斯布莱特 著
美国现代大学的崛起	[美]劳伦斯·维赛 著
印度理工学院的精英们	[印度]桑迪潘·德布 著
学术部落及其领地：知识探索与学科文化	[英]托尼·比彻 保罗·特罗勒尔 著
麻省理工学院如何追求卓越	[美]查尔斯·韦斯特 著
后现代大学来临？	[英]安东尼·史密斯 弗兰克·韦伯斯特 主编
高等教育的未来	[美]弗兰克·纽曼 著
德国古典大学观及其对中国的影响	陈洪捷 著
大学校长遴选：理念与实务	黄俊杰 主编
转变中的大学：传统、议题与前景	郭为藩 著
学术资本主义	[美]希拉·斯劳特 拉里·L. 莱斯利 著
美国公立大学的未来	[美]詹姆斯·杜德斯达 等著
高等教育公司：营利性大学的兴起	[美]理查德·鲁克 著
21世纪的大学	[美]詹姆斯·杜德斯达 著
公司文化中的大学	[美]埃里克·古尔德 著
什么是世界一流大学？	丁学良 著
东西象牙塔	孔宪铎 著

我的科大十年（增订版）	孔宪铎 著
理性捍卫大学	眭依凡 著
美国高等教育质量认证与评估	[美]美国中部州高等教育委员会 编

二、北大高等教育文库·大学之忧丛书

大学之用（第五版）	[美]克拉克·克尔 著
废墟中的大学	[加拿大]比尔·雷丁斯 著
高等教育市场化的底线	[美]大卫·L.科伯 著

三、21世纪高校教师职业发展读本

给大学新教员的建议	[美]罗伯特·博伊斯 著
学术界的生存智慧	[美]约翰·达利、[加]马克·扎纳、[美]亨利·罗迪格(III)编
如何成为卓越的大学教师	[美]肯·贝恩 著
给研究生导师的建议	[英]萨拉·德兰蒙特、保罗·阿特金森、奥德特·帕里 著
如何提高学生学习质量	[英]迈克尔·普洛瑟 基恩·特里格维尔 著

四、北大高等教育文库·管理之道丛书

世界一流大学的管理之道——大学管理决策与高等教育研究	程星 著
美国的大学治理	[美]罗纳德·G.艾伦伯格 编
成功大学的管理之道	[英]迈克尔·夏托克 著

五、学术规范与研究方法丛书

科技论文写作快速入门	[瑞典]比约·古斯塔维 著
给研究生的学术建议	[英]戈登·鲁格 玛丽安·彼得 著
如何撰写和发表社会科学论文	蔡今中 著
如何为学术刊物撰稿：写作技能与规范（英文影印版）	[英]罗薇娜·莫瑞 著
如何撰写和发表科技论文（英文影印版）	[美]罗伯特·戴 巴巴拉·盖斯特尔 著
社会科学研究的基本规则	[英]朱迪思·贝尔 著
如何查找文献	[英]莎莉·拉姆奇 著
如何写好科研项目申请书	[美]安德鲁·弗里德兰德 卡罗尔·弗尔特 著
高等教育研究：进展与方法	[美]马尔科姆·泰特 著
教育研究方法：实用指南	[美]乔伊斯·P.高尔 等著
社会研究：问题、方法与过程	[英]迪姆·梅 著
跨学科研究：理论与实践	[美]艾伦·瑞普克 著
社会科学研究方法100问	[美]尼尔·萨尔金德 著
如何利用互联网做研究	[爱尔兰]尼奥·欧·杜恰泰 著
如何阅读社会科学期刊论文	[加拿大]Phillip Chong Ho Shon 著

六、北大开放教育文丛

西方的四种文化	[美]约翰·W.奥马利 著
人文主义教育经典文选	[美]C.W.凯林道夫 编

教育究竟是什么？——100位思想家论教育	［英］乔伊·帕尔默 主编
教育：让人成为人——西方大思想家论人文和科学教育	杨自伍 编译
我们教育制度的未来	［德］尼采 著

七、高等教育与全球化丛书

激流中的高等教育：国际化变革与发展	［加拿大］简·奈特 著
全球化与大学的回应	［美］简·柯里 著
高等教育变革的国际趋势	［美］菲利普·阿特巴赫 著
高等教育全球化：理论与政策	［英］皮特·斯科特 著
发展中国家的高等教育：环境变迁与大学的回应	［美］戴维·查普曼 安·奥斯汀 主编

八、其他好书

大学章程（精装本五卷七册）	张国有 主编
教育技术：定义与评析	［美］艾伦·贾纳斯泽乌斯基、迈克尔·莫伦达 主编
未来的学校：变革的目标与路径	［英］路易斯·斯托尔 等著
全球化时代的大学通识教育	黄俊杰 著
美国大学的通识教育：美国心灵的攀登	黄坤锦 著
中国博士质量报告	中国博士质量分析课题组 著
博士质量：概念、评价与趋势	陈洪捷 等著
中国博士发展状况	蔡学军 范巍 等著
教学的魅力：北大名师谈教学（第一辑）	郭九苓 编著
科研道德：倡导负责行为	美国医学科学院、美国科学三院国家科研委员会 撰
国立西南联合大学校史（修订版）	西南联合大学北京校友会 编
我读天下无字书	丁学良 著
大学与学术	韩水法 著
大学何为	陈平原 著